Nascimento:

Perspectivas Antropológicas

CIP — Brasil. Catalogação na Publicação
Sindicato Nacional dos Editores de Livros, RJ

N193

Nascimento: perspectivas antropológicas / Dulce Maria Rosa Gualda ... [et al.]. - 1. ed. — Sao Paulo : Ícone, 2017.
320 p. ; 23 cm

Inclui bibliografia e índice.

ISBN 978-85-274-1304-6

1. Antropologia. I. Gualda, Dulce Maria Rosa. II. Título.

17-44065 CDD: 306
CDU: 316

20/07/2017 25/07/2017

Dulce Maria Rosa Gualda
Edemilson Antunes de Campos
Neide de Souza Praça
Natália Rejane Salim
Glauce Cristine Ferreira Soares

Nascimento:
Perspectivas Antropológicas

Ícone editora

Capa e Diagramação

Regina Paula Tiezzi

Revisão

Fabiana Carpinelli

ÍCONE EDITORA LTDA.
Rua Javaés, 589 – Bom Retiro
CEP: 01130-010 – São Paulo/SP
Fone/Fax: (11) 3392-7771
www.iconeeditora.com.br
iconevendas@iconeeditora.com.br

Sobre os Autores

Dulce Maria Rosa Gualda

Obstetriz. Professora Titular Aposentada do Departamento de Enfermagem Materno-Infantil e Psiquiátrica da Escola de Enfermagem da Universidade de São Paulo.

Titulação: Professora Titular.

Edemilson Antunes de Campos

Antropólogo. Professor Livre-Docente do Curso de Obstetrícia da Escola de Artes, Ciências e Humanidades da Universidade de São Paulo (EACH/USP).

Titulação: Livre-docente.

Glauce Cristine Ferreira Soares

Obstetriz. Doutora pelo Programa Interunidades de Doutoramento em Enfermagem da Escola de Enfermagem da USP e Escola de Enfermagem de Ribeirão Preto da USP.

Titulação: Doutora em Ciências.

Natália Rejane Salim

Obstetriz. Professora Doutora do Departamento de Enfermagem da Universidade Federal de São Carlos (UFSCAR).

Titulação: Doutora em Ciências.

Neide de Souza Praça

Enfermeira Obstétrica. Professora Associada Aposentada do Departamento de Enfermagem Materno-Infantil e Psiquiátrica da Escola de Enfermagem da Universidade de São Paulo.

Titulação: Livre-Docente.

Colaboradores

Aline Reis Souza de Oliveira

Enfermeira. UEFS-BA 1997. Especialista em Enfermagem Obstétrica — EEUFMG 2004. Vínculo institucional: Secretaria Municipal de Saúde da Prefeitura de Belo Horizonte Cargo: Enfermeira. Departamento: Gerência de Atenção à Saúde da Regional Norte Instituição: Gerência Regional de Saúde — Norte/Secretaria Municipal de Saúde da Prefeitura de Belo Horizonte.

Titulação: Mestre em Enfermagem — EEUFMG.

Beleni Saléte Grando

Educadora Física. Professora da Universidade Federal de Mato Grosso campus Cuiabá — Docente do Programa de Pós-Graduação em Educação da UFMT e da Faculdade de Educação Física.

Titulação: Doutora em Educação — PPGE/UFSC e Pós-doutora em Antropologia Social-PPGAS/UFSC.

Cláudia Medeiros de Castro

Psicóloga. Professora Doutora do Curso de Obstetrícia da Escola de Artes, Ciências e Humanidades da Universidade de São Paulo (EACH/USP).

Titulação: Doutora em Ciências.

Elizabete Franco Cruz

Psicóloga. Professora Doutora do Curso de Obstetrícia da Escola de Artes, Ciências e Humanidades da Universidade de São Paulo (EACH/USP).

Titulação: Doutora em Educação pela Universidade Estadual de Campinas — Unicamp.

Elisabete Napoleão Lima

Enfermeira — Escola de Enfermagem da USP. Pedagoga: Faculdade de Educação da USP.

Doutoranda pelo Programa Interunidades de Doutoramento em Enfermagem da Escola de Enfermagem da USP e Escola de Enfermagem de Ribeirão Preto da USP.

Titulação: Bacharel em Enfermagem. Licenciada em Pedagogia.

Isília Aparecida Silva

Enfermeira Obstétrica. Professora Titular do Departamento de Enfermagem Materno-Infantil e Psiquiátrica da Escola de Enfermagem da Universidade de São Paulo.

Titulação: Professora Titular.

Jacqueline Isaac Machado Brigagão

Psicóloga. Professora Doutora do Curso de Obstetrícia da Escola de Artes, Ciências e Humanidades da Universidade de São Paulo (EACH/USP).

Titulação: Doutora pelo Instituto de Psicologia da Universidade de São Paulo.

Larissa Mandarano da Silva

Enfermeira Obstétrica. Docente Temporária do Curso de Obstetrícia da Escola de Artes, Ciências e Humanidades da Universidade de São Paulo (EACH/USP).

Titulação: Doutora em Ciências pelo Programa Interunidades de Doutoramento em Enfermagem da Escola de Enfermagem da USP e Escola de Enfermagem de Ribeirão Preto da USP.

Maria Aparecida de Jesus Belli

Enfermeira Obstétrica. Professora Doutora do Curso de Obstetrícia da Escola de Artes, Ciências e Humanidades da Universidade de São Paulo (EACH/USP).

Titulação: Doutora em Enfermagem pela Universidade de São Paulo.

Marisa Monticelli

Enfermeira. Especialização em Educação em Saúde na UFRJ e em Enfermagem em Saúde Pública na Univali. Mestrado e Doutorado na UFSC. Docente do Programa de Pós-Graduação em Enfermagem e do Departamento de Enfermagem da UFSC de 1979 a 2013.

Titulação: Doutora em Enfermagem.

Nádia Zanon Narchi

Enfermeira Obstétrica. Professora Associada do Curso de Obstetrícia da Escola de Artes, Ciências e Humanidades da Universidade de São Paulo.

Titulação: Livre-docente em Saúde Materna e Perinatal.

Régia Cristina Oliveira

Socióloga. Professora Doutora do Curso de Obstetrícia da Escola de Artes, Ciências e Humanidades da Universidade de São Paulo (EACH/USP).

Titulação: Doutora em Sociologia pela Universidade de São Paulo — USP; Pós-doutora em Saúde Coletiva e em Ciências Sociais pela Universidade Federal de São Paulo, UNIFESP.

Renata Marien Knupp Medeiros

Enfermeira. Professora Assistente do Curso de Enfermagem da UFMT campus Rondonópolis.

Titulação: Doutoranda em Enfermagem — FAEN/UFMT.

Robbie Davis-Floyd Ph.D.

Antropóloga Médica e Cultural. Senior Research Fellow, Dept. of Anthropology, University of Texas Austin.

Titulação: Ph.D. in Antropology.

Roselane Gonçalves Feliciano

Enfermeira Obstétrica. Professora Doutora do Curso de Obstetrícia da Escola de Artes, Ciências e Humanidades da Universidade de São Paulo (EACH/USP).

Titulação: Doutora em Enfermagem.

Silvana Regina Rossi Kissula Souza

Enfermeira Obstétrica. Professora Adjunta do Departamento de Enfermagem da Universidade Federal do Paraná — UFPR.

Titulação: Doutora em Ciências pela Universidade de São Paulo — USP.

Torcata Amorim

Enfermeira Obstétrica. Professora Adjunta no Departamento de Enfermagem Materno Infantil e Saúde Pública — EMI, da Escola de Enfermagem da Universidade Federal de Minas Gerais.

Titulação: Doutora em Enfermagem pela Escola de Enfermagem da Universidade de São Paulo.

Nayara Ruiz Cintra

Tradução — Capítulo 5

Obstetriz. Graduação em Obstetrícia pela Escola de Artes, Ciências e Humanidades da Universidade de São Paulo.

Revisão Científica — Capítulo 5

Neide de Souza Praça

Sumário

Apresentação

Se, no século XIX e no princípio do XX, nascer era uma situação que ocorria no convívio do núcleo familiar, sob atenção da parteira, a introdução da atuação masculina, na pessoa do médico, levou a mulher a parir em unidades de saúde, uma vez que o nascimento passou a ser visto como condição de risco de vida para a mãe e o bebê.

Este atendimento medicalizado tirou da mulher a possibilidade de ser agente no processo do nascimento, tornando-a um elemento passivo, sob a vigilância e atuação do profissional da área de saúde. A universalização do assistir biomédico, no entanto, aos poucos foi mostrando que o nascimento exigia mais cuidados além do ato de atender tecnicamente a parturiente e seu filho.

Paralelamente, as práticas baseadas em evidências passaram a mostrar que a assistência ao parto poderia ser modificada, excluindo-se determinados procedimentos ou limitando-os ao extremamente necessário, além de propiciar a inserção de práticas, no parto, que trouxessem maior satisfação à mulher e sua família. Porém, para que estas práticas sejam adotadas, o profissional da área da saúde deve reconhecer seu papel como agente transformador de um modelo consagrado, mas insuficiente para o bem-estar do binômio mãe-bebê.

À luz da paulatina transformação na assistência ao nascimento, verificada principalmente em países europeus, alguns autores que transitavam em ambos os campos, das humanidades e da saúde, iniciaram um movimento onde valorizavam as crenças, as tradições e os valores de um dado grupo que, ao compartilhar ações baseadas na sua cultura, chegariam a resultados favoráveis na atenção à saúde e ao tratamento.

É nessa linha que a antropologia passa a ter importância para uma compreensão renovada do processo de nascimento. Disciplina especializada no estudo do "Outro", da diversidade sociocultural, a antropologia permitiu desenvolver uma perspectiva crítica frente às nossas "verdades" mais fundamentais, favorecendo a construção de uma nova abordagem do corpo, da saúde e, particularmente, do nascimento.

A antropologia do nascimento passou a aplicar o método etnográfico, que busca compreender os comportamentos, crenças e valores dentro do contexto sociocultural no qual eles estão inseridos, na pesquisa sobre o nascer, evidenciando a importância da cultura na definição do sentido da experiência da gravidez, do parto e do pós-parto.

A antropologia não nega o caráter universal de certos fenômenos biológicos (a gravidez, o parto e o nascimento), mas procura entender o significado específico que esses fenômenos assumem numa dada sociedade, visto que os registros de normalidade e anormalidade são, fundamentalmente, determinados a partir de um contexto sociocultural específico. Dessa maneira, valorizar a cultura da mulher e de sua família ao vivenciar o processo do nascimento passou a ser um valor que, agregado às práticas baseadas em evidências, tornou-se um indicador de boa assistência ao parto/nascimento, nas últimas décadas.

A prática que torna a mulher ativa no processo do nascimento, no entanto, requer do profissional que a assiste e à sua família a familiarização com as práticas culturais comuns ao grupo de pertença de sua cliente, de modo a atendê-la adequada e satisfatoriamente, segundo suas demandas culturais.

A percepção de lacunas, na literatura, sob a perspectiva da atual prática preconizada para o nascimento, motivou a elaboração deste livro que também se baseou na historicidade da assistência ao nascimento, com enfoque no momento atual.

Os textos alternam a abordagem na assistência biomédica, valorizada segundo práticas baseadas em evidências, portanto, fundamentadas em Modelo sedimentado nas práticas do âmbito da saúde, com a associação de práticas que atendem as determinações da cultura da mulher. O compartilhamento de disciplinas aplicadas do campo da saúde com disciplinas da área de humanidades fundamenta esta iniciativa. Compartilhar saberes reforça a abrangência da assistência integral à mulher e determina o surgimento e a consolidação de um novo profissional na assistência ao nascimento: senhor da teoria biomédica, mas conhecedor da cultura de sua clientela.

Para demonstrar essa afirmação, os textos deste livro estão subdivididos em três grupos inter-relacionados: textos com abordagem teórica que fornecem embasamento sobre o tema; textos que, extraídos de pesquisas de maior amplitude, trazem resultados ou experiências de campo ao realizar etnografia, que, por sua vez, subdividem-se em dois grupos: realizadas em ambiente urbano nos níveis comunitário ou institucional, e outras realizadas com povos indígenas, no país ou no exterior. A pesquisa etnográfica com recorte no ciclo gravídico-puerperal traz o embasamento que transforma o profissional quanto ao seu modo de ver a cliente enquanto a assiste no momento do nascimento. Ao longo de décadas, a evolução do cuidar no processo de parto e a perspectiva do cuidado culturalmente embasado somadas aos pressupostos da Antropologia do Nascimento geraram o atual estágio em que se encontra o ensino de enfermagem obstétrica e de obstetrícia no país, com repercussões na assistência à mulher, à família e ao recém-nascido. Por esta razão, o ensino de obstetrícia nas áreas da enfermagem e da obstetrícia compõe o último bloco de capítulos deste livro.

"Nascimento, tempos e formas" identifica o capítulo de abertura. Nele, o foco principal é a historicidade do processo do parto/nascimento ao longo dos séculos. O papel dos profissionais que atendiam/atendem o parto é apresentado em associação com as transformações da atenção obstétrica, diante das demandas da mulher e de sua família, movidas pelo progresso científico com o consequente desenvolvimento tecnológico. Dos profissionais na atenção ao parto/nascimento exigiu-se a pronta adaptação e a formação pertinente para atender a cliente de maneira adequada. O texto traz um panorama da evolução da assistência ao parto ao longo da história da humanidade.

O segundo capítulo "Antropologia Médica e Antropologia do Nascimento" apresenta os pesquisadores contemporâneos pioneiros no estudo da Antropologia do Nascimento, cujos trabalhos delinearam os princípios que norteiam os estudos sobre o tema. Ao trazer os pressupostos da Antropologia Médica, situa o leitor na disciplina, e desenha o caminho que levou à Antropologia do Nascimento. Retrata as transformações da assistência ao nascimento no curso da história.

"De Jordan a Davis-Floyd", por sua vez, destaca o papel de Brigitte Jordan e de Robbie Davis-Floyd na construção da disciplina. Antropólogas com atuação na saúde desenharam os conceitos que norteiam a disciplina e definiram as características do ritual na atenção ao nascimento. Este capítulo é fundamental para justificar os subsequentes, além de valorizar o despertar da temática pelos pesquisadores/prestadores de assistência. Seu foco reside na relevância de se considerar a cultura no cuidar no processo do nascimento.

O quarto capítulo, "Os ritos do nascimento", apresenta o ciclo gravídico-puerperal como um movimento repleto de rituais. Sob este aspecto, conceitua ritos de passagem e descreve as características dos sujeitos deste processo. Apresenta, ainda, os antropólogos envolvidos com a temática da Antropologia do Nascimento, reafirmando a importância do reconhecimento da cultura do indivíduo assistido. O papel do profissional da área da saúde merece destaque quando realça sua função como aquele que deve reconhecer os símbolos de uma dada cultura e compartilhá-los em seu contexto cultural e profissional. O nascimento, para a mulher e sua família, não é tratado somente como um momento em suas vidas, mas um processo que requer cuidados e que transforma a mulher em mãe, cujo filho carece ser integrado à família.

"Parto e o lobo mau" faz analogia entre a fábula dos três porquinhos e a teoria evolucionista na perspectiva da cultura do nascimento. Ao discorrer sobre a evolução histórica da assistência no processo do nascimento, ao longo de décadas, o texto associa passagens da história infantil à assistência prestada pelo profissional em maternidades, na atualidade. Seu foco está em demonstrar de maneira leve e ilustrativa a necessidade de transformações na prática do cuidar da mulher no momento do nascimento. O texto aborda a assistência prestada à parturiente, ao recém-nascido e à família atendidos nos âmbitos domiciliar e hospitalar.

Sobre o papel da Antropologia no processo do nascimento, os sete capítulos que seguem se incluem em duas condições específicas de estudos neste campo: a Antropologia Urbana e a Antropologia em Aldeias Indígenas.

"Trabalho de campo: uma jornada etnográfica", discorre sobre a fundamentação teórica aplicada à prática na condução de estudo de Antropologia Urbana. Narra a experiência do pesquisador com formação na área da saúde, que realizou pesquisa etnográfica em contexto urbano. Ao associar a teoria à prática demonstra a pertinência da realização de estudos com grupos culturais dispersos em territórios ocupados pelas cidades. Apresenta trechos de relatos obtidos com os nativos da cultura, os quais desenham o contexto no passado e no presente.

"Um estudo do nascimento na perspectiva transcultural" é parte de uma das pesquisas etnográficas pioneiras realizadas no Brasil, na área da enfermagem, na década de 1990. O estudo realizado em área urbana de uma metrópole do sudeste do país foi norteado pela etnoenfermagem, referencial criado por Madeleine Leininger. Seus resultados mostram a percepção do cuidado recebido pela mulher residente em uma comunidade urbana, no momento do nascimento, assim como apresenta sua vivência do cuidado no processo do parto de seu(s) filho(s). O texto mostra que é possível a realização de estudos com temática no campo da saúde, conduzidos em áreas urbanas e com grupos específicos, que mesclam a teoria sobre o cuidado cultural com métodos de pesquisa derivados do campo das humanidades.

"Vivendo o parto: diferentes realidades, diferentes contextos" apresenta estudo etnográfico realizado em três diferentes ambientes urbanos de assistência ao parto. Realizado em um bairro periférico de uma metrópole brasileira, traz a percepção de mulheres e de profissionais da área da saúde sobre o atendimento ao nascimento. Os relatos apresentados demonstram que a maneira como o processo é percebido pelos profissionais em cada tipo de instituição depende de sua crença em cada um dos modelos. Dessa maneira, se tender para o modelo medicalizado, o profissional retém o saber e ignora as demandas da parturiente; por outro lado se acredita no tipo de atendimento humanizado, valorizará as necessidades da mulher e da família. O estudo conduzido em uma Casa de Parto, em um Centro de Parto Normal e em um Centro Obstétrico de uma maternidade demonstra que a assistência prestada pelo profissional difere segundo o paradigma adotado pela instituição.

Este capítulo encerra o tema voltado às pesquisas etnográficas realizadas em áreas urbanas. "O papel do acompanhante no processo do nascimento" trata de estudo etnográfico realizado com mulheres assistidas em uma instituição de saúde em área urbana da região sul do país. Enfoca a percepção da mulher e de seu acompanhante no momento do nascimento do filho. Discorre, ainda, sobre a visão do acompanhante no cuidado prestado à mulher e sobre as demandas desta nesta fase do ciclo gravídico-puerperal. Depreende-se da leitura que ainda é longo o caminhar na busca do cuidado pleno do binômio mulher-família no momento do nascimento.

A possibilidade de aplicar os pressupostos da Antropologia do Nascimento em estudos realizados tanto em área urbana como em área situada em territórios remotos favorece a realização de estudos etnográficos com povos indígenas. Assim, "Nascimento Bororo na fronteira: entre os saberes tradicionais e os saberes biomédicos" sinaliza estudo realizado com mulheres indígenas de etnia específica. Este texto de abordagem antropológica realça a relevância da teoria de Madeleine Leininger aplicada às pesquisas etnográficas voltadas ao cuidar no processo do nascimento. O conteúdo apresentado demonstra a inexistência de articulação entre o saber biomédico e o saber popular indígena tradicional no cuidar da saúde, onde este é suplantado pelo saber científico.

Outro estudo realizado com população indígena, "Tsi Non: we Ionnakeratstha *O lugar onde vamos nascer*: relato de uma obstetriz brasileira em um Centro de Parto Indígena Canadense" traz a experiência do pesquisador em país estrangeiro. Revela seus achados em um Centro de Parto situado em território indígena do hemisfério norte. Cita as crenças que permeiam a assistência obstétrica realizada por *midwives*, e realça a percepção do profissional sobre seu papel ao assistir o parto e diante do nascimento. Explora as nuances da assistência no Modelo voltado à valorização da cultura indígena.

"Aspectos socioculturais da amamentação", fruto de outro estudo etnográfico realizado com indígenas de uma aldeia no interior do estado de São Paulo, apresenta o curso da história do processo de amamentação, com destaque para as transformações sofridas pelas influências de origem popular e científica. Mostra que, por várias vezes, a tradição e os ensinamentos das mulheres mais velhas são suplantados pelos ensinamentos do profissional de saúde que ignora as necessidades das mulheres e foca nos benefícios para a criança. No meio indígena, as mulheres mais velhas orientam as jovens, porém com a expansão dos serviços de saúde, estas sofrem influências do profissional que ignora a cultura indígena e segue a orientação "da moda" sobre estimular ou não a amamentação. Desde o Império, no Brasil, a historicidade da amamentação é marcada pela influência do poder econômico sobre a mulher que ora deve amamentar, ora não deve fazê-lo.

Estes textos realçam a dicotomia entre o saber cultural da mulher e o saber do profissional da área da saúde que a atende. Saber reconhecer as diferenças e atender as demandas da clientela traria maior benefício aos atores envolvidos, fato demonstrado nos estudos encontrados na literatura. A Antropologia do Nascimento possibilita trazer à luz aspectos próprios de grupos que tradicionalmente comportam ações de cuidado específico diante do nascimento. Reconhecer estas ações, compreendê-las e adaptá-las à realidade do momento também é tarefa do profissional que atende a mulher.

Os três capítulos finais relacionam-se ao ensino de obstetrícia no cenário brasileiro, com foco na formação em enfermagem obstétrica e na graduação em obstetrícia. O destaque à formação de profissionais comprometidos com a assistência humanizada e culturalmente pertinente à clientela não abandona as práticas do cuidado baseadas em evidências científicas, fato demonstrado pelos textos que atendem a uma linha coerente entre a formação e as mudanças no paradigma assistencial. Os textos focam na atenção às críticas ao modelo biomédico e na mudança comportamental do profissional para que considere a cultura da clientela no seu atendimento durante o nascimento. Mudanças no paradigma adotado pelos formadores do jovem universitário que busca se habilitar em obstetrícia nas profissões dos campos da enfermagem e da obstetrícia possibilitaram a criação de novo curso de formação sob a perspectiva de uma visão ampliada de atendimento ao nascimento.

O capítulo "Ensino de Obstetrícia/Enfermagem Obstétrica no contexto brasileiro" dedica-se à historicidade do ensino de obstetrícia no campo da

Prefácio

Este é o livro que complementa aquilo que os profissionais de saúde que assistem mulheres e famílias em processo de gestação, parto e nascimento (especialmente obstetras, enfermeiras obstetras e obstetrizes) estavam necessitando para contribuir na tão esperada mudança do modelo de atenção obstétrica e neonatal no país. O modelo brasileiro de assistência ao parto e nascimento é, em sua grande maioria, extremamente intervencionista, tratando-os como eventos eminentemente médicos. Penaliza a mulher e sua família ao ignorar a fisiologia e os aspectos sociais e culturais do parto, tendo como resultado taxas de morbimortalidade materna e perinatal incompatíveis com os avanços tecnológicos ao nosso alcance. A proposta governamental de consolidação da humanização da assistência ao parto nos serviços apoia-se na necessidade que estes devolvam com qualidade às mulheres, o direito de parir em condições que assegurem sua segurança e a de seu bebê, e que ofereça à mulher, na vivência deste acontecimento, a possibilidade de atuar como protagonista, fazendo com que o parto deixe de ser um evento meramente biológico, e sim uma experiência humana, que deve ser experimentada de acordo com suas expectativas.

Na atualidade, a enorme contribuição deste livro inicia-se ao revelar que seu conteúdo é guiado pela filosofia da antropologia, fundamentado nos pressupostos da Antropologia do Nascimento, cujos textos trazem uma abordagem teórica que fornece embasamento sobre o tema; textos que, extraídos de pesquisas de maior amplitude, trazem resultados ou experiências de campo ao realizar etnografia, que, por sua vez, estão subdivididos em dois grupos: realizadas em ambiente urbano nos níveis comunitário ou institucional, e outras realizadas com povos indígenas, no país ou no exterior. A pesquisa etnográfica com recorte no ciclo gravídico-puerperal traz o embasamento que transforma o profissional em seu modo de ver a cliente enquanto a assiste no momento do nascimento.

Portanto, "Nascimento: perspectivas antropológicas" traz subsídio ao modelo de atenção pretendido pela Rede Cegonha, Ministério da Saúde, que busca superar as modelagens vigentes e romper com o modelo tradicional de cuidado ao pré-natal, parto, nascimento e puerpério e cuidado às crianças até dois anos de idade. O modelo pretendido centra-se principalmente nas mudanças da atenção à saúde, da gestão, da governança, da cultura e do financiamento. Visa propiciar à mulher a vivência das experiências de gravidez, parto e puerpério com segurança, dignidade e respeito às dimensões social, afetiva e sexual do parto e nascimento e às singularidades culturais, étnicas e raciais.

Dessa maneira, o conteúdo do "Nascimento: perspectivas antropológicas" reforça que valorizar a cultura da mulher e de sua família ao vivenciar o processo do nascimento passa a ser um valor que, agregado às práticas baseadas em evidências, torna-se um indicador de boa assistência ao parto/nascimento. Assim, os leitores terão a oportunidade de verificar como é possível o compartilhamento de disciplinas aplicadas do campo da saúde com disciplinas da área de humanidades. Através da exposição de textos que alternam a abordagem na assistência biomédica, valorizada segundo práticas baseadas em evidências, portanto, fundamentadas em modelo sedimentado nas práticas do âmbito da saúde, com a associação de práticas que atendem as determinações da cultura da mulher, os autores do livro mostram que compartilhar saberes reforça a abrangência da assistência integral à mulher e determina o surgimento e a consolidação de um novo profissional na assistência ao nascimento: tanto conhecedor da teoria biomédica como conhecedor da cultura de sua clientela.

O conjunto da obra deixa a alegria de constatar que alguma coisa de importante e de novo está se passando na nossa visão pedagógica e andragógica de mundo, especialmente na pós-graduação em enfermagem e obstetrícia sobre o cuidado materno.

Os capítulos finais relacionam-se ao ensino de obstetrícia no cenário brasileiro, com foco na formação em enfermagem obstétrica e na graduação em obstetrícia. O destaque à formação de profissionais comprometidos com a assistência humanizada e culturalmente pertinente à clientela não abandona as práticas do cuidado baseadas em evidências científicas, fato demonstrado pelos textos que atendem a uma linha coerente entre a formação e as mudanças no paradigma assistencial. Os textos focam na atenção às críticas ao modelo biomédico e na mudança comportamental do profissional para que considere a cultura da clientela no seu atendimento durante o nascimento. Ressaltam que se não houvesse mudanças no paradigma adotado pelos formadores do jovem universitário que busca se habilitar em obstetrícia nas profissões dos campos da enfermagem e da obstetrícia, não seria possível a criação de novos cursos de formação na perspectiva de uma visão ampliada de atendimento ao nascimento.

Ao longo da leitura deste livro percebe-se que há alguma coisa de novo que promete mais do que remete, na visão de uma realidade em mudança, onde o velho só permanece enquanto deixa de ser velho e se supera no estágio dialético atual e também provisório de sua construção. Cada capítulo tem sua vinculação a alguma prática acadêmica de produção. É como se os autores procurassem destacar o cotidiano, o vivido e vivenciado nas raízes de suas práticas de educação, de ensino e de assistência. Assim, nesta obra, a interdisciplinaridade se desenvolve, superando-se a multidisciplinaridade cujos autores, além de constituírem-se em lideranças nacional e internacional a respeito de seus objetos de estudo e de trabalho, são profissionais apaixonados pelo que fazem e produzem.

Este livro reveste, portanto, de uma ajuda crucial na tarefa pedagógica e andragógica da execução de uma política pública de mudança de modelo assistencial preconizada pelo Ministério da Saúde e operacionalizada, a partir de 2011, pela Rede Cegonha, quando se propõe um novo modelo, visando produzir mudanças na lógica do cuidado, com oferta de boas práticas de atenção ao pré-natal, parto e nascimento, promoção da saúde infantil e materna, prevenção da morbidade e mortalidade evitáveis, normalidade do processo de parto e nascimento, tendo o parto como evento fisiológico e social, com o protagonismo e estimulo da autonomia da mulher, pautado na responsabilidade ética e no cuidado centrado na mulher, bebê e na família.

Este livro é, portanto, um avanço no conhecimento deste imenso campo do cuidado no gestar, parir e nascer no qual estamos empenhados a desvelar. O texto consegue nos deliciar, não apenas pela variedade e complexidade de facetas que envolvem o nascimento de uma criança, mas também pelas implicações das informações ali contidas, na organização das práticas sanitárias que envolvem a atenção obstétrica e neonatal no Brasil.

Marli Villela Mamede

Parte I

Bases Teóricas e Conceituais da Antropologia do Nascimento

CAPÍTULO 1

Nascimento: Tempos e Formas

Dulce Maria Rosa Gualda

O nascimento é um ato criativo, um evento biológico e social, compreendido e moldado de maneiras diversificadas. Toda a sociedade dita regras que governam o nascimento e atuam nos aspectos fisiológicos universais. Isto faz com que o parto, e todos os processos envolvidos no nascimento, jamais sejam totalmente naturais, mas produzidos, definidos e representados num determinado contexto cultural. As diversas culturas determinam as formas de lidar com processo, estabelecendo uma conexão entre passado, presente e futuro. Por conseguinte, como qualquer outra atividade humana, o nascimento passou por inúmeras transformações na dimensão espaço-temporal. A análise das mudanças ocorridas ao longo da história pode iluminar o caminho a ser percorrido.

Nos primórdios da humanidade, o *Homo sapiens* era nômade e vivia da caça, da pesca e coleta de frutas e vegetais. Experimentava frio e calor extremo, seca e enchentes, mas lidava para se adaptar, sobreviver e se reproduzir. Nestas condições adversas, somente as mulheres capazes de ter parto natural sobreviviam. Neste período, a gestação e o parto eram aceitos como eventos biológicos de duração desconhecida e há indicativos que a mulher era responsável pelos cuidados próprios. O único auxílio disponível era do companheiro. A mulher paria de cócoras ou de joelhos, cortava o cordão umbilical com pedra afiada ou com os dentes e instintivamente lambia todo recém-nascido. Este era colocado junto ao peito com um *sling de* pele animal para ser aquecido, confortado e transportado na busca de alimentos e nos processos de migração. Nesta empreitada muitos bebês não resistiam ou eram abandonados. A amamentação era prolongada fato que contribuía para um maior espaçamento entre os filhos (TOWLER; BRAMALL, 1986).

Diante de condições adversas começaram a viver em grupos maiores. O encontro de locais com melhores condições climáticas propiciou a evolução da agricultura e a fixação em locais mais amenos e férteis. Iniciaram o cultivo de alimentos e a domesticação de animais. Grupos familiares e vilas se formaram e mais crianças viviam. Aos poucos, as comunidades foram se tornando mais complexas e tiveram de se organizar, primeiramente nas famílias e após nas comunidades. As mulheres mais velhas tinham papel central. As dores indicavam o início do parto, o local onde iria parir era preparado e seus familiares e amigos eram avisados. E a parteira, uma mulher da família ou da comunidade reconhecida pela sua experiência ou sua competência, vinha para ajudar. Seu papel era dar conforto e apoiar a parturiente sem interferência (TOWLER; BRAMALL, 1986; ROMALIS, 1981; FORD, 1945).

Quase universalmente os homens eram excluídos da cena do parto. Algumas exceções para os maridos. Mas quando sua presença era permitida, tinha uma tarefa a ser cumprida. Não há informação de sua participação enquanto espectador. O tabu em torno da participação masculina é atribuído à modéstia. As mulheres eram ensinadas a não exibirem a sua genitália e durante o nascimento a sua exposição era necessária (FORD, 1945).

As mulheres pariam agachadas, de joelhos, em pé, sentadas, sobre o colo da assistente ou apoiadas em dois blocos de pedras. As pedras posteriormente foram substituídas por bancos para dar apoio à mãe e permitir que a assistente auxiliasse no balanço pélvico. Essa posição de parto foi adotada, consistentemente pelas mulheres, durante vários milênios, muito em função de sua efetividade, mas principalmente associada à filosofia de que o parto era considerado um evento normal e a conduta era que a natureza deveria tomar seu curso. A forma de construção desses bancos era variável, desde a forma mais rudimentar até as mais sofisticadas cadeiras de parto. Foram fabricados e usados até meados do século XVII enquanto o parto foi considerado próximo à natureza.

Os sociólogos Wertz e Wertz (1977) afirmam que o espaço de parto era feminino por excelência. O local era o próprio domicílio devidamente preparado para o evento. Quando a mulher sentia as primeiras dores, era desencadeada uma rede de solidariedade e de ajuda de mulheres da família, amigas e vizinhas que prestavam apoio emocional, realizavam atividades práticas e davam suporte espiritual. Essas mulheres tinham total controle e eram consideradas capazes de lidar com o evento. Para os autores, essa rede de solidariedade representava também um paliativo diante da demanda de partos frequentes e exaustiva atividade de criação de filhos. Havia uma expectativa de reciprocidade por parte das mulheres envolvidas. Era o parto social.

No primeiro manual escrito sobre o nascimento em 1545, *Byrth of the Mankynd*, o autor Thomas Raynalde referiu-se ao momento do parto utilizando-se de duas palavras que caracterizam o leito de parto na Antiguidade: prazer e pesar. Prazer pela procriação e pesar pelos resultados dos desígnios de Deus e da Natureza.

A maioria dos autores que seguiram Raynalde compartilhava de suas convicções e afirmava que entre os desígnios de Deus e as armadilhas da natureza há espaço para a participação de terceiros, sendo considerado um evento social; um momento onde as pessoas se reuniam com disponibilidade para oferecer conforto, habilidades e conhecimento, uma espécie de construção social para encarar os desígnios, fatalidades e na luta contra os desafios da natureza.

Segundo Michaelson (1988), a disponibilidade de estudos antropológicos sobre o processo de nascimento em diversas sociedades reduziu a romantização de que o manejo do parto primitivo era natural e sem intervenção. Refere que há uma crença que a mulher deixava o trabalho e tinha o seu filho num curto espaço de tempo e sem dificuldades. Entretanto, há indícios que nas sociedades que faziam uso de tecnologia leve as mulheres não eram poupadas de trabalho de parto laboriosos e estavam sujeitas a manobras, eram submetidas a rituais e procedimentos muitas vezes com consequências nefastas. Muitas sociedades permitiam que as parteiras realizassem pressão abdominal para auxiliar na saída do feto ou da placenta e outras recomendavam a tração do cordão após o parto. Como o conhecimento sobre o parto era empírico, quando algo não ia bem, as parteiras faziam o possível para que houvesse o desfecho favorável do parto, para salvar a mãe e a criança, mas nem sempre era possível, resultando em sequelas ou morte. Em algumas situações, um especialista, ou um *shaman*, era chamado para diagnosticar a causa da demora ou prescrever remédios. Geralmente, a causa da complicação era atribuída à violação de costumes e ocasionalmente era atribuída à malevolência dos espíritos. Algumas vezes era recomendado ao marido realizar rituais para acelerar o parto e fazer com que a mulher tivesse um filho sadio. O nascimento era considerado perigoso e a morte da mãe e do bebê era prevista e aceita (FORD, 1945).

O'Dowd (1994) afirma que as parteiras, provavelmente, tiveram atividade desde a pré-história. O parto era função normal da mulher, uma expressão da saúde e os infortúnios eram atribuídos aos espíritos e magia aos quais deveriam temer e reverenciar. Sendo assim, as crenças e práticas das parteiras obedeciam às sanções místicas ou religiosas e eram reforçadas por rituais que eram celebrados com a intenção de preservar o equilíbrio entre saúde e doença. Desenvolviam seu trabalho numa perspectiva cultural e atendiam as expectativas das mulheres. Eram da própria rede social ou moradoras da mesma comunidade. Eram mulheres mais velhas, na pós-menopausa, uma vez que mulheres no período menstrual eram consideradas poluídas. Eram mães de pelo menos dois filhos para que tivessem experimentado na própria carne as dores do parto. Tinham que ter costumes irrepreensíveis, boa disposição física e disponibilidade de tempo para acompanhar longas horas de trabalho de parto. As habilidades práticas eram desenvolvidas pela observação, pela experiência e pela intuição. Eram tipicamente analfabetas e desprovidas de treinamento formal. O seu conhecimento era empírico e repassado através de fontes orais pelas mães, avós ou parteiras mais experientes. Todas as comunidades dispunham de parteiras, que além das suas habilidades de assistir partos também eram chamadas em situações de doença. Nas situações em que eram chamadas, realizavam, também, atividades domésticas (ROMALIS, 1981).

O'Dowd (1994) afirma que apesar de a obstetrícia ser tão velha quanto a humanidade ela se manteve sob domínio das parteiras por muitos séculos. Refere que em textos antigos não há menção de homens, mas de parteiras. A participação masculina até o século XVII era muito pequena, somente em casos de risco extremo ou de morte. Sua participação contrariava os padrões culturais dominantes aliados à moral e ao pudor da época.

Segundo Romalis (1981), as parteiras se mantiveram bem resguardadas na sua atividade nas áreas urbanas até o século XVII, quando os homens começaram a considerar a profissão atrativa. Não eram os médicos da elite, eram os menos talentosos e sem preparação científica, oriundos de uma classe desprestigiada de descendentes dos cirurgiões barbeiros, os quais exerciam toda a prática manual da medicina através de pequenas cirurgias, em atividade desde o século XIII. Dedicavam-se apenas aos casos complicados realizando extração de fetos mortos do canal de parto e cesáreas pós-morte. Passaram a se interessar pela "arte de partejar" por motivos financeiros e de prestígio, convertendo-a em categoria da cirurgia. Aos poucos, os cirurgiões vão ganhando maior conhecimento sobre anatomia e fisiologia do corpo humano, aperfeiçoando os seus instrumentos cirúrgicos, possibilitando a realização de intervenções mais eficazes. Daí por diante o nascimento foi se tornando um evento controlado pelos homens da ciência. Acusavam as parteiras de ignorantes, de pactuarem com as mulheres em situações de relações ilegítimas e colaborarem com a realização de aborto.

A desconfiança em torno do papel da parteira pairou durante muito tempo. Nos séculos XVI e XVII , as parteiras sofreram com caça às bruxas da Inquisição, pois acreditava-se que estavam em missão do diabo, já que usavam ervas, poções e rezas para ajudar o parto. Quando eram acusadas de infração, eram mortas em fogueira. Muitas mulheres morreram durante a Inquisição e metade delas era parteira. Surgiram leis regulando sua atividade com exigência de instrução e exames para realizar batismo e confissões de morte na ausência de um padre, bem como de notificar casos de aborto, partos de mães solteiras e uso de anticoncepcionais. Esta perseguição afastou as mulheres da prática de partos ou as conduziu à obscuridade (ROOKS, 1997).

O fórcipe se constituiu num avanço decisivo, pois possibilitava as chances de sobrevivência para a mãe e para o feto e seu uso começava a se generalizar. Foi sendo aperfeiçoado e os modelos se multiplicaram. Ele é considerado uma das descobertas mais importantes da arte obstétrica, fator de domínio masculino nas práticas de parto. A posição da mulher no parto foi um deles. Os cirurgiões impunham às parturientes o decúbito dorsal com a finalidade de observação e intervenção (CARNEIRO, 2008).

A caça às bruxas pela Inquisição, a necessidade de licença para exercer a atividade e a invenção do fórcipe abriram caminho para o cirurgião barbeiro. No século XVIII, estes consistentemente enfatizavam os perigos do parto para convencer as mulheres a contratar os seus serviços. Sua prática se desenvolveu, organizou e se legitimou em meio aos discursos de exaltação à maternidade. Apesar das parteiras terem conhecimento desta atitude de exploração das mulheres e conhecer bem os riscos de traumatismo para a mãe e para o feto como consequência dos procedimentos, ficaram impotentes diante da situação (ROOKS, 1997).

Além da busca de segurança pelas mulheres, havia uma questão de prestígio social que envolvia a presença do homem durante o parto. A atividade das parteiras foi sendo limitada aos partos normais que decresciam numericamente ou passou a ser de auxiliar e submissa aos profissionais masculinos. Continuaram atuando apenas em grupos de nível econômico mais baixo, em áreas rurais, no espaço doméstico (ROOKS, 1997).

Aos poucos, os médicos preparados nas universidades também foram atraídos para a prática do parto. Eram de classe social elevada, tratados por doutores e sua prática consistia no diagnóstico e tratamento de doenças que não demandavam intervenção cirúrgica. O conhecimento que tinham até então sobre o nascimento era totalmente baseado em teorias ou veiculado pelos cirurgiões e parteiras. Para atender seus interesses, em muitos países europeus foram criados hospitais que atendiam mulheres pobres com a finalidade de servir de aprendizado para esses médicos.

Como consequência, no século XVIII, começa a ocorrer uma mudança na filosofia tradicional do parto. O discurso médico veiculava a ideia de que o parto ia além de fenômeno regulado pelas leis da natureza e passava a ser um fenômeno cujas bases se assentavam na anatomia e na fisiologia. O parto e suas possíveis doenças decorrentes foram compreendidos a partir de uma concepção fisiopatológica. Para isso, os cirurgiões argumentavam estarem preparados para fazer uso de técnicas e tecnologias alheias ao universo e à capacidade de aprendizagem das parteiras.

Enquanto o nascimento foi definido como um processo normal da mulher, não havia expectativa em relação ao aprendizado formal das parteiras. Elas tinham pouca escolaridade e o pensamento da época colocava o sexo feminino numa posição de inferioridade em relação ao masculino. Como auxiliar de um processo da natureza, era esperado que ela interviesse o mínimo possível na mecânica do parto e apoiasse a mulher. Elas atuavam localmente e não dispunham de uma perspectiva de carreira. Nesse sentido, quando comparadas aos médicos, elas ficavam em grande desvantagem. Calcando-se nesses argumentos, os parteiros passaram a sustentar que a "natureza" dos homens lhes permitia adquirir aprendizados obstétricos, incompatíveis com a "natureza" das mulheres (BARRETO, 2007; DONEGAN, 1978).

Com isso, os médicos vão ganhando controle do espaço e redefinem o conceito de nascimento como crise para o qual as mulheres civilizadas seriam inaptas para lidar, necessitando de tratamento médico. Esta definição social e cultural do nascimento trouxe mudança radical na sua prática (BANKS, 1999; BARRETO, 2007).

Para Wertz e Wertz (1977), na Europa e na América colonial o conceito de parto como evento de risco fazia com que os médicos cobrassem altas taxas pelos seus serviços e serviram de porta de entrada para que se tornassem os médicos da família, opondo-se às parteiras. Os médicos contavam com a vantagem de serem do sexo masculino, tinham aprendizado formal e tinham exclusividade no uso do fórcipe e do ópio.

Outro fato que assegurou credibilidade aos médicos foram as descobertas e os avanços da tecnologia médica que acompanharam os progressos da biologia a partir da segunda metade do século XIX. Com a Revolução Industrial houve um processo de urbanização e proletarização da sociedade que levou as populações a condições extremamente adversas do ponto de vista da saúde.

As condições insalubres de vida favoreciam o aparecimento de epidemias que demandavam soluções urgentes para seu controle e se constituíam motivações para pesquisas médicas. O sucesso das realizações científicas que resultou na descoberta de medicamentos, vacinas e instrumentos de diagnóstico, serviu de meio de legitimação dos médicos e de desacreditação nas atividades dos curandeiros e erradicação das práticas leigas (SPINK, 2003; CAPRA, 2006).

Como consequência do interesse médico pelo nascimento, o crescimento e desenvolvimento da profissão médica, a desvalorização da capacidade da mulher e da habilidade das parteiras fez com que o parto fosse interpretado como um evento patológico, cuja prática se afastava do natural e demandava instrumentos e intervenções (BANKS, 1999).

Os médicos, que estavam em número crescente, na medida em que foram se desenvolvendo nesta prática, apoiavam o atendimento ao parto em hospitais, pois no contexto doméstico assistiam os partos sob a supervisão de mulheres. Os médicos se desagradavam com a situação e com as interferências. Começaram a desejar que suas clientes de categorias sociais mais elevadas fossem internadas no hospital por ser mais estruturado, com mais possibilidade de intervenções e longe das interferências.

Simultaneamente, nos hospitais estavam ocorrendo os tratamentos alopáticos e as intervenções decorrentes das descobertas científicas. Isso contribuiu para que as mulheres buscassem por assistência ao parto além da sua rede social, como já acontecia em eventos importantes no curso de suas vidas como doença e morte (O'DONNELL, 1997).

Ao final do século XIX, a filosofia do parto e o poder envolvido na sua prática haviam mudado completamente. A obstetrícia se tornou um ramo da medicina, um campo dominado por homens. A metáfora do "corpo-máquina", que levava em si um potencial de dano, destinou aos médicos o controle e o poder de definir o que poderia ser considerado "normal ou anormal" e os colocou no domínio da organização social do nascimento. A tecnologia é que deveria controlar e dominar as forças do nascimento como de uma máquina e todos os partos passaram a ser encarados como potencialmente patológicos (ARNEY, 1982). Consolidou-se a prática do parto horizontal nas mesas de parto, retratando a postura de doença, de necessidade de intervenção, de que o controle é de quem assiste e que o papel da mulher é de passividade. Esta mudança representativa passou a incorporar a definição que todos os partos são difíceis e que as mulheres são inerentemente fracas, havendo, portanto, necessidade de atuação ostensiva do profissional para ser bem-sucedido. Esta nova abordagem, as práticas e os instrumentos ilustram como as mulheres, antes consideradas competentes para conduzir o ato do nascimento, foram sistematicamente eliminadas do processo. A consumação do parto não é mais alcançada com a mulher, mas por meio de prescrições de procedimentos médicos no ambiente clínico (BANKS, 1999).

No entanto, de acordo com Litoff (1986), a obstetrícia científica, num primeiro momento, não resultou numa prática mais segura, muito pelo contrário, originou problemas novos. O fórcipe é talvez o que melhor simboliza o dilema que os médicos tinham de encarar. Quando devidamente usado, poderia salvar vidas, mas, quando mal-empregado, podia causar lacerações perineais graves para as mulheres e danos fetais severos. Na verdade, quase todo tipo de intervenção realizada pelos médicos apresentava riscos associados à infecção, pois atendiam pessoas com doenças contagiosas e tinham mais chance de trazer microrganismos para a mulher em trabalho de parto. A infecção puerperal grave era um acontecimento comum entre os médicos.

Outra inovação que nem sempre beneficiava as parturientes era a anestesia no parto. Apesar de proporcionar conforto, o uso indiscriminado do éter ou clorofórmio muitas vezes causava desaceleração do parto ou desordens respiratórias para a mulher.

Além dos resultados das intervenções dos obstetras não serem os desejados, diversos estudos norte-americanos apontavam que os índices de mortalidade mais baixos eram os das localidades onde as parteiras atuavam. Num levantamento realizado em 1911, os dados indicavam que os obstetras perdiam o dobro de mulheres em relação à parteira, como resultado de infecção puerperal. Até duas décadas mais tarde os obstetras foram responsáveis pela manutenção de taxas elevadas de mortalidade materna. Em todos os relatórios elaborados na época havia um indicativo de intervenção excessiva dos médicos no trabalho de parto (WERTZ; WERTZ, 1989).

A queda na mortalidade materna só ocorreu após 1935 e não pode ser atribuída à hospitalização em si. A adoção do uso de antibióticos, sulfonamidas para combater a infecção e o sangue e seus substitutos para compensar as hemorragias, duas das principais causas de morte materna, contribuíram para este declínio. Além disso, há que se considerar, ainda, que as taxas de morbimortalidade materno-infantil refletiam uma situação que era resultante da melhoria de condições socioeconômicas da época (LEAVITT, 1986).

Aos poucos, as mulheres foram se sentindo insatisfeitas. Atravessavam o trabalho de parto entre estranhos, num ambiente adverso, carente na dimensão humana. Os hospitais começaram a serem vistos como locais estéreis, assustadores e desumanos (LEAVITT, 1986).

Entre os anos quarenta e sessenta, nos EUA, fortalecida pelo "the baby boom", aumento expressivo na taxa de natalidade, é criado o ambiente propício para a discussão do processo de nascimento. Não exatamente a sua filosofia, mas o tratamento que as mulheres recebiam e, de certa forma, como o processo era encarado. Paulatinamente, as práticas intervencionistas e a concepção de parto como situação de crise começam a ser questionadas e veiculadas nas revistas femininas. As questões referentes ao fórcipe e ao uso de drogas, a indução do trabalho de parto, a separação da mãe do recém-nascido no pós-parto e as condutas hospitalares arbitrárias, de modo geral, começam a ser tema de discussão. Essas questões conduziram a uma oposição ao conceito de que a mulher no nascimento se comportava como uma máquina defeituosa e colocava em dúvida se o hospital seria o ambiente mais adequado para o nascimento (LEAVITT, 1986).

A partir dos anos quarenta começa a surgir o movimento do parto natural nos EUA, uma manifestação organizada que evidenciava o conflito entre mulheres e obstetras. Estes últimos eram acusados de haverem capturado o domínio do nascimento, focalizando exclusivamente no parto e esquecendo-se da mulher. Enquanto focalizavam na passagem, no passageiro e nas forças do parto, as mulheres eram deixadas de lado, solitárias, sem face, na mesa de parto. O movimento do parto natural envolvia mais que tratar apenas o nascimento de modo diferente, demandava um tratamento diferente das mulheres. Trouxe à tona o sentimento negativo do parto controlado pelos obstetras e enfatizava que as experiências, as emoções e as questões pessoais das mulheres deveriam ser valorizadas no nascimento. Surgem vários livros sobre preparo psicofísico do parto que reforçam a ideia que as mulheres têm o direito de uma experiência pessoalmente satisfatória e no controle do parto, com segurança e poucas intervenções (ARNEY, 1982).

Um dos autores que merecem destaque é o inglês Grantly Dick-Read, que afirmava que as mulheres tinham uma face, uma psicologia e experiências subjetivas importantes que precisavam ser consideradas. Suas propostas de mudança eram simples, como colocar a mulher em posição de ver e ouvir para poder colaborar com quem a assiste. Segundo ele, o contato face a face possibilitaria que seus desejos fossem atendidos. O desafio do parto natural seria simplesmente a valorização dos desejos e dos aspectos psicológicos no encontro durante o parto. Além disso, afirmava que a sociedade e a cultura atribuem a dor ao parto, gerando o medo antecipado da dor, o que desencadeia tensões protetoras no corpo. O medo causa resistência no colo do útero, e a resistência causa medo, uma vez que medo, tensão e dor caminham lado a lado. Assim sendo, a mente condicionada pela cultura tem papel relevante na produção da dor. Seu trabalho se concentrava, portanto, na eliminação do medo. Nesta linha de pensamento, o medo e, consequentemente, a dor poderiam ser controlados ou eliminados pela educação e pelo treinamento. Educando as mulheres a antecipar as sensações do parto e treinando técnicas de relaxamento, enfatizando a beleza do nascimento e da maternidade (ARNEY, 1982).

Uma segunda linha de pensamento foi desenvolvida com base nos trabalhos de Pavlov, a "escola psicoprofilática de educação para o parto", a qual utilizava métodos de condicionamento no alívio da dor de parto. Eram realizados exercícios para que a mulher controlasse grupos específicos de músculos conforme orientação de um acompanhante treinado no método ou pelo obstetra. Eram ensinadas técnicas de respiração para oxigenar os tecidos e retirar sua atenção da dor durante o parto. Esses trabalhos chegaram aos EUA por intermédio do Dr. Lamaze e foram criados inúmeros grupos, mas que foram refreados pela falta de pessoas preparadas para acompanharem as mulheres durante os seus partos. Mas a partir dessa experiência surgiu a ideia do companheiro da mulher participar do treinamento e do nascimento, e se tornar participante ativo da experiência (ARNEY, 1982).

Derivado dos conceitos de Dick-Read, merece destaque o trabalho de Sheila Kitzinger, que propôs a abordagem psicossexual do nascimento. Utilizou a técnica da dessensibilização sistemática de todos os elementos psicologicamente construídos na hierarquia da ansiedade da gestação. Pouca atenção é dada para educação, sendo que o foco é superar o medo sem se preocupar com suas origens (ARNEY, 1982).

Surpreendentemente, os obstetras aceitaram o parto natural, mais precisamente o preparo psicofísico do parto, e se acomodaram elaborando planos para atender as demandas das mulheres ao mesmo tempo em que preservando aquilo que consideravam importante. Na verdade, reformularam suas práticas para acomodar os interesses das mulheres sem abrir mão do controle do processo.

Após 1960, o movimento para o parto natural recebe apoio das feministas que buscavam a realização plena e a autonomia das mulheres, com base no princípio de "o pessoal é político". Um dos aspectos do feminismo que demonstrou muita força foi o movimento para a saúde das mulheres, que visava ao resgate do corpo feminino. Neste contexto é que houve críticas exaustivas ao processo americano de nascimento. Acusavam o desalento que era dar à luz nos hospitais, os quais tratavam o evento de forma impessoal e desumana, em lugar de possibilitar uma experiência feliz compartilhada com a família. Por outro lado, acusavam o uso abusivo de intervenções de rotina e se alarmavam com a taxa crescente de cesáreas.

Impulsionados pelo movimento feminista, os adeptos do movimento do parto natural começaram a empenhar seus esforços na questão do resgate do controle do processo de nascimento. Neste contexto, as mulheres desejavam não apenas serem preparadas para uma experiência mais bem-sucedida, sem dor, mas serem participantes do nascimento, não dependentes dos obstetras, mas tratadas como iguais e esperavam que os obstetras atendessem suas necessidades em transformação.

O movimento do parto natural abriu as portas para as formas alternativas ao controle médico do nascimento, além de apresentar uma filosofia de parto natural, e não médica, propondo práticas apropriadas a cada situação ao invés de práticas baseadas em pressupostos ideológicos e técnicos. Este movimento teve origem nos EUA, sendo estimulado pelas mulheres das comunidades que se organizaram em grupos de autoajuda que debatiam e divulgavam o assunto a partir de suas próprias experiências e informações disponíveis no momento. Ele prevalece até o momento, mas sem que, de fato, tenha alcançado alguma mudança concreta na filosofia e no poder médico do parto. De acordo com Lubic (1981), o movimento de parto alternativo trouxe ainda a proposta de retirada do parto do hospital e a reinserção da parteira na assistência. Aumentou a busca pelo parto domiciliar e em alguns países foram criadas casas de parto, as quais reproduziam o ambiente doméstico, com o parto sendo assistido pelas parteiras. A resposta de alguns médicos e de hospitais diante do movimento foi a criação de alojamento conjunto, a possibilidade de visitas estendidas e a criação de quartos menos convencionais e mais flexíveis, onde as mulheres pudessem ficar no pré-parto e durante o parto, com a possibilidade de participação de acompanhante durante o processo, mas ainda sob o controle médico e com acesso seletivo das mulheres. Todas essas práticas, ainda no presente, têm gerado muitos conflitos entre profissionais, instituições, governo e clientela e não chegaram a bom termo. Ainda não ocorreu a mudança real na filosofia do nascimento.

A história do nascimento, particularmente a luta atual pelo poder de definir a ideologia e a prática, representa apenas uma parte de uma história maior de competição entre a medicina oficial e a medicina popular. Para Banks (1999), a resposta da medicina diante do desafio de sua autoridade em ditar as práticas revela que o nascimento é apenas um dos aspectos da definição sistemática de condições humanas como eventos médicos. A permanência da filosofia médica do nascimento ilustra a prontidão da sociedade em aceitar a autoridade da ciência e a deferência ao profissionalismo na ideologia e na prática.

Ao se analisar a filosofia e as práticas do nascimento decorrentes verifica-se que fazem parte de um conjunto maior da definição e interpretação do conceito de saúde e doença. A qualificação de autoridade e o desejo de cuidado e da cura são confiados ao especialista. E da mesma forma que ocorreu com o nascimento houve a moldagem das crenças e das práticas culturais a outros eventos no curso da vida, que tiveram como fundamento as definições médicas. Exemplos disso são menstruação e menopausa. A filosofia médica ensinou a sociedade como pensar e se comportar diante desses eventos. Para Banks, esses exemplos ilustram como a medicina oficial criou em torno de si uma aura inquestionável de superioridade e poder de ditar a prática. Diferenças de opinião ou atitude prontamente são rotuladas de desviantes e os aderentes marginalizados. E isto é aparente com aqueles que defendem e praticam o parto alternativo.

O objetivo almejado por todos que vislumbram mudanças na forma de nascimento é que deve ocorrer num sistema flexível de alternativas obstétricas, num ambiente seguro e com atendimento qualificado. São considerados três pontos fundamentais a serem respeitados: (1) segurança da mãe e da criança; (2) diversas formas de alívio da dor sem que haja comprometimento da experiência; e (3) condições de ambiente que favoreçam o relacionamento da mãe com o bebê e os demais membros da família, levando em conta a perspectiva cultural dos envolvidos.

Considera-se que o processo de nascimento será mais humano na medida em que houver maiores possibilidades de alternativas obstétricas para que as mulheres e famílias se sintam mais satisfeitas, e o trabalho dos obstetras se torne mais gratificante. É neste sentido que se reporta o sistema flexível de alternativas. As necessidades das mulheres e suas famílias variam muito. Para algumas, ir ao hospital e ter todo aparato médico parece ser o melhor. Já para outras, estarem fora dele, no ambiente doméstico, ou mais semelhante a ele, com assistência de profissionais qualificados que deem segurança e demandem retaguarda para emergência, parece ser o mais indicado.

Enkin *et al.* (2000) são concordes e dão suporte para a afirmativa. Consideram que há controvérsias por diferenças de opinião em relação ao que desejamos atingir e a melhor forma de fazê-lo. Afirmam:

> O que mais desejamos atingir depende do que consideramos importante. Diferentes comunidades, grupos e indivíduos podem ter diferentes opiniões sobre isso. Alguns podem dar prioridade à experiência pessoal do parto de cada mulher, mesmo que isso possa significar algum sacrifício em termos de segurança. Outros podem desejar minimizar a morbidade e a mortalidade perinatais,

> não importando o quanto isso possa aumentar o risco ou o desconforto materno. Outros ainda, preocupados basicamente com os custos crescentes do atendimento e os limitados recursos disponíveis, consideram a eficiência e a economia os objetivos mais importantes. Todos esses objetivos são importantes, mas frequentemente envolvem compensações. Não causa surpresa o fato de a diversidade de objetivos e prioridades ter resultado em recomendações muito diferentes para atendimento durante a gravidez e o parto.

Estes autores têm tido papel de destaque na produção de conhecimento sobre "atenção efetiva" ou "cuidados médicos efetivos" no processo de nascimento, destacam a importância da atenção baseada em evidências, a qual é mundialmente aceita nos dias atuais. Para este grupo foi definida como: "*o uso consciente, criterioso e explícito das melhores evidências atuais para tomar decisões sobre o atendimento a pacientes individuais*". Entretanto, pontua que as evidências de pesquisa devem ser usadas para guiar o tratamento, e não determiná-lo.

Quanto à tecnologia, em suas diversas formas, pode ser benéfica e é bem-vinda dependendo da forma utilizada. Pode diagnosticar problemas potenciais e tratar os existentes. Entretanto, precisa ser mais e melhor explorada para que possa ser mais efetivamente e seletivamente utilizada. O prejudicial não é o hospital, nem são os avanços tecnológicos ou os procedimentos, mas sim o controle perverso que eles favorecem na sua aplicação indiscriminada.

A proposta de Enkin *et al.* (2000) é que as pessoas tenham conhecimento dos efeitos benéficos ou prejudiciais dos vários elementos de atenção que possam ser implementados durante a gravidez e o parto. Consideram essencial a escolha entre as opções disponíveis.

Referências bibliográficas

ARNEY, W. R. **Power and the profession of obstetrics**. Chicago: The University of Chicago, 1982. 1-50, p. 208-253.

BANKS, A. C. **Birth chairs, midwives and medicine**. Jackson: University Press of Mississippi, 1999.

BARRETO, M. R. N. A ciência do parto nos manuais portugueses de obstetrícia. **Gênero,** Niterói, v. 7, n. 2, p. 217-234, 1º sem. 2007.

CAPRA, A. **O ponto de mutação**. 26. reimp. São Paulo: Cultrix, 2006. Cap. 5. O modelo biomédico.

CARNEIRO, M. **Ajudar a nascer:** parteiras, saberes obstétricos e modelos de formação. (século XV-1974). Porto: Universidade do Porto, 2008.

DONEGAN, J. B. **Women & men midwives: medicine, morality, and misogyny in early America**. Westport: Greenwood, 1978.

ENKIN, M. *et al.* **A guide to effective care in pregmancy and childbirth**. 30. ed. New York: Oxford University, 2000.

FORD, C. S. **A comparative study of human reproduction**. New Haven: Yale University, 1945.

LEAVITT, J. W. Under the shadow of maternity: American women´s responses to death and debility fears in nninettenth-century childbirth. **Feminist Studies**, v. 12, n. 1, 1986.

LITOFF, J. B. **The American midwife debate**: a sourcebook on its modern origins. New York: Greenwood, 1986.

LUBIC, R. W. Alternative maternity care. In: ROMALIS, S. (org.). **Childbrith:** alternatives to medical control. Texas: University of Texas, 1981.

MICHAELSON, K. L. **Childbirth in America**: anthropological perspectives. Massachusetts: Bergin e Garvey, 1988.

O´DONNELL, A. **Midwifery and chilbirth in America**. Chapter 2: Brief History of midwifery in the west. Philadelphia: United States, 1997.

O´DOWD, M. J. **The history of obstetrics and gynaecology**. New York: Parthenon, 1994.

ROMALIS, S. **Chidlbirth:** alternatives to medical control. Texas: University of Texas, 1981.

ROOKS, J. P. **Midwifery and childbirth in America**. Philadelphia: The University, 1997.

SPINK, M. J. As origens históricas da obstetrícia moderna. In: **Psicologia social e saúde:** práticas, saberes e sentidos. Petrópolis: Vozes, 2003.

TOWLER, J.; BRAMALL, J. **Midwives in history and society**. New Hampshire: Croom Helm, 1986.

WERTZ, R. W.; WERTZ, D. C. Lying-In: **A history of childbirth in America**. New York: Free, [1977] 1989.

Capítulo 2

Antropologia Médica e Antropologia do Nascimento

Dulce Maria Rosa Gualda
Edemílson Antunes de Campos

> *O nascimento é uma transação íntima e complexa, cujo conteúdo é fisiológico e a organização cultural. Sua distinção entre o que é biológico e o que é social é meramente analítica. A fisiologia e o contexto interacional desafiam qualquer tentativa de separá-los* (JORDAN, 1978).

Estas afirmativas foram retiradas do livro "Birth in four cultures", produzido por Brigitte Jordan no âmbito da antropologia médica, obtido a partir de intenso trabalho de campo resultante de uma pesquisa transcultural que veio a se constituir num marco do estudo do nascimento. Por sua obra recebeu o Prêmio Margaret Mead da Sociedade de Antropologia Aplicada, bem com a denominação de "parteira da antropologia do nascimento". Desde então, a antropologia do nascimento passou a ser merecedora de estudos etnográficos transculturais e comparados, e passou a ser inspiradora para outros antropólogos no estudo do processo do nascimento. Assim, começou a ser construído o campo da antropologia do nascimento, tendo como alicerce a antropologia médica (DAVIS-FLOYD; SARGENT, 1997).

A palavra antropologia médica pode suscitar dúvidas sobre o seu significado a quem a vê inicialmente. Seria o estudo de como a medicina é praticada por profissionais ou leigos? Ou seria o estudo do significado de eventos relacionados ao estar saudável ou ficar doente? Talvez o estudo das crenças e das práticas populares sobre aspectos da saúde e da doença? Ou o estudo sobre as instituições onde são praticados cuidados populares ou especializados no contexto biomédico? De fato, todas essas afirmativas são verdadeiras. A antropologia médica tem como premissa inicial o estudo de questões relacionadas ao processo saúde-doença, muito além do aspecto fisiológico. A antropologia médica adota uma abordagem biossóciocultural para se remeter à saúde como um aspecto da condição humana. A antropologia médica não se preocupa exclusivamente com uma única sociedade, ou com um sistema de saúde particular, mas com as questões de saúde que ocorrem em diferentes espaços e em tempos diversos. A biologia é considerada de fundamental importância, mas a questão é ir além da condição biológica primária, buscando compreender as origens da doença, a construção cultural dos sintomas e tratamentos, a natureza das interações entre biologia, sociedade e cultura. Similarmente, tende a não aceitar a soberania ou a autoridade de qualquer sistema de saúde, incluindo a biomedicina, pois a sua eficácia é definida nos contextos particulares de tratamento e cura (SINGER; HANS, 2012).

A antropologia médica vem se tornando uma das áreas de interesse mais extensas da antropologia. Tem tanto desenvolvido suas próprias teorias, quanto utilizado as da disciplina de origem e há discordância entre os antropólogos quanto ao seu impacto nas orientações da disciplina. Ao se aproximar das questões do estudo, o pesquisador pode se utilizar de referencial teórico-conceitual de uma maneira particular ou articulada, tendo como base a natureza e os dados do estudo (SINGER; HANS, 2012).

A abordagem da antropologia médica se insere entre teórica e a aplicada. A antropologia aplicada se refere à aplicação de teorias, conceitos e métodos antropológicos na solução de problemas reais nos diversos contextos. Os antropólogos médicos consideram que a ciência não ocorre no vazio, sendo importante se concentrar nos desafios da realidade social, relacional e em constante mudança, assim como utilizar os resultados de pesquisa na solução de problemas para melhorar a qualidade de vida das pessoas. Este aspecto tem sido um ponto de tensão na disciplina, pois os teóricos consideram que o propósito da disciplina é compreender os diversos caminhos encontrados na vida social das pessoas. Consideram que o uso da antropologia para promover a mudança social planejada viola princípios básicos da disciplina (SINGER; HANS, 2012).

Apesar do método essencial da antropologia ser a etnografia, não se pode afirmar que todas as pesquisas na antropologia médica sejam etnográficas. Na condução das pesquisas os antropólogos médicos adotam a metodologia do trabalho de campo, buscando imergir no cotidiano de vida e em contextos sociais do grupo em estudo. A abordagem metodológica utilizada é predominantemente qualitativa e a maioria dos dados são provenientes de observações, de entrevistas, de notas e de documentos. Entretanto, isso não significa que dados quantitativos não sejam utilizados, principalmente dependendo da natureza do problema investigado (SINGER; HANS, 2012).

Com base nessas premissas é que se desenvolveu a antropologia do nascimento. Uma das razões para que o nascimento se desenvolvesse nesta área se deu pela natureza do processo. Inicialmente, pode se pensar que o nascimento humano é biologicamente e fisiologicamente determinado, de modo a se pensar que o fenômeno de parturição seja relativamente universal, ocorrendo de forma semelhante em diferentes contextos. A dificuldade surge do fato de que a "natureza" é percebida por meio das lentes da cultura, fazendo com que haja uma grande variação de uma cultura para a outra no que se refere a cada um de seus aspectos. Assim sendo, o nascimento precisa ser estudado levando em consideração as características e as particularidades do contexto cultural (DAVIS-FLOYD; SARGENT, 1997).

Esse aspecto sobre estudos do processo do nascimento é destacado por um autor ao expressar a perspectiva de seu livro por meio de uma citação "I am a native here and to the manner born" (SHAKESPEARE, 1976). O *manner* no inglês antigo traz outros significados além de maneira, que inclui destinado a ter o hábito, conhecer os costumes e as práticas, pois é o nativo, o que nasce na localidade. A frase foi traduzida para o português "Aqui nascido e destinado a este hábito". Esta retrata a essência da antropologia do nascimento, cuja ideia central é a de compreender o nascimento como uma produção social. Busca-se, como salienta Jordan, compreender o ponto de vista nativo, isto é, o "parto do jeito que nós (os nativos) fazemos" (DUNDES, 2003).

Foi a partir da década de 1970 que ocorreu a entrada de estudiosas neste campo. Foram as pesquisadoras que abriram o caminho para o estudo do processo de nascimento, do qual se tornaram pioneiras, delineando assim o campo da antropologia do nascimento. Sua entrada se deu em grande parte resultante de movimentos sociais que colocaram em cena as questões de perda do espaço social e do controle do processo do nascimento ao mesmo tempo em que ocorriam no mundo mudanças importantes no campo da saúde. A medicalização e a biomedicina se estabeleciam progressivamente como dominantes. Com isso, os estudos passaram a ter foco na dinâmica entre aqueles que participam da cena do parto (DAVIS-FLOYD; SARGENT, 1997; LUBIC, 1971).

Não se pode omitir, entretanto, que houve antropólogos que se dedicaram ao estudo do processo do nascimento, anteriormente a este período, produzindo *surveys* os quais os levaram a ser considerados os precursores deste campo de estudo.

O primeiro *survey* realizado sobre reprodução humana foi de autoria de Clellan Ford em 1941 e publicado em 1964 "Comparative Study of Human Reproduction". Trata-se de um estudo comparativo, cujo objetivo era a análise de costumes primitivos para descobrir se eram arbitrários ou se representavam ajustamentos aprendidos a partir de problemas impostos pelas condições de vida. Seus dados foram abstraídos de descrições etnográficas do comportamento reprodutivo em 64 culturas primitivas. Descreveu costumes e comportamentos que envolviam desde coito e concepção, menstruação, gravidez e parto, até cuidados iniciais na criação de filhos. Buscou compreender as semelhanças e diferenças nas soluções encontradas para problemas reprodutivos nas sociedades que compuseram sua amostra e compará-las às soluções encontradas na medicina científica do momento (FORD, 1964).

Seu trabalho foi relevante por ser pioneiro a elaborar uma descrição etnográfica do comportamento reprodutivo de diversas culturas, demostrando que a comparação transcultural é indispensável para avaliar a obstetrícia científica. Muitas de suas descrições retratam culturas extintas e seu estudo é importante para não se perder o conhecimento sobre essas práticas culturais perinatais.

Na abordagem transcultural do nascimento um dos estudos pioneiros foi realizado por Niles Newton, professora da Escola de Medicina da Universidade Northwestern. Em suas primeiras associações acadêmicas trabalhou com Margaret Mead, que evocava a necessidade de estudos sistemáticos sobre as práticas envolvendo o nascimento em diversas culturas.

Mead (1988) fez parte da Escola Histórico-cultural norte-americana, cujo mentor foi Franz Boas. Em uma perspectiva crítica às visões evolucionistas muito em voga naquela época, Boas (1940, 2008) fez a crítica do método comparativo em antropologia, afirmando que as crenças e os comportamentos humanos devem ser compreendidos dentro do contexto sociocultural do qual fazem parte. Assim, estabelece-se uma visão relativista da cultura, na qual toda formação cultural é considerada única e irredutível, sendo inviável estabelecer uma suposta evolução entre as formações culturais.

Mead (1988) participou da Escola Personalidade e Cultura, cuja ideia principal é a de que a cultura marca suas características nos indivíduos ali formados. Cultura e indivíduo se influenciam mutuamente determinando o modo como uma determinada formação cultural será vivenciada no espaço e no tempo. A cultura é definida pelo padrão de características que são moldadas nas personalidades individuais.

As ideias do relativismo cultural e da relação entre cultura e comportamento individual serão centrais na definição de que o nascimento é determinado pela cultura. Na verdade, o nascimento é a porta de entrada do indivíduo em uma sociedade, sendo definido a partir do padrão cultural vigente.

Os dados da pesquisa de Mead, Newton (1967) tiveram origem na literatura da antropologia e medicina. A maioria deles foi realizada a partir da Human Relations Area Files (HRAF), que na época permitia localização mais ágil da produção científica na área do nascimento. De 222 trabalhos encontrados, apenas 64 puderam ser aproveitados. Analisaram trabalhos realizados em culturas primitivas, culturas tradicionais, assim como culturas industriais da época. Embora tenham localizado uma produção significativa sobre certos padrões de comportamento obstétrico, careciam de informação com a profundidade necessária e importante para o estudo que estavam realizando. Geralmente, focalizavam em costumes exóticos e excluíam comportamentos maternos e práticas dos que prestavam assistência. Afirmam que somente após 1920, decorrente do impacto da psicanálise, é que variações emocionais e de personalidade foram descritas e dados mais pertinentes foram produzidos. Elas atribuem à carência de dados nas sociedades mais primitivas, a exclusão do homem dos partos normais. Os maridos não participavam do evento e os médicos só assistiam casos complicados.

Com base na pesquisa de Mead, Newton (1967), ficou evidente que existem muitas variações na forma como os seres humanos lidam com o nascimento. Sugerem que certos aspectos foram silenciados em culturas industrializadas, enquanto outros se desenvolveram em outras culturas, abrindo novos campos para serem exploradas. As diferenças propiciam o levantamento de questões comportamentais. Apesar das lacunas e da fragmentação de informações deparadas em seu estudo estas informações são registros importantes e serviram de guia para novas buscas.

Na primeira publicação, após considerações introdutórias de Mead "Cultural Patterning of Perinatal Behavior" (MEAD, 1967), Newton elaborou análise comparativa extensa, apresentada em "Pregnancy, childbirth, and outcome: a review of patterns of culture and future research needs", na qual várias categorias de padrões, nos períodos específicos, foram elaboradas e descritas individualmente, bem como as implicações para a pesquisa, o principal objetivo do trabalho. As categorias englobam o período reprodutivo como um todo, gestação, parto e período neonatal e seus resultados incluindo: formas de reagir às crianças, à gravidez, ao parto, ao período de transição; vida familiar e suporte da comunidade; medicação e nutrição; estímulo sensorial e mecânica corporal; e assistência *versus* "*laissez-faire*" (MEAD; NEWTON, 1967).

Na categoria formas de reagir às crianças, pontuam os resultados do parto que são influenciados pela forma que a cultura vê e reage às crianças. Cada cultura reage diferentemente às mudanças maturacionais, o efeito dos filhos no *status* dos pais e o seu comprometimento a eles. Afirmam que essas formas de reagir às crianças estão intimamente relacionadas à forma de lidar e ao apoio emocional dado à criança e à mulher no período reprodutivo e interfere materialmente no parto.

Quanto às formas de reagir à gravidez, afirmam que em nenhuma cultura ela é ignorada ou tratada com indiferença, ao contrário, desperta uma gama de emoções e de sentimentos. Geralmente, os sentimentos são de responsabilidade e de compromisso por parte dos pais e de solicitude por parte do grupo social. Em algumas culturas, a gravidez é considerada um sinal importante de adequação sexual. Em outras, considerada um momento de vulnerabilidade. Sentimentos de timidez, alegria e orgulho também podem estar associados a ela.

As formas de encarar o parto também dependem da cultura em que ocorre. Afirmam que em todas as culturas estudadas ficou demonstrado que é considerado um evento importante na vida das pessoas e da comunidade. O nascimento pode ser visto como evento fisiológico ou como doença, sexual aberto ou tratado com pudor e privacidade, merecedor de elogio ou pagamento, sujo ou poluído e com envolvimento do sobrenatural. Pontuam que estudos transculturais são necessários para se conhecer a influência das práticas nos resultados, levando-se em conta também as sociedades modernas, compostas por diferentes grupos étnicos e culturais. O conhecimento obtido poderá subsidiar ajustes e mudanças do sistema de saúde para se adequar às necessidades específicas destes grupos.

Por período de transição se refere ao período do parto logo após o nascimento do bebê até a separação fisiológica total, podendo ser breve até a laqueadura do cordão, antes da expulsão da placenta, conforme observado nas sociedades industrializadas, ou prolongado, mais comumente encontrado nas sociedades primitivas e tradicionais, o qual pode durar meses ou anos. O período de transição prolongado é caracterizado por quatro padrões comportamentais, a saber: proximidade física da mãe com o filho, geralmente contato pele a pele durante o dia e a noite, alto grau de sensibilidade ao choro da criança, aleitamento materno prolongado e frequente e maior espaçamento entre filhos para que as atenções e energias sejam direcionadas à criança em fase de crescimento. Este período de transição é raramente observado nas sociedades industriais. As mulheres trabalhando longe de casa têm dificuldade em manter um relacionamento próximo com a criança. Toda cultura tem compreensão dos padrões envolvidos neste período. Considera importante a pesquisa neste aspecto para se conhecer as influências que possam ocorrer no comportamento das crianças.

No que diz respeito à vida familiar e suporte da comunidade, afirma que a cooperação é o que predomina no processo do nascimento na maioria das sociedades. Todas as sociedades humanas proveem ajuda à mulher no período reprodutivo. Esta ajuda se refere a questões práticas da vida diária, à proteção contra agressões ou perigos ambientais, ao suporte econômico e ao apoio pessoal, e cuidado para evitar o estresse do nascimento. Entretanto, as variações são inúmeras, sendo que algumas estão no contexto familiar, enquanto outras podem ser transferidas para o estado. Envolvem questões relativas à participação masculina e à paternidade.

A bioquímica tem grande influência sobre os padrões de comportamento nos processos de reprodução. Inclui a ingestão de sólidos e de líquidos, e uso de medicação, os quais atuam diretamente na saúde do feto, nos resultados da gestação e na lactação. Os padrões bioquímicos podem ser concebidos em quatro momentos: preconcepção; gestação; parto; e período pós-parto, e todos são cruciais para os resultados reprodutivos. Inclui alimentos e drogas que podem e/ou devem ser consumidas ou proibidas na gestação, no parto e no pós-parto. Mead, Newton (1967) consideram que seja uma área que demanda muitas pesquisas, pois tem relação direta com saúde da mãe e do bebê.

Todas as culturas ditam regras sobre a forma e a intensidade de aplicação dos estímulos sensoriais. O estímulo sensorial vai desde o estímulo produzido por certos sons, a aplicação de calor, a pressão abdominal até a posição e os movimentos realizados no parto. No modelo biomédico, o parto ocorre na posição horizontal, considerada desfavorável, e a inatividade é padronizada pelos rituais. A atividade da mulher no seu cotidiano também é um padrão de comportamento variável. Nas sociedades onde o parto é considerado uma experiência debilitante, a mulher deve ficar em repouso no pós-parto. Na visão da autora, no que se refere ao estímulo sensorial e à mecânica corporal, os padrões de pensamento e as pesquisas têm enfatizado os aspectos relativos à bioquímica e os aspectos emocionais da reprodução, mas ignorando a relação entre ambos. Para as autoras, tanto o estresse físico, como o estresse bioquímico ou emocional pode ocasionar efeito na gravidez, parto e no recém-nascido. Atesta que há evidência que o estímulo sensorial, a atividade física e o posicionamento do parto interfiram no processo de nascimento.

Newton, Newton (2003) consideram que existem duas posturas conflitantes em relação à assistência ao parto. Uma de "quanto mais rápido melhor", típica das sociedades modernas, e outra de "deixar a natureza tomar seu curso" das sociedades primitivas. No que se refere à medicina científica, os padrões de comportamento em relação às intervenções para acelerar o parto se estendem também até a secção do cordão, a eliminação da placenta e a separação do bebê da mãe. Entretanto, a aceleração do parto e da eliminação da placenta pode ser encontrada em culturas tradicionais, embora com características diferentes das utilizadas pela medicina científica. Geralmente, as práticas de aceleração são empregadas diante de situações de parto prolongado. Considera que esta seja uma área profícua para pesquisas, pois interfere diretamente no resultado do processo e na qualidade da experiência para a mulher e a família.

Posteriormente, aprofunda a análise de sua pesquisa. Trabalhou com seu marido, professor de ginecologia e obstetrícia na Universidade de Chicago, e publicaram outro estudo "Childbirth in Cross-Cultural Perspective". Discutem atitudes e retomam os padrões de comportamento envolvendo o nascimento. Nas atitudes, destacam a importância dada ao evento; a privacidade e as implicações sexuais; o nascimento visto como uma oportunidade de realização e reparação; como sujo ou impuro; como próximo ao sobrenatural; como fisiológico e normal ou doença e dor (NEWTON; NEWTON, 2003).

Para Newton, Newton (2003), apesar da grande variedade de atitudes e padrões, há muitos temas recorrentes. Destacam primeiramente a reprodução como tema central na vida das mulheres, uma passagem da infância para a vida adulta. Destacam ainda os rituais que envolvem o evento, que têm como propósito a garantia do bem-estar da mulher e do recém-nascido. E, finalmente, apontam o apoio emocional dado pela rede social durante o processo de parto.

Mead, Newton (1967) acreditam que, atualmente, seja muito mais viável conhecer as culturas, por meio de metodologias científicas com referências contextuais. Enfatizam que o importante é conhecer a cultura como um todo não apenas o padrão cultural de eventos em particular. E o enfoque deve ser na natureza dos padrões ao invés de tipos de padrões para se conhecer porque algumas culturas permitem as escolhas individuais, enquanto outras têm expectativa da aderência total aos padrões existentes. Por outro lado, há necessidade de incrementar o conhecimento sobre formas de modificar os padrões de comportamento sem destruir aspectos significativos da cultura. Chamam atenção, ainda, para o fato de o processo de pesquisa ser culturalmente padronizado, e de os padrões americanos de pesquisa sobre a reprodução tenderem ora para os aspectos bioquímicos ora para os aspectos psicológicos, criando uma dicotomia e um vazio no conhecimento da área. Concluem dizendo que as perspectivas das pesquisas precisam ser ampliadas para que os problemas sejam encarados em seu todo, levando em consideração os fatores anatômicos, bioquímicos, emocionais, ambientais e outros ainda não claramente definidos.

Jordan (1978), autora citada na abertura deste capítulo, refere que no início da década de setenta, quando iniciou seu trabalho sobre nascimento em diferentes culturas, o campo da antropologia do nascimento não existia e tão pouco o tipo de trabalho que pretendia desenvolver. Não existia metodologia apropriada e nem mesmo categorias analíticas que pudessem ser utilizadas em seus dados. Os trabalhos médicos realizados na época enfatizavam a fisiologia e a patologia, e os antropológicos nas práticas nativas e rituais. Considera o pioneirismo e a relevância do estudo de Ford (1964), mas reconhece que ele consistiu em uma compilação de crenças e práticas das culturas estudadas. Destaca a importância do trabalho de Mead, Newton (1967), que constataram a insuficiência de informações comparativas transculturais rigorosas e sugerem questões de pesquisa sobre fatores culturais envolvidos no evento do nascimento. Mead foi sua inspiração ao propor a abordagem transcultural do nascimento e enfatizando a importância da cultura na definição do evento do nascimento e nas práticas adaptativas. Suas visões sobre o foco da antropologia do nascimento eram os sistemas de nascimento e não a comparação individual e isolada de práticas. Constata, entretanto, que até este momento não havia um referencial para análise do evento fisiológico universal e sua mediação com a cultura. Refere que por este motivo escolheu focalizar seu trabalho num problema que considerou fundamental: isolar alguns aspectos do processo de nascimento para se tornarem unidades para comparação transcultural no referencial biossocial.

Jordan (1978) refere que após a primeira publicação de seu trabalho muitos outros surgiram e inúmeras questões foram pontuadas pelos autores, principalmente questões referentes ao uso da tecnologia, sua introdução nos sistemas locais de nascimento e a supremacia do saber biomédico em detrimento do saber local. Cita a importância de Robbie Davis-Floyd, autora do livro "Birth as an American Rite of Passage" (DAVIS-FLOYD, 1992), que muito colaborou na revisão e na ampliação de seu livro algumas décadas após a primeira publicação. O seu trabalho permitiu a sua reedição trazendo novos dados, novas reflexões, novas visões sobre o tema, permitindo uma articulação do trabalho inicial com as questões atuais.

Em decorrência dessas colocações, essas duas autoras serão tratadas com mais detalhes em capítulos subsequentes.

Referências bibliográficas

BOAS, F. Tradução de Celso Castro (org.). **Antropologia cultural**. Rio de Janeiro: Zahar, 2008.

BOAS, F. **Race, language and culture.** Chicago: University Chicago, 1940.

DAVIS-FLOYD, R. **Birth as an American rite of passage**. California: University of California, 1992.

DUNDES, L. **The manner born**: birth rites in cross-cultural perspective. Walnut Creek: Altamira, 2003.

FORD, C. S. **A comparative study of human reproduction**. New Haven: Human Relations Area, 1964.

JORDAN, B. **Birth in four cultures**. Montreal: Eden, 1978.

LUBIC, R. Alternative maternity care: resistance and change In: ROMALIS, S. **Childbirth, alternatives to medical control**. Austin: University of Texas, 1981.

MEAD, M. **Sexo e temperamento**. 3. ed. São Paulo: Perspectiva, 1988.

MEAD, M.; NEWTON, N. Cultural patterning of perinatal behavior. In: GRIMM, E. R. *et al.* **Childbearing**: its social and psychological aspects. Baltmore: Williams Wilkins, 1967.

NEWTON, M.; NEWTON, N. Childbirth in cross-cultural perspective. In: DUNDES, L. **The manner born**: birth rites in cross-cultural perspective. Walnut Creek: Altamira, 2003.

SHAKESPEARE, W. **Hamlet**. São Paulo: Abril, 1976.

SINGER, M.; HANS, B. **Introducing medical anthropology**: a discipline in action. Maryland: Altamira, 2012.

Capítulo 3

De Jordan à Davis-Floyd

Dulce Maria Rosa Gualda
Edemílson Antunes de Campos

O marco na antropologia do nascimento ocorreu com Brigitte Jordan, antropóloga, autora de "Birth in four cultures". Sua obra é resultado de uma pesquisa transcultural, para a qual realizou intenso trabalho de campo. Como resultado, recebeu o Prêmio Margaret Mead da Sociedade de Antropologia Aplicada, bem como a denominação de "parteira da antropologia do nascimento". A sua maior virtude foi chamar a atenção da antropologia para o nascimento, merecedora de estudos etnográficos transculturais e comparados, inspirando outros antropólogos a aderirem ao tema (DAVIS-FLOYD; SARGENT, 1997).

Jordan (1978) produziu dados etnográficos sobre o nascimento de uma comunidade maia em Iucatã, México, contrastando com o parto altamente tecnológico dos EUA, bem como com os partos atendidos por parteiras na Holanda e Suécia.

Para Jordan (1978), o nascimento é uma transação íntima e complexa cujo tópico é fisiológico e a linguagem cultural. Especifica que tópico e linguagem, ou seja, conteúdo e organização são integrados e precisam ser apreciados em conjunto para se obter uma visão holística. Por esta razão, tratar o processo de parto numa estrutura biossocial significa tratar de um fenômeno que é produzido e articulado pela biologia (universal) e pela sociedade (particular).

Não há sociedade alguma onde o parto seja tratado, pelos agentes envolvidos, como uma função meramente fisiológica. Logo, pensar o parto e o nascimento como um evento biossocial implica em reconhecer que tanto a função biológica universal como a matriz sociocultural específica, na qual a biologia humana está inserida.

O nascimento é, assim, concebido como um evento universal, ao mesmo tempo, fisiológica e culturalmente determinado. Assim, se é certo que o parto tem uma fisiologia universal, também é correto que cada sociedade, em todas as épocas, desenvolveu uma forma específica para cuidar desse evento crítico na vida humana. Dessa maneira, pensados em uma perspectiva antropológica, o parto e o nascimento são concebidos como simbolicamente construídos dentro de uma configuração sociocultural específica. Nessa linha, o aspecto biológico universal e os aspectos socioculturais da parturição são intrinsecamente articulados, possibilitando abordar o parto e a assistência obstétrica em uma nova perspectiva, como um evento social emocionalmente rico e medicamente seguro.

Portanto, a separação do que é biológico do que é social é meramente analítica e não possui *status* ontológico. A fisiologia do nascimento e seu contexto interacional constantemente desafiam todos os esforços em separá-los. Assim sendo, a fisiologia do nascimento é universalmente a mesma, no entanto, a parturição se opera de formas diversas nos diferentes grupos sociais. Desta feita, faz uma distinção entre parturição — o processo fisiológico, universal — e nascimento — a forma pela qual o processo é vivenciado, atribuído de significado e tratado comportamentalmente nas diversas sociedades (JORDAN, 1978).

Do ponto de vista metodológico, a autora chama a atenção, ainda, para o fato de que um sistema de nascimento não pode ser analisado à luz, apenas, de pesquisas biomédicas, mas sim na relação à realidade sociopolítica e ao sistema ideológico de crenças contextualizadas no tempo e espaço. Nessa linha, a forma adequada para a compreensão do nascimento, concebido como um evento biossocial, é a da participação antropológica. O nascimento revela-se, então, como um evento de complexidade interacional, por meio do acesso ao conhecimento das práticas e dos comportamentos, a partir dos quais os agentes dentro de um sistema específico o vivenciam (JORDAN, 1978).

Evidências transculturais demonstram que o nascimento é considerado um evento de crise, sujeito a construção consensual e padronização social, dependendo da história local, ecologia, estrutura social, desenvolvimento social, entre outros. Na maioria das sociedades, o parto e o pós-parto imediato são considerados períodos de vulnerabilidade para a mãe a para o bebê e frequentemente um perigo ritual para a família e para a comunidade. Para lidar com a incerteza existencial e o perigo são produzidas crenças e práticas internamente consistentes e mutuamente dependentes. As situações problemáticas advindas precisam ser tratadas fisiologicamente e sociologicamente em cada contexto cultural específico. Por esta razão, em um dado sistema de nascimento, as práticas são sistematicamente padronizadas, ritualizadas e rotinas moralmente exigidas. Assim sendo, dentro de um determinado sistema, a sua variação é reduzida, ao passo que é extensa entre os diversos sistemas (JORDAN, 1978).

No que se refere aos aspectos biossociais do nascimento, Jordan (1978) examinou alguns elementos que considerou importantes tais como, a conceituação local de gravidez e parto, preparo para o nascimento, quem assiste e o sistema de apoio social, local do nascimento, o uso de medicação, a tecnologia do nascimento e o *lócus* do poder de decisão. Foi por meio da comparação transcultural da visão e das práticas de cada sistema que buscou compreender a construção cultural do nascimento. Nessa linha, o objetivo da análise da estrutura biossocial é o de comparar as formas nas quais a biologia universal do nascimento é mediada e interpretada a partir das práticas culturais específicas. Para tanto, Jordan fez uma imersão no interior de quatro sistemas de nascimento, presentes nos EUA, na Suécia, na Holanda e na comunidade tradicional de Iucatã, no México, de maneira a compreender como as práticas e os significados são construídos em torno da fisiologia do parto.

Considerou que a conceituação do nascimento é o mais poderoso indicador do aspecto geral do sistema. Afirma que em todos os locais a definição do evento é de fundamental importância, pois informa quem, onde e como o parto deve ser cuidado. Partindo da premissa que cada sociedade configura sistematicamente o sistema do nascimento e suas práticas são internamente consistentes e mutuamente dependentes, além de moralmente corretas. Assim sendo, a visão compartilhada do evento garante que, de modo geral, os participantes tenham ideias semelhantes sobre o seu curso e saibam a forma de lidar com ele. Esta visão compartilhada possui *status* ideológico, pois serve de guia para conduzir o processo, fornecendo recursos para se enfrentar os problemas, bem como dando subsídios para as justificativas das decisões tomadas.

Os conceitos encontrados foram sintetizados em quatro categorias: evento natural (Holanda), evento estressante, porém normal na vida familiar

(Iucatã), experiência pessoal intensa (Suécia), e um evento médico (EUA). Assim sendo, nas três primeiras conceituações, o parto é considerado como manifestação de saúde e as mulheres cuidadas no ambiente familiar. A última categorização tem várias implicações, pois está vinculada à adoção do modelo biomédico, o que condiciona tanto os padrões de comportamento, como a demanda para prestação de cuidados. Como exemplo refere que atualmente nos EUA a conceituação é que processos fisiológicos pertencem ao âmbito da medicina. Isto é que faz do processo fisiológico do parto um evento médico, e como consequência a gestante, a parturiente e a puérpera são tratadas como pacientes. Neste contexto, competência técnica é definida como habilidade médica, e a paciente considerada incapaz de avaliar as recomendações feitas e as práticas adotadas. O local considerado apropriado para o parto é o hospital. A autoridade do médico justifica suas práticas. Neste modelo é intensificada a demanda da tecnologia e da medicação. Na Holanda como o processo de parto é visto como natural, o sistema não prevê interferência. A mulher e os participantes do parto têm a convicção que o corpo da mulher sabe o melhor e se dado o tempo necessário, a natureza tomará o seu destino. O ambiente do parto é quieto e a concentração no processo é intensa, sem expressões de pânico ou desespero. O uso da medicação é negociado entre a mulher e os profissionais. Com as mulheres maias, as pessoas envolvidas têm também uma atitude de expectativa. A dor é aceita como parte do processo. O papel dos participantes é de atenuar o medo das parturientes. A dor serve para marcar o nascimento como o evento dos mais significativos do curso da vida.

No preparo para o nascimento, dois tipos de consideração são essenciais. Uma se refere à natureza do processo de socialização, no qual a mulher é introduzida ao sistema de nascimento, ou seja, as formas de transmissão de informações sobre o processo reprodutivo. A outra sobre o conteúdo dessas informações, ou seja, o conhecimento esperado que a mulher deva adquirir sobre o parto bem como o preparo físico considerado necessário. O processo de socialização pode se dar de modo informal ou formal. Constatou que entre os maias é informal e não é esperado que a mulher saiba com antecedência sobre o parto antes de ter tido o primeiro filho. Como a conceituação do parto é de um evento normal e ocorre no contexto doméstico, os episódios são presenciados pelas pessoas próximas entre elas, crianças e jovens e a comunicação se dá em situações de vida cotidiana na família. As mais específicas e necessárias para a mulher e o marido são veiculadas no decorrer dos acontecimentos até mesmo durante o parto. Por outro lado, nos países com tecnologia bem desenvolvida, onde o parto é considerado um evento patológico e ocorre no ambiente hospitalar o preparo é de competência da medicina profissional. O aprendizado sobre o parto ocorre via canais formais, geralmente no consultório médico, publicações e setores específicos de preparo para o parto. No caso dos EUA, o cuidado pré-natal é considerado um ato médico exclusivo e as informações são dadas por profissionais. Na Holanda e na Suécia é feita uma triagem no início da gestação e os casos sem complicações são encaminhados para as parteiras e os casos que apresentam complicações permanecem na mão dos médicos, sendo estes os responsáveis pelo parto. Nestes países, a responsabilidade pelo bom andamento da gestação, pelo preparo para o parto é colocada na mulher, e decorrente de seu interesse, motivação e iniciativa.

O sistema de nascimento também informa qual o agente responsável pela assistência da gestante e da parturiente. A autora dividiu os responsáveis pela assistência aos partos em dois grupos: os especialistas, com competência técnica (ritual ou médica) e não especialistas (familiares ou amigos). Verificou que apenas nos EUA o médico é responsável pela assistência do parto no contexto hospitalar e são excluídos não especialistas. Apenas o marido ou outro acompanhante próximo é permitido no local. Assim sendo o relacionamento é paciente-médico, com o objetivo de monitorar o processo fisiológico e identificar patologias. Na Suécia, a equipe responsável pela mulher é a parteira e sua assistente, e uma pessoa de sua escolha para auxiliá-la ao realizar algumas ações de conforto, relaxamento, respiração e dar apoio emocional. Com o avanço do parto podem participar o marido, a mãe, a irmã ou quem ela desejar. Na Holanda é semelhante. Para a autora, o sistema de nascimento informa às pessoas que participam do parto a natureza das interações que ocorrem no cenário do parto e influenciam a experiência do evento. A inclusão de não especialistas no parto é instrumental ao permitir uma interpretação de evento significativo ao mesmo tempo em que normal e natural.

Os sistemas de nascimento designam o local apropriado para a ocorrência do parto. Considera dois tipos de ambientes: a esfera familiar da mulher ou a especializada. Isto significa que a mulher pode dar à luz em casa ou em um ambiente mais familiar, ou mesmo ir para um hospital ou instituição específica. Em ambos os casos há consequências nos recursos disponíveis e nos tipos de interações produzidas. Dentre os locais estudados, a comunidade Maia é a menos especializada. O parto ocorre em meio das rotinas da casa. Na Suécia e na Holanda o parto tanto ocorre no ambiente doméstico como hospitalar, dependendo da opção da mulher. Mas mesmo quando no hospital o ambiente é modificado para dar maior conforto e comodidade para a mulher. Nos EUA, o local apropriado para o parto é o hospital convencional. A mulher fica restrita ao leito hospitalar e é transferida para a sala de parto no momento do período expulsivo, num ambiente estranho a ela. O hospital é território médico moldado à conveniência da eficiência organizacional sendo que o que é avaliado é a relação risco-benefício em função do resultado final. As condutas adotadas são padronizadas, possibilitando o emprego de rituais complexos. Neste contexto não há mecanismos institucionalizados de separação entre o parto normal e o parto com complicações, fazendo com que todos sejam tratados com os mesmos procedimentos. Sendo assim, aquilo que pode ser considerado bom para uma condição com intercorrência, pode ser inapropriado para o parto normal. Afirma que, apesar de os médicos reconhecerem que para o parto normal a melhor coisa e nada fazer, o seu treinamento e orientação profissional militam contra esta atitude. A acessibilidade da tecnologia pode induzir a interferência no processo de nascimento. A autora pontua que a definição local do processo de nascimento tem forte influência no comportamento e nas expectativas das parturientes e sobre as competências das pessoas que assistem. Do médico é esperada a utilização do seu conhecimento e de todos os seus recursos a serviço do problema da paciente, enquanto que da mulher espera-se sentimentos de confiança e de credibilidade.

Por uso de medicação, a autora se refere a qualquer substância utilizada no corpo da mulher com o propósito de acelerar ou diminuir a progressão do parto ou de aliviar a dor. Geralmente são substâncias farmacológicas. Considera que nos EUA o seu uso é mais pronunciado, pois o uso de sedativos, analgésicos e anestésicos é mais disseminado em outras condições e fazem parte da prática médica e são fartamente disponíveis nos hospitais. O seu uso durante o parto pode diminuir a progressão do trabalho de parto demandando o estímulo farmacológico pela ocitocina. Por outo lado a ocitocina na estimulação artificial do parto pode aumentar a sensibilidade à dor e a intensidade das contrações demandando o uso de analgesia.

A tecnologia é parte do sistema social do nascimento no qual todos os artefatos, objetos e instrumentos são usados nos rituais de manejo do parto. Os artefatos possibilitam o acesso direto às práticas de parto, enquanto que as conceituações demandam observações e questionamentos. Não são apenas instrumentos usados no parto, mas todos os itens reconhecidos como importantes pelos participantes na cena do parto. Um dos aspectos incluídos neste item é a posição da mulher no parto, e ela depende do tipo de apoio determinado pelo sistema de nascimento. Nos EUA as mulheres dão à luz em posição de litotomia na mesa de parto. Uma vez no hospital esta é a posição típica para o parto. Na Europa as camas são ajustadas para a posição semissentada no momento da expulsão do bebê. Já as mulheres de Iucatã têm seus partos em pé, de cócoras ou em bancos.

Os artefatos são instrumentais e integrados ao sistema de nascimento e indicam a conceituação local de parto e o grau de especialização dos que exercem a prática. Nas sociedades onde os instrumentos são simples há indicativo que ocorra no âmbito doméstico, enquanto os mais sofisticados indicam rotinas mais elaboradas e ambientes mais especializados. No caso destes últimos há necessidade de profissionais com preparo técnico para o seu manejo.

Na visão de Jordan (1978), o *lócus* do poder de decisão, associado ao local do nascimento e especialização das pessoas que prestam assistência se refere a quem "pertence" o parto. Quem determina o que acontece e quando, o que deve ser tratado como normal ou anormal, e quem é responsável pelo resultado final do processo em qualquer contexto. Em Iucatã as decisões são tomadas entre a parturiente, seus colaboradores e a parteira. A decisão é negociada com base no conhecimento e na competência das pessoas que têm experiência, que estão física e emocionalmente envolvidas na situação, as que as conhecem intimamente e capazes de identificar as suas reações de outras situações. Na Holanda tanto em hospitais como em casa a mulher é assistida pela parteira e as decisões ficam fora do âmbito médico. Entretanto, indicadores médicos e sociais são parâmetros indicativos para a condução do parto, como, por exemplo, se ela deve ou não ter filho em casa, fazer uso de medicação entre outros. Mas se o parto está evoluindo normalmente ela é considerada perfeitamente competente para tomar decisões. Na Suécia também, nos casos sem complicações é a mulher que decide juntamente com a parteira e como esta última é treinada a desenvolver atividades técnicas mais complexas, analgesia, extração a vácuo e anestesia e transfusões, o sistema prevê um amplo leque de escolhas. Já nos EUA como quase todos os partos ocorrem no hospital, o parto é considerado um evento médico e a parturiente tratada como paciente, o poder de decisão também é transferido para o médico. Como consequência, as práticas obstétricas neste sistema são embasadas e justificadas no conhecimento médico. É considerado que o médico sabe com base nas pesquisas biomédicas existentes, o que muitas vezes não é o que ocorre na realidade.

Ao final de suas considerações sobre os aspectos que compõem o sistema de nascimento afirma que eles fazem parte de um sistema cultural mais amplo cuja articulação ocorre via sua posição na estrutura econômica e política, o processo de socialização dos participantes, as conceituações locais de nascimento dentro do sistema ideológico amplo da sociedade. Em condições estáveis, os sistemas de nascimentos são conservadores e as mudanças se processam de forma lenta, para preservação da homeostasia. Entretanto, sob o impacto da modernização e desenvolvimento, ocorrem mudanças nas condições de vida, concomitante a mudanças na estrutura social e ideologia política. Como os sistemas de nascimento estão articulados aos sistemas mais amplos são afetados pelas mudanças. Sendo assim, as mudanças na esfera da saúde materna devem ser planejadas e alicerçadas não somente nas evidências produzidas pelas pesquisas biomédicas, mas do modo como elas se ajustam às realidades sociopolíticas e ao sistema ideológico de crenças presentes nos locais específicos (JORDAN, 1978).

Outra autora que desenvolveu trabalhos substanciais na área da antropologia do nascimento foi Robbie Davis-Floyd. Antropóloga por formação relata que o interesse pelo assunto surgiu após ter dado à luz a sua primeira filha, quando o parto normal que planejara se tornou uma cesariana altamente traumática, deixando-a com muitas inquietações sobre o tratamento tecnológico e intervencionista que recebeu. Passou a questionar outras mulheres, sobre suas experiências que foram tomando corpo e tornaram-se o objeto de pesquisa de sua tese de doutorado em 1986. Adotou a perspectiva crítica e realizou um estudo comparativo conduzido em hospitais e domicílios em duas cidades americanas, envolvendo cem gestantes e mães sobre suas experiências de gravidez e parto, bem como as enfermeiras, obstetrizes e obstetras que prestaram assistência a essas mulheres, com a finalidade de caracterizar o nascimento nos EUA. Após ter concluído sua tese publicou vários artigos e esta foi publicada em livro *Birth as an American Rite of Passage* em 1992. Ele passou a ser amplamente utilizado para o ensino de antropologia, estudos feministas, sociologia, estudos norte-americanos e cursos de educação de obstetrícia, e ser chamado de "clássico no campo". Recebeu incentivo de Brigitte Jordan na sua publicação, que no momento era membro do Comitê Editorial de uma Serie sobre Sistemas de Cuidado Comparados da Editora da Universidade da Califórnia. Em seu livro vislumbrou a gravidez e o nascimento na perspectiva de ritual de passagem.

Para Davis-Floyd (1992), um rito de passagem é uma série de rituais elaborados para conduzir um indivíduo ou grupo de um estado para outro, transformando, tanto a percepção do indivíduo pela sociedade, quanto a sua própria percepção enquanto indivíduo. Ritos de passagem, de acordo com Van Gennep (1978), se processam em três fases: separação do indivíduo do seu estado original; período de transição; e período de integração ao novo estado. O aspecto mais evidente dos ritos de passagem é a sua natureza transitória que envolve liminaridade, ou seja, o indivíduo passa por domínio no qual não tem ou tem poucos atributos do estado anterior ou futuro (TURNER, 1967). Uma das características principais do período de liminaridade é uma abertura psicológica gradual dos iniciados para mudança profunda. Em muitos ritos que envolvem transformações esta abertura é alcançada por meio de tarefas físicas e mentais que servem para quebrar o sistema de crenças do iniciado – a estrutura mental interna de conceitos e categorias por meio da qual o indivíduo percebe e interpreta o mundo e sua relação a ele. Esta desconstrução do sistema de valores deixa o iniciado aberto para a construção de novas categorias.

Van Gennep (1978) reconhece a gestação como um rito de passagem. Afirma que:

> As cerimônias da gravidez e do parto em geral constituem uma totalidade de modo que frequentemente os ritos de separação são primeiramente executados, para fazer a mulher grávida sair da sociedade geral, da sociedade familiar e às vezes mesmo da sociedade sexual. Em seguida vêm os ritos de gravidez propriamente ditos, a qual é um período de margem. Finalmente, os ritos de parto têm o objetivo de reintegrar a mulher nas sociedades a que pertencia anteriormente, ou designar para ela uma situação nova na sociedade geral, na qualidade de mãe, sobretudo quando se trata do primeiro parto e do nascimento de um menino.

Considera que o primeiro parto tenha grande importância social e se expressa de maneiras diversas nos diferentes povos. Refere que se deve ver nos ritos de gravidez e de parto, ritos com extenso alcance individual e social.

Nos ritos de passagem os rituais têm papel importante na efetivação das transformações. Davis-Floyd (1992) destaca: promovem aos participantes o senso de controle sobre os processos naturais; transmitem, por meio de emoções e sensações, mensagens sobre os valores centrais da sociedade, manipulando símbolos cuidadosamente estruturados; propiciam condições ideais aos participantes para receber e incorporar as mensagens; protegem o sistema de crenças do indivíduo; e renovam e revitalizam os valores para os que conduzem, os que participam e os que observam os rituais.

Define ritual como uma produção padronizada, repetitiva, simbólica de uma crença cultural ou de valor, com o propósito de efetuar uma transformação. A execução consistente do ritual é parte de toda e qualquer sociedade.

Apresenta as características de ritual fazendo um paralelo com o parto hospitalar, que se segue.

1. Simbolismo

O ritual envia mensagens para os que o executam, os recebem e os observam. Essas mensagens não são apresentadas na forma de comunicação verbal direta "racional-técnica", mas simbolicamente. Um símbolo não é apenas um objeto, uma ideia, ou ação carregada de significado cultural. A mensagem do símbolo é sentida na sua totalidade através do corpo e das emoções. Os símbolos dos rituais regulam e afirmam um relacionamento simétrico coerente entre a subjetividade e a objetividade da ordem social. Assim sendo, rituais funcionam alinhando o sistema de crenças do indivíduo com o do grupo social de quem o conduz.

2. Matriz conceitual

Rituais não são arbitrários, eles provêm de um sistema de crenças de um grupo. Cada mensagem simbólica manifesta uma crença cultural ou um valor. Assim sendo, a análise dos rituais do nascimento conduz à compreensão profunda do sistema de crenças. A análise dos rituais hospitalares americanos revela a matriz cognitiva do modelo tecnocrático da realidade que consiste a base filosófica da biomedicina ocidental e da sociedade americana.

3. Repetição, ritmo e redundância

Para que haja o máximo de efetividade, um ritual envia um conjunto de mensagens que são repetidas ritmicamente em diferentes formas. Isto ocorre em determinadas ocasiões, no seu conteúdo, na sua forma na qual o conteúdo está incluído.

Estes padrões estão presentes no parto hospitalar, conhecidos como rotinas, garantindo que as mensagens serão recebidas e lembradas.

4. Simplificação cognitiva

Em qualquer cultura, os participantes do ritual são diferentes na sua habilidade intelectual e na estrutura conceitual. Do ponto de vista didático, estas diferenças precisam ser consideradas. No caso do ritual isto não ocorre, mas reduz os participantes, pelo menos temporariamente, a um mesmo nível cognitivo, que alguns autores consideram o "estágio um".

No parto hospitalar, o foco cognitivo da parturiente pode ser restringido simplesmente ao "estágio um" pela ritmicidade e a dor de parto. A restrição pode ser atingida pelo bombardeamento do estímulo tecnológico. Este fato é observado na formação médica também, o que faz com que o aluno não questione os procedimentos realizados.

5. Estabilização cognitiva

Quando os humanos ficam sujeitos ao estresse extremo, pelo menos temporariamente, eles regridem cognitivamente numa condição disfuncional de "subestágio", ou simplesmente fora de contato com a realidade.

O processo de nascimento pode gerar estresse extremo. A dor, as contrações deixam a mulher vulnerável. Esta situação é estressante para o pessoal que a atende. As rotinas estruturam o processo e fazem o nascimento ocorrer de modo mais ordenado, dando suporte cognitivo a ambos.

6. Ordem, formalidade e senso de inevitabilidade

A ordem é o aspecto dominante do ritual. A sua precisão e aderência a um conjunto de padrões o coloca distante de outros modos de interação social, criando uma atmosfera que o faz parecer inevitável e inviolável. Este senso de inevitabilidade é importante no desempenho dos procedimentos obstétricos.

7. Representação, estilização e encenação

Qualidades de representação, estilização e encenação fazem com chame a atenção que o ritual dos participantes e da audiência, enquanto servindo para refletir, questionar ou apresentar pontos de vista diversos. A estilização aumenta a atmosfera do inevitável e do inviolável que o ritual busca estabelecer.

8. Afetividade e intensificação

Os psicólogos behavioristas consideram que as pessoas se recordam mais de eventos, e aprendem mais com esses eventos se forem carregados de emoção. A repetição rítmica, o estilo evocativo e a manipulação precisam dos símbolos com estímulo sensório, como do nascimento hospitalar, focalizam na emoção dos participantes e na intensificação das mensagens. Há uma intensificação dos rituais na medida em que se intensificam os processos fisiológicos do parto. Isto aumenta as chances de as mensagens simbólicas evocadas pelo ritual ser armazenadas na memória de longo termo.

9. Transformação cognitiva

O objetivo dos ritos de passagem de iniciação produz transformação nos iniciados. Transformações menos intensas ocorrem em diversos ritos iniciáticos. A transformação dos participantes ocorre quando "o símbolo e o objeto parecem se fundir e são experimentados como um todo".

10. Preservação do *status quo*

Através de uma atuação explícita do sistema de crenças da cultura, o ritual tem a função de preservar e transmitir esse sistema de crenças, tornando-se relevante na preservação do *status quo* da sociedade. O ritual tem função didática importante para sua própria preservação e a preservação da própria do sistema de crenças que o mantém.

No caso dos obstetras, a história demonstrou que ganharam controle sobre os rituais do nascimento e utilizaram esse controle para a institucionalização e o argumento que suas posições sociais autodefinidas são as únicas capazes de manter o controle cultural do nascimento.

11. Mudança social efetiva

Paradoxalmente, o ritual, com sua insistência contínua na ordem, pode ser considerado não apenas como causador de continuidade da ordem, mas também como causador de mudança social. Este fato pode ser observado na atividade das ativistas que buscam novas formas de nascimento, muito embora criem novos rituais. Os que possuem controle procuram manter o *status quo*.

Em sua análise do nascimento hospitalar como um rito de passagem procura demonstrar que as rotinas obstétricas usadas no parto normal são rituais transformadores que trazem em si e comunicam significados. Na maioria dos hospitais norte-americanos procedimentos de rotina para o parto normal geralmente incluem: colocar a mulher numa cadeira de rodas na chegada ao hospital e para transporte nas dependências; preparo admissional para o qual é separada da família; tricotomia e enema; substituição das suas roupas pelas do hospital; jejum; drogas para acelerar o parto e aliviar a dor; restrição ao leito; monitoramento fetal e controle periódico das contrações e da dilatação; em face da evolução do trabalho de parto fora dos parâmetros, a utilização de procedimentos pode ser mais intensa para que eles fiquem em conformidade aos esperados. Nas proximidades do período expulsivo a mulher é transferida para a sala de parto em ambiente estéril e colocada na mesa de parto em posição de litotomia. O bebê ao nascer é avaliado e recebe os primeiros procedimentos de rotina, e após um curto período com a mãe é transferido para o berçário por algumas horas para ser monitorado. Para

Davis-Floyd (1992), essas intervenções não são apenas instrumentais, mas sevem para moldar o processo natural do nascimento no modelo tecnológico e para inculcar na mãe e naqueles que participam do processo os valores centrais da sociedade americana que tem como foco a valorização da ciência e da tecnologia. É uma forma de garantir a efetividade da socialização para a sua perpetuação. Por meio dos rituais hospitalares, a medicina obstétrica desconstrói o nascimento e o reconstrói num processo tecnológico. Na perspectiva da sociedade, o processo do nascimento não é bem-sucedido, a não ser que a mulher e a criança sejam adequadamente socializadas durante a experiência, transformadas tanto pelos rituais quanto pela própria fisiologia do nascimento.

Para Davis-Floyd (1994), os rituais que envolvem o nascimento esboçam comumente a mitologia dominante de uma cultura. No caso da sociedade ocidental, a mitologia é a da tecnocracia. Os sistema médico e de saúde ocidentais contemporâneos estão fundamentados no modelo tecnocrático, na ciência feita por tecnologia, realizado através de grandes instituições regidas por ideologias patriarcais em um contexto econômico com fins lucrativos. Davis-Floyd (2001), descreve os doze dogmas que regem o modelo tecnocrático, o humanístico e o holístico da medicina.

No modelo tecnocrático destaca:

(1) Separação Corpo e Mente e (2) O Corpo Máquina

O valor que fundamenta o paradigma tecnocrático de medicina é a separação, que tem como fundamento que as coisas são mais bem compreendidas se estiverem fora do seu contexto, e separa continuamente o todo em partes. Em relação ao ser humano separa o corpo e a mente.

O corpo na perspectiva antropológica é ao mesmo tempo uma criação da natureza e o foco da cultura. A separação filosófica da mente e do corpo expressa na metáfora do corpo — como — máquina é atribuída a Descartes e Bacon. Essa ideia fez com que a essência cultural superior do homem, sua mente, assim como a essência espiritual superior, sua alma, podem permanecer inalteradas, enquanto o corpo como uma mera parte da natureza mecânica pode ser desmontado, estudado e reparado.

Nas nações industrializadas do ocidente, o corpo masculino passou a ser medicamente considerado como o protótipo do bom funcionamento. O corpo da mulher, tal como desvio do padrão masculino, foi considerado como sendo inerentemente defeituoso e perigosamente sob a influência da natureza. E devido à sua imprevisibilidade, necessita de constante manipulação pelo homem (DAVIS-FLOYD, 1992; MERCHANT, 1983). Como resultado, a base filosófica da moderna obstetrícia da metáfora do corpo feminino como uma máquina defeituosa passou a considerar o nascimento, como todos os outros processos corporais, como mecânicos inerentemente imperfeito e indigno de confiança. Além disso, como a produção de bens de fábrica tornou-se uma metáfora central para a vida social, tornou-se também a metáfora dominante para o nascimento: o hospital a fábrica, o corpo da mãe a máquina, e o bebê se tornou o produto de um processo de fabricação industrial. A obstetrícia se viu obrigada a desenvolver ferramentas e tecnologias para a manipulação e melhoria do processo inerentemente defeituoso de nascimento e para fazer nascer em conformidade com o modelo de linha de montagem de produção da fábrica.

(3) Paciente como Objeto, e (4) Alienação Profissional do Paciente

A mecanização do corpo humano e a definição do corpo-máquina como o objeto de tratamento médico liberam os profissionais de qualquer senso de responsabilidade para a mente ou o espírito do paciente. Este preceito leva os médicos a procurar se afastar das emoções do paciente para proteger seus próprios sentimentos de dor de cuidar muito próximo. Médicos tecnocráticos não valorizam longas conversas com seus pacientes, preferindo manter suas visitas curtas, e com pouco contato físico.

(5) Diagnóstico e Tratamento de Fora para Dentro

Quando há avaria nas máquinas, os reparos são feitos de fora, por outra pessoa. Assim, na tecnomedicina, o diagnóstico de problemas, cura da doença e reparação de disfunção são feitos a partir do exterior. A informação mais valiosa é aquela que vem das máquinas de diagnóstico de alta tecnologia, consideradas essenciais para uma boa saúde. Essas tecnologias de diagnóstico estão presentes na gravidez e no parto, como a ultrassonografia realizada no início da gravidez e durante o parto para monitoramento eletrônico fetal e no tratamento de aceleração do trabalho de parto pela amniotomia e pela administração de ocitocina.

(6) Organização Hierárquica e Padronização do Atendimento

O termo tecnocracia implica o uso de uma ideologia do progresso tecnológico como uma fonte de poder político (REYNOLDS, 1991). É, portanto, expressa não só a tecnologia, mas também as dimensões hierárquicas e burocráticas. Apesar de muitas empresas estarem fazendo uma mudança de paradigma, transformando-se em "redes organizacionais" e em "corporações planas", o sistema de saúde se mantém rigidamente hierarquizado, centrado no poder médico, com ênfase na especialidade em detrimento dos cuidados primários, de subordinação das necessidades individuais às práticas institucionais e de rotinas padronizadas.

No entanto, apesar de muitas mudanças estarem ocorrendo por demanda dos consumidores por assistência mais humanizada do nascimento, o padrão básico de intervenção de alta tecnologia permanece. A maioria dos hospitais exige monitoramento eletrônico pelo menos periódico de todas as mulheres em trabalho de parto, administração de analgésicos, de ocitocina e de anestesia para o parto. Assim, apesar de terem sido eliminados alguns procedimentos médicos e haver ocorrido uma maior flexibilização de algumas rotinas, outros mais significativos e poderosos permaneceram intensificando mais a dependência da mulher em ciência e tecnologia.

(7) Autoridade e Responsabilidade Inerente ao Profissional, e não ao Paciente

De acordo com sua estrutura hierárquica, o modelo tecnocrático investe autoridade em médicos, em instituições e em profissionais, retirando do paciente a responsabilidade. Muitos médicos simplesmente se recusam discutir alternativas fora do paradigma. Neste cenário, o papel do paciente é de abdicação da preferência pessoal em favor da escolha do médico. O poder de escolha do médico é evidenciado pela posição de litotomia que a parturiente é colocada durante o parto. Há evidências que essa posição é fisiologicamente pior e dificulta o parto. Mas ela é adotada pela maioria dos médicos em razão de seu próprio conforto, conveniência e *status*. Entretanto, aquilo que dá autoridade e responsabilidade em médicos e hospitais pode se voltar contra eles próprios. Embora o pessoal médico tenha o poder de dar ordens para os pacientes e estabelecer políticas e procedimentos institucionais, podem se tornar vítimas e diante dos insucessos mesmo quando é humanamente inevitável. A proliferação de ações judiciais contra médicos obstetras nas últimas duas décadas é um testemunho da forma como os cidadãos transformaram este princípio do modelo tecnocrático contra seus defensores.

(8) Supervalorização da Ciência e da Tecnologia

No modelo tecnocrático, o progresso significa o desenvolvimento de máquinas cada vez mais sofisticadas. O poder do paradigma tecnomédico é tal que os médicos aceitam rapidamente procedimentos e tecnologias. Assim, enquanto a ciência é "supervalorizada" como uma ideologia neste paradigma, os seus resultados reais são muitas vezes negligenciados ou ignorados.

(9) Intervenção Agressiva com Ênfase em Resultados de Curto Prazo e (10) A Morte como Derrota

Desde o início da Revolução Industrial, a sociedade ocidental tem procurado dominar e controlar a natureza. Este impulso para melhorar a natureza através da tecnologia tem como objetivo final libertar o indivíduo das limitações da natureza, incluindo os nossos próprios corpos. E quanto mais a natureza é controlada, mais temíveis são os aspectos da natureza que não podemos controlar.

A morte é um exemplo dessa incapacidade de controle da natureza. Ela significa uma derrota, uma prova que não conseguimos transcender os seus limites e, portanto, o último inimigo a ser derrotado a qualquer custo. O medo da morte é o que justifica a aplicação rotineira de tantos procedimentos desnecessários no nascimento. Eles dão às mulheres e aos profissionais a ilusão de segurança e são realizados para minimizar o risco. Mas, na verdade, muitas vezes geram mais problemas do que resolvem, ou seja, demandam procedimentos para corrigir intervenções realizadas.

(11) Um Sistema com Fins Lucrativos, e (12) Intolerância à Outros Modelos

A palavra "hegemonia" se refere a uma ideologia defendida pelo grupo dominante numa sociedade. Em uma sociedade multicultural, como a dos Estados Unidos no final do século XX, não há um conjunto de ideias compartilhadas por todos sobre a medicina, a religião, a economia. No entanto, existem ideologias dominantes como o modelo tecnomédico na área da saúde. Na ideologia hegemônica, todas as outras ideologias concorrentes tornam-se "alternativas". Assim outras modalidades de cura como quiropraxia, homeopatia, naturopatia e acupuntura dentre outras têm sido vistas como alternativa à alopatia.

Assim, o *status* hegemônico trabalha para garantir a sua lucratividade, como é o caso das empresas de tecnologia farmacêutica que se constitui uma das indústrias mais lucrativas nos Estados Unidos.

O modelo humanístico (biopsicossocial) da medicina surgiu em reação aos abusos da tecnomedicina surgiu o movimento mundial de humanização. Ele representa um esforço dos profissionais do sistema de saúde que, descontentes com a assistência, propõem torná-lo mais interativo, participativo, e atento às necessidades individuais. O paradigma humanístico é menos radical do que holístico e tem mais potencial de romper o sistema tecnocrático para transformá-lo internamente.

Os doze princípios do modelo humanista são:

(1) Conexão Corpo Mente

A abordagem humanística não demarca uma separação total entre corpo e mente como tecnomedicina, e nem uma unidade mente-corpo como o modelo holístico. Reconhece a influência da mente sobre o corpo e propõe formas de cura envolvendo ambos, pois estão em constante comunicação. Nesta perspectiva, ao tratar os sintomas físicos, deve-se abordar seus aspectos psicológicos e sociais. No contexto do parto, o apoio emocional muitas vezes pode ser mais efetivo que as intervenções tecnológicas.

(2) Corpo como Organismo

O corpo humano, embora em alguns aspectos se pareça uma máquina, é um organismo vivo. Os organismos, ao contrário das máquinas, têm sensações e respondem emocionalmente às interações e aos fatores ambientais. A definição cultural de corpo tem repercussões na forma como é tratado pelos sistemas de saúde. A melhor expressão do humanismo é o termo biopsicossocial, significando que este modelo engloba a biologia, a psicologia e o ambiente social. No nascimento tem um significado especial, pois a qualidade da experiência da parturiente é definida pela forma como é tratada durante o processo.

(3) Paciente como Sujeito Relacional

A maioria dos humanistas não tem medo de estabelecer uma conexão humana verdadeira com seus pacientes e conhecê-los pessoalmente. O apoio social melhora as condições de tratamento. A partir da década de 1970, os ativistas de parto natural nos EUA e em outros países começaram a exigir a presença dos pais e de outras pessoas da rede social durante e depois do parto e a permanência do bebê junto com a mãe desde o nascimento. A presença de familiares e de amigos durante o parto possibilita uma experiência não apenas mais agradável, mas com resultado mais positivo.

(4) Conexão e Cuidado entre o Profissional e o Paciente

O princípio básico da abordagem humanística é conexão do paciente consigo mesmo, com sua família, com a sociedade e com os profissionais da saúde. Humanismo exige tratar o paciente de forma conectada, relacional como qualquer ser humano gostaria de ser tratado. Este paradigma enfatiza a humanidade dos indivíduos envolvidos e salienta a importância da relação paciente-profissional no processo de cura.

(5) Diagnóstico e Cura de Fora para Dentro e de Dentro para Fora

Enquanto o modelo tecnomédico enfatiza o diagnóstico e cura de fora para dentro e o modelo holístico de dentro para fora, o modelo humanista preconiza o uso moderado de ambos. A comunicação médico-paciente enfatiza a obtenção de informações do paciente para combiná-las com os resultados objetivos. Assim, os humanistas acham que ouvir é tão importante quanto saber o que dizer. Permitir que os pacientes expressem as suas ideias e preocupações primordiais reforça o seu sentimento de autonomia.

(6) Equilíbrio entre as Necessidades da instituição e as do Indivíduo

Humanismo contrabalança a tecnomedicina com uma abordagem mais flexível, que pode ser desde uma simples sobreposição de métodos ou adoção de outros profundamente alternativos. São considerados humanismo superficial as alterações no ambiente com intenção de torná-lo mais aconchegante, como decorar a sala de parto para que as máquinas não fiquem visíveis, proporcionar às mulheres espaços flexíveis, onde possam se movimentar e proporcionar local para o parto na água, mantendo as rotinas. É considerado humanismo profundo permitir que a mulher tenha o parto conforme seu desejo.

(7) Informação, Poder de Decisão e Responsabilidade do Paciente e do Médico

A maioria dos profissionais de saúde é treinada para dar informação de maneira linear e ter o poder de decisão. O paradigma humanista permite o processo não linear, ou seja, adotar o estilo equilibrado ou empático de pensar. "Empático" se refere à capacidade de uma pessoa entender a realidade do outro, mesmo que esteja além de sua experiência direta. No modelo tecnomédico, cada situação parece ditar uma ação correspondente. A discussão de opções fora da medicina convencional é geralmente impossível devido à fidelidade do médico às abordagens tecnocráticas e ignorância das alternativas. No modelo humanista há situações de múltiplas opções. A discussão aberta sobre as opções de tratamento leva naturalmente a uma exploração e um compartilhar de valores, e os médicos se posicionam mais abertamente diante dos métodos alternativos que o paciente desejar adotar.

(8) Ciência e Tecnologia Contrabalançada com o Humanismo

Médicos humanistas tomam a ciência como seu padrão e usam praticamente as mesmas ferramentas e técnicas dos tecnomédicos. A diferença está no tempo e tipo de escolha. Humanistas podem estar mais dispostos a esperar, mais aptos a ser conservador, mais abertos a abordagens mente/corpo. Os médicos humanistas que se dedicam à atenção primária dão mais tempo antes de referir a um especialista e tentam resolver um problema usando métodos mais conservadores, desde que tenham o consentimento do paciente. Os especialistas humanistas são mais inclinados a usar a tecnologia à sua disposição, mas enfatizam o relacionamento com o paciente.

Em obstetrícia é o caso da anestesia peridural, considerada uma intervenção humanista, pois tira a dor, permitindo que as mulheres fiquem acordadas e conscientes. O cuidado humanístico é baseado em evidências científicas e não na tradição médica. Obstetras humanistas e parteiras avaliam as evidências e tomam decisões que refletem o equilíbrio entre a ciência e as necessidades e desejos das mulheres.

(9) Foco na Prevenção de Doenças

A maioria dos defensores do humanismo também é forte defensora de iniciativas de saúde pública e enfatiza a prevenção e o lidar com sensibilidade no ambiente público. Muitos humanistas deixam a prática médica privada para trabalhar na área de saúde pública.

As implicações dessa abordagem preventiva no parto são significativas. A prevenção de complicações demanda a resolução de problemas que levam à mortalidade materna e fetal que na maioria das vezes é de origem econômica e social. Iniciativas que tentam resolver o problema da mortalidade materna através da construção de hospitais e com equipamentos não atingem o âmago do problema. Tanto o modelo humanista como o de saúde pública tem o foco na prevenção de doenças, na promoção da saúde e na educação pública. O paradigma de saúde pública tem uma abordagem ampla, de toda a população, enquanto o modelo humanista concentra-se mais especificamente nas relações entre familiares, pacientes e provedores de saúde e os efeitos dessas relações na prevenção, no diagnóstico e no tratamento da doença.

(10) A Morte como um Resultado Aceitável

Na abordagem tecnocrática da morte de um bebê durante o parto, a providência é de afastá-lo dos pais. A maneira humanista é permitir que os pais fiquem com o bebê o tempo que necessitarem, de modo que o sofrimento não seja aumentado pela dor da separação repentina e inesperada.

Na abordagem humanista, maneira de morrer é uma escolha individual. O processo de morrer tanto no âmbito humanista quanto no holístico é abordado como uma oportunidade para estreitar as relações com cônjuges, filhos, amigos, a si mesmo e de Deus. Queixas podem ser ouvidas, velhas feridas cicatrizadas, necessidades não satisfeitas e desejos atendidos. Em tais casos, a morte de um indivíduo pode proporcionar enormes oportunidades para a cura para as famílias e comunidades inteiras.

(11) Cuidado com Compaixão

Competência está intimamente associada às ciências naturais, e o cuidar às humanidades. Competência é uma qualidade proveniente do conhecimento e o cuidar uma qualidade de pessoas. A medicina Ocidental reflete a luta entre a ciência e a cultura, entre a tecnologia e o humanismo, o que muitas vezes são vistos como forças opostas. São precisamente essas contradições que a abordagem humanística procura resolver. Tanto nos contextos humanísticos quanto holísticos, os sentimentos são aceitos como parte da cura.

A motriz do humanismo é a compaixão, a capacidade de sentir-se e sentir as necessidades dos outros mesmo estando fora da experiência. Os médicos humanistas trabalham para recriar na medicina um lugar para os valores humanos da parceria, do relacionamento, da compaixão e do cuidar. Somente após três décadas de pesquisa científica documentando os benefícios desta abordagem que os médicos tecnocraticamente treinados têm se permitido serem mais humanos, deixando de lado o medo que os outros os considerem fracos e incompetentes, e se abrir para os próprios sentimentos e desenvolver habilidades de lidar com os sentimentos dos seus pacientes.

(12) Abertura para Outras Modalidades

A maioria dos humanistas não tem intenção de aprender técnicas de cura alternativas, embora, em geral, apoiem os pacientes que optam por métodos alternativos, desde que mantenham o tratamento e os cuidados convencionais. Enquanto muitos humanistas adotam uma espécie de tolerância para modalidades alternativas, outros defendem mudanças na dieta e estilo de vida e assumem uma postura mais proativa em relação às alternativas de cura. Simplesmente tornando-se mais acessível, mais cuidadoso, mais comunicativo os coloca no modelo humanista.

Se o modelo tecnocrático de medicina é a hegemonia dominante, o modelo holístico de medicina pode ser considerado uma heresia. Dentre os três paradigmas, o modelo holístico é o que engloba a maior variedade de abordagens de métodos que atingem diretamente a energia pessoal. O holismo, por um lado, exorta a ação das pessoas, demandando modificações no estilo de vida, por outro, simplesmente demanda passividade para simplesmente receber a oração ou a transferência de energia de cura. O termo holismo foi adotado por alguns dos pioneiros desse movimento para expressar a inclusão da mente, do corpo, das emoções, do espírito e do ambiente no processo de cura.

Os doze princípios do modelo holístico:

(1) Unidade de corpo-mente-espírito

Mente e corpo foram separados pelo racionalismo cartesiano e reconectados na medicina humanista; contudo, são integrados na assistência médica holística. O paradigma holístico também enfatiza na participação do espírito em todo ser humano. Ao incorporar a alma no processo de cura, os terapeutas holísticos trazem a medicina de volta ao mundo do espiritual e do metafísico do qual foi separado durante a Revolução Industrial. Parte do impulso inicial para a união do corpo e mente na cura holística foi a constatação que o cérebro, a sede física da mente, não fica só na cabeça, mas se estende por todo o sistema nervoso central. Entendendo que o cérebro está presente em todo o corpo torna difícil considerar corpo e mente como entidades separadas.

No modelo holista, o aspecto essencial do cuidado da mulher grávida é a abordagem de estados psicológicos e de emoções. Como humanistas, os médicos holísticos estão descobrindo que eles precisam de muito mais envolvimento com a paciente para alcançar os intangíveis da mente e da emoção, agora encarados tanto como parte da doença como sua manifestação física.

(2) o corpo como um sistema de energia interligado com outros sistemas de energia

O paradigma holístico vai muito além da visão do corpo-como-máquina, passando pela visão humanista do corpo como organismo, para uma visão sem limites do corpo como energia. Definindo o corpo como um sistema de energia, permite o desenvolvimento e utilização de formas de medicina e tratamento que trabalham com energia, como acupuntura, homeopatia, diagnóstico intuitivo, Reiki, hands-on de cura, a terapia de campo magnético, e toque terapêutico. "Medicina energética" reconhece a possibilidade de a saúde de um indivíduo ser influenciada por sutilezas como as vibrações de raiva ou de hostilidade ou de campos eletromagnéticos criados por usinas e micro-ondas.

Muitas parteiras que Davis-Floyd investigou nos EUA se definem como holísticas e conscientemente, procuram trabalhar com aquilo que chamam de "energia de nascimento". Acreditam que a primeira intervenção da parteira é no nível energético. Essa intervenção para "redirecionar as energias" pode evitar outros tipos de intervenções.

(3) Cura integral da pessoa no contexto total de vida

Esse princípio do modelo holístico de medicina é um corolário lógico dos dois primeiros. Nele, os problemas de saúde de um indivíduo devem ser tratados em termos das pessoas inteiras e os ambientes inteiros em que vivem. Uma única explicação, um único diagnóstico, uma única droga ou abordagem terapêutica, não são suficientes para sanar os seus problemas.

(4) Unidade Essencial do Terapeuta e do Cliente

Muitos terapeutas holísticos não utilizam a palavra "paciente", mas sim "cliente", pois este termo implica um relacionamento mutuamente cooperativo e igualitário. Enquanto o modelo humanista preconiza uma ligação mutuamente respeitosa entre o profissional e o cliente, permanecem pessoas essencialmente separadas e distintas. O modelo holístico oferece a possibilidade de se constituírem fundamentalmente uma unidade. Os corpos sendo um campo de energia e como ambos estão em interação os campos de energia se mesclam.

(5) O diagnóstico e cura de dentro para fora

Os terapeutas holísticos realizam os diagnósticos e tratamentos e tratam principalmente de dentro para fora, ou seja, usam o conhecimento de sua própria intuição para o conhecimento interior de seus clientes. Assim, na prática holística, "diagnóstico e cura de dentro para fora" refere-se à informação originada de dentro de ambos, fenômeno explicado por sua unidade essencial. As parteiras e os obstetras holistas que Davis-Floyd entrevistou, na sua maioria, consideram a intuição a principal fonte de conhecimento sobre a gravidez e o parto.

(6) A individualidade no atendimento

Os médicos holistas que foram treinados na tecnomedicina constataram o que os programas padronizados e as hierarquias hospitalares podem ocasionar nas pessoas. Trabalhando no contexto biomédico, procuram a melhor forma para responder à individualidade e necessidades específicas de cada paciente, dentro das limitações que lhes são impostas pelo hospital e normas legais. Terapeutas holísticos não falam em causa e efeito. Para a mulher em trabalho de parto, a individualização do cuidado significa que as normas não se aplicam. Seu trabalho é exclusivamente seu. Ela se alimenta e se movimenta à vontade. Dá a luz em local desejado e com a presença de pessoas e profissionais de sua escolha. E o médico não responde às variações em seu trabalho de forma padronizada.

(7) Autoridade e responsabilidade inerentes ao indivíduo

Um dos princípios básicos de cura holística é que os indivíduos devem assumir a responsabilidade pela sua própria saúde e bem-estar. Os indivíduos devem decidir por si próprios se querem ser curados e tomar medidas para alcançar esse objetivo. Terapeutas holísticos tendem se verem como parte de uma equipe de cura, da qual o paciente é o membro mais importante e com o direito pleno.

(8) Ciência e Tecnologia a Serviço do Indivíduo

Terapeutas holísticos, em geral, não rejeitam a tecnologia, mas a colocam a serviço de seus clientes, não permitindo que dominem os cuidados de saúde, e sejam a base do tratamento. Normalmente, essas tecnologias não são invasivas, nem produzem efeitos adversos como as da medicina convencional. Medidas simples como o emprego de oxigênio a uma parturiente que necessita de uma energia extra, de bolas de parto para facilitar as mudanças de posição, de banheiras para relaxamento, entre outras, são muito utilizadas. Essas tecnologias devem trabalhar com a fisiologia para ajudar a mulher no parto. No que se refere à base científica da tecnomedicina, o que se observa é que os médicos são relutantes em mudar muitos procedimentos de rotina, mesmo quando há evidências científicas condenando o procedimento. Na maioria dos hospitais, os cuidados obstétricos não são totalmente baseados em evidências científicas. Parturientes permanecem em jejum e são mantidas no leito durante o trabalho de parto, dão à luz em posição de litotomia, sem citar todos os outros aos quais são submetidas.

(9) A Foco Long-Term on Criando e Mantendo Saúde e Bem-Estar

Os médicos tecnocráticos muitas vezes expressam extrema frustração diante do não cumprimento das ordens médicas pelo paciente. Em contraste, os médicos holistas mais frequentemente se frustram com os pacientes que não têm nenhum compromisso de longo prazo para melhorar a sua saúde, mas querem que o médico lhes forneça solução rápida para seus problemas para que possam retornar às sua vida anterior. Curas rápidas são substitutos pobres para mudanças do estilo de vida de longo prazo para a manutenção de uma boa saúde. Médicos obstetras holistas consideram a gravidez um momento importante para realizar tais mudanças, não só para a saúde do bebê, mas também para garantir a saúde em longo prazo da mãe. Para isso, deve haver um grande investimento em educação do cliente e deve-se ter muita paciência, para apoiar as pessoas neste tipo de mudança.

(10) A morte como uma etapa de um processo

Neste modelo a morte é vista não com uma etapa final, mas como um passo essencial no processo de viver. Essa visão decorre da definição do corpo como um campo de energia e de sua compreensão profunda da natureza transmutável de energia. Em razão de sua visão integrada na unidade essencial de corpo, mente e espírito, é apenas no momento da morte que holistas admitem uma separação conceitual. A energia do corpo se desfaz e volta para terra, enquanto continua a energia do espírito ou consciência individual.

(11) A cura como o foco

Afirmar que o modelo holístico se concentra na cura e não no lucro não significa omitir o papel do dinheiro e da necessidade do profissional. Terapeutas holísticos têm opiniões fortes sobre o dinheiro, tanto para si como parte de sua identidade profissional. Apesar de terem consciência da sua necessidade de sobrevivência, não é o dinheiro o foco do trabalho. Reconhecem que a cura não ocorre em resposta às suas ações, mas em resposta ao apoio e estímulo da força vital, à troca de energia entre os indivíduos, ou ao lento e longo caminhar para a saúde. Os médicos holísticos têm consciência de sua parceria com os pacientes. O dinheiro é parte dessa troca.

(12) Aceitação de múltiplas modalidades de cura

A definição do paradigma holístico do corpo como um campo de energia em constante interação com outros campos de energia possibilita a adoção de várias modalidades de cura. A visão holística implica uma profunda revolução na área da saúde. Obstetrícia, homeopatia, naturopatia, acupuntura, entre outras, teriam seus lugares como disciplinas respeitadas e legítimas. Terapeutas de cada modalidade têm conhecimento suficiente para o encaminhamento de clientes para outras modalidades. Além disso, as pessoas seriam educadas nas técnicas de autocuidado, de vida saudável e sobre o uso adequado de diversas abordagens de cura.

O CONHECIMENTO AUTORITATIVO

Jordan (1993), em seus trabalhos posteriores, aborda as questões de poder. Afirma que há uma noção incorporada da superioridade do sistema técnico (moral), que não permite o desequilíbrio nem tampouco é capaz de produzir métodos alternativos, devido à padronização de condutas, não favorecendo aos profissionais a exposição a outros tipos de prática, ao que denomina conhecimento autoritativo.

Jordan (1997) posteriormente aprofunda este conceito e afirma que o ponto fundamental é que, em qualquer domínio, vários sistemas de conhecimento coexistem, sendo que alguns, em determinados momentos, por consenso, passam a ter mais peso que outros, quer seja por serem mais eficazes na explicação da realidade, ou porque se vinculam a uma base de poder mais sólida, e usualmente ambos, o que representa uma superioridade estrutural. A consequência da legitimação de um tipo de conhecimento autoritativo é a desvalorização e frequentemente a supressão de outros tipos de conhecimento. As pessoas que adotam essas outras práticas consideradas alternativas são consideradas ignorantes, retrógradas ou ainda causadoras de problemas.

A constituição do conhecimento autoritativo é um processo que constrói e reflete as relações de poder num grupo profissional. E ele se processa de uma maneira tal, que os participantes visualizam a ordem social presente como natural e adequada e se constitui a base para as decisões e justificam o curso das ações. É o conhecimento que, numa determinada comunidade, é considerado legítimo e oficial, e as informações são constantemente divulgadas entre os membros do grupo.

Jordan (1993) refere que o conhecimento autoritativo é o que predomina nos hospitais americanos. O conhecimento médico sobrepõe e deslegitima outros tipos de conhecimento tal como as experiências prévias da mulher e o conhecimento que ela tem do seu próprio corpo. Da mesma forma o conhecimento dos profissionais não médicos é desvalorizado e desautorizado. A autora refere que em um de seus trabalhos observou que as parteiras que faziam treinamento nos hospitais eram mencionadas como ignorantes, limitadas e pouco articuladas, se mostravam completamente diferentes em suas comunidades de origem quando exerciam suas atividades.

Davis-Floyd e Sargent (1997) apontavam para as dimensões globais da luta contra o controle médico da reprodução ressaltando a importância de informações transculturais sobre o nascimento. Consideram que o que houve nos países em desenvolvimento foi um movimento de "modernização" em prol da ocidentalização e como consequência houve uma supervalorização da alta tecnologia. Na maioria dos locais houve um sucateamento dos sistemas locais de nascimento, sendo substituídos ou subjugados aos sistemas tecno-médico importados, e uma análise antropológica poderiam contribuir para a implantação de programas de saúde mais condizentes com a cultura local.

Consideraram que uma das soluções viáveis para melhorar os indicadores perinatais é a prática autônoma da obstetriz, considerando que ela seja capaz de refrear os gastos excessivos da alta tecnologia. Relata que nos EUA as obstetrizes e enfermeiras obstétricas estão se tornando ativistas políticas e estão tendo muito sucesso na promoção de sua profissão e na defesa dos direitos da mulher à sua autonomia reprodutiva.

Os trabalhos dessas duas autoras foram inspiradores de inúmeras pesquisas antropológicas realizadas. A continuidade destes trabalhos aponta possibilidades de pesquisa que relativizam a condição de supremacia do modelo biomédico e da medicalização do nascimento, questão tão necessária no momento atual.

Referências bibliográficas

DAVIS-FLOYD, R. **Birth as an American rite of passage**. California: University of California, 1992.

______. The technocratic body: American childbirth as cultural expression. **Soc. Sci. Med.**, v. 8, p. 1125-40, 1994.

______. The technocratic, humanistic, and holistic paradigms of childbirth. **Inter. J. Gynecology and Obstetrics**, v. 75, n. 1, p. S5-S23, nov. 2001. Supplement 1.

DAVIS-FLOYD, R.; SARGENT, C. F. Introduction: the anthropology of birth. In: DAVIS-FLOYD, R.; SARGENT, C. F. **Childbirth and authoritative knowledge**: cross cultural perspectives. Berkeley: University of California, 1997.

JORDAN, B. **Birth in four cultures:** A crosscultural investigation of childbirth in Yucatan, Holland, Sweden, and the United States. 2. ed. Montreal: Eden, 1978.

______. **Birth in four cultures**. A crosscultural investigation of childbirth in Yucatan, Holland, Sweden, and the United States. 4. ed. Illinois, Waveland, 1993.

______. Authoritative knowledge and its construction In: DAVIS-FLOYD, R.; SARGENT, C. F. **Childbirth and authoritative knowledge**: cross cultural perspectives. Berkeley: University of California, 1997.

TURNER, V. **The forest of symbols**. Ithaca: Cornell University, 1967.

VAN GENNEP, A. **Os ritos de passagem**. Petrópolis: Vozes, 1978.

Capítulo 4

Ritos de Nascimento

Marisa Monticelli

"A enfermeira perguntou se a família já havia distribuído os papéis que cada um desempenharia no dia do parto, que estava sendo preparado para ocorrer no domicílio, e o marido da gestante sinalizou: 'sim, eu fico de apoio pra ela no trabalho de parto, a sogra será a responsável pela organização do ambiente da casa, o cunhado fica responsável pelas fotos e filmagem, e a amiga Tânia será a pessoa responsável pela alimentação de todos'" (notas de observação/contexto domiciliar/ano: 2011) (FEYER, 2011).

"Logo que o bebê nasceu, Gil [pai do recém-nascido] se levantou, pegou uma concha [búzio] e saiu da casa. Do lado de fora, passou a soprar com vigor a concha, nas quatro direções. Logo que ressoou a primeira vez, um vizinho gritou 'nasceu, viva a vida!'. Na segunda vez, outra pessoa distante dali soprou uma concha também, como se estivesse respondendo. Gil, entre um sopro e outro, levantava as mãos e fazia uma pequena oração. Ao entrar em casa novamente, submergiu a concha na água da piscina onde estava a mulher com o filho recém-nascido, enchendo-a de água. Na continuação, derramou vagarosamente a água sobre a cabeça da criança" (notas de observação/contexto domiciliar/ano: 2010) (FEYER, 2011).

"Em uma das consultas ambulatoriais da gestante Priscila, a residente Maria fez uma leitura atenta do prontuário e, em seguida, realizou uma série de perguntas: 'tem dor na cabeça? Tem problemas na vista?' Priscila referiu, evasiva: 'tô com dor de estômago...'. Esta colocação, no entanto, não foi comentada ou explorada pela residente, que continuava questionando se ela tinha tido sangramento, cólica, perda de líquido ou queixas urinárias. A residente observou a curva pressórica, verificou a pressão arterial e interrogou sobre a dose de metildopa que ela estava usando. Logo em seguida, pediu para a gestante deitar, para o exame obstétrico. A duração da consulta foi de aproximadamente doze minutos" (notas de observação/contexto hospitalar/ano: 2012) (MARTINS, 2012).

"Eu tava dormindo com ela [Aline, filha], toda aninhada, e a pediatra brigou comigo porque eu tava com ela na cama. Teve uma enfermeira que chegou para dar banho e lavou a Aline como se ela tivesse encardida, porque esfregou de um jeito! E nisso já entrou duas pediatras no quarto, que nem um furacão. Uma foi pegando ela, outra já veio apertando meu peito" (notas de entrevista/contexto hospitalar/ano: 2012) (BURIGO, 2012).

As citações em epígrafe são dados brutos obtidos em estudos etnográficos de duas dissertações e uma tese, defendidas nos últimos anos, cujo conteúdo é demonstrativo de ritos de cuidado desenvolvidos em diferentes cenários de assistência ao parto. São exemplos que ilustram performances culturais, ou seja, práticas simbólicas que não são simples procedimentos ou condutas rotineiras, mas símbolos eivados de significados para todas as pessoas que nelas estão envolvidas.

É importante constatar pelo menos dois aspectos globais do emprego destes rituais: o primeiro diz respeito à "universalidade" dos mesmos, pois tratam-se de práticas simbólicas que permeiam o processo de parir e nascer humanos (por economia de palavras, utilizo a terminologia "nascimento" englobando ambos os processos), sendo comportamentos que demarcam este evento do ciclo vital em qualquer contexto em que o mesmo ocorra; no caso dos exemplos anteriormente mencionados, eles são desenvolvidos tanto no parto na maternidade quanto no domicílio. O segundo aspecto é tão relevante quanto o primeiro, embora se localize num polo conceitual oposto (porém complementar), que é a característica da "diversidade" de seus significados.

Isto quer dizer que práticas idênticas ou similares podem ter "sentidos" diferentes, dependendo da visão de mundo dos agentes que participam de tais rituais. Para a puérpera do último exemplo, a colocação da filha Aline em sua própria cama, possivelmente tinha a intenção de ninar, acalentar, afeiçoar-se, identificar-se, apegar-se à recém-nascida, mas para a profissional que a interpelou, os "sentidos" eram diferentes — provavelmente relacionados com ideias de contágio/ visão particular de "risco", seja no que diz respeito à evitabilidade de infecções, ou mesmo para prevenir mimos "em excesso" — ambas as interpretações fazendo parte de uma mesma cadeia conceitual referente à pureza/perigo (DOUGLAS, 1996), mas com óticas distintas.

Também é importante sublinhar que em qualquer dos contextos, hospitalar ou domiciliar, tanto as famílias quanto os profissionais empregam rituais, cada qual com base em visões de mundo que foram sendo compartilhadas e aprendidas em suas "communitas" (TURNER, 1974), ou seja, nas relações sociais que "fazem sentido" para eles. Uma vez que nem sempre essas visões se aproximam, com frequência, como constatamos nos exemplos, ocorrem conflitos culturais (LEININGER, 1991).

Ritos de passagem

Nascer e parir são fenômenos culturais e, neste sentido, tanto o nascer (do ponto de vista do "novo" ser humano que vem ao mundo), quanto o parir (do ponto de vista da mulher que dá à luz), são ritos de passagem (GENNEP, 1978). Todo rito de passagem é um acontecimento que envolve socialização, interação e troca, isto é, tem sua ocorrência e cocriação de significados em "comunidade" (TURNER, 1974), assim como é também o casamento, o chá de panela, o chá de bebê, o batismo, a adoção, o trote para a entrada na universidade, a morte, a infância, a adolescência, a aposentadoria, dentre outras demarcações culturais do processo de viver humano. Os ritos de passagem são universais, globais (GEERTZ, 1999), uma vez que revelam momentos marcantes e especiais da vida de qualquer sociedade, mas também são diversos, polissêmicos, locais (GEERTZ, 1999), já que são comemorados e engendrados de maneiras diferentes em cada uma delas.

São momentos, fases ou atividades em que se deseja imprimir alguma marca ou revelar alguma particularidade do(s) sujeito(s) do rito (a pessoa para quem o rito é direcionado). Assim, coloca-se em relevo o homem que vai entrar na categoria dos casados, a mulher que vai deixar de ser solteira, a grávida que vai se tornar mãe, o homem que está se tornando pai, o feto que vai ser recém-nascido, a menina que vai se tornar mulher, o menino que está virando homem, o pagão que vai se tornar cristão, os não genitores que estão se tornando pais, o calouro que está entrando para o mundo acadêmico, o morto que está se desligando do mundo dos vivos, o trabalhador que se desata do mundo do trabalho.

Van Gennep (1978), o primeiro "pai" da interpretação desses fenômenos sociais como sendo ritos de passagem, refere que os ritos possuem algumas características, independente de qual comemoração está sendo vivenciada: a) sempre postulam uma transição; b) são fenômenos imbuídos de símbolos e significados, nos quais a necessidade de incorporar o novo e reduzir a incerteza é fundamental. Os ritos são fundados em princípios organizatórios que ajudam a ordenar o que está desordenado, de acordo com os significados construídos no contexto cultural (é por isso que se diz que o rito "faz sentido" para as pessoas que o desenvolvem); c) revestem-se de caráter metafísico (ELIADE, 1999), e não apenas "funcional"; d) têm o poder de impelir a ação de quem deles participam, bem como de levá-los a pensar sobre o mundo. Os ritos tanto expressam quanto criam significados; e e) são um meio de interação, pois colaboram para a socialização, como, por exemplo, nos rituais de iniciação, em que novos papéis estão para ser adicionados ao sujeito do rito, como é o caso do homem que está em trânsito para o papel de pai. Nesse sentido, a família, a comunidade, a instituição religiosa a que está vinculado e mesmo o Estado (em nosso modelo social e político, por exemplo) auxiliam na incorporação desta nova função. Em suma, um rito sempre **expressa e recria** algo que é elaborado "no social", portanto, é portador de uma dimensão simbólica (SEGALEN, 2002). Como sublinha a antropóloga Mary Douglas (1996), os ritos são atos simbólicos, necessários à vida social.

Como se viu, o sujeito do rito está sempre em trânsito de um lugar para outro, de um *status* para outro, de uma característica para outra, de um papel para outro, de uma função para outra. Por conseguinte, os ritos de passagem envolvem um "antes" (o que o sujeito era), um "durante" (como o sujeito — o passageiro — "está sendo" na passagem) e um "depois" (o que o sujeito se tornará). Cada rito contempla estas três fases, contudo, alguns ritos marcam mais profundamente uma separação, como, por exemplo, nas cerimônias de funerais — denominados ritos de separação —, outros são mais desenvolvidos nas comemorações de casamento — denominados ritos de agregação, e outros, ainda, mais desenvolvidos em situações de iniciação, como é o caso do parto e do nascimento. A estes últimos, Van Gennep (1978) denominou ritos de margem, e outros estudiosos, como Victor Turner, rebatizou de ritos transicionais ou de liminaridade (TURNER, 1974). É relevante esclarecer que a "iniciação" não se refere apenas à mudança social do sujeito do rito "na primeira vez", embora nestas ocasiões seja ainda mais marcante, mas diz respeito "às vezes" em que aquela mudança de *status* social é engendrada. Assim, por exemplo, tornar-se mãe pela segunda vez é tão transicional quanto ter sido mãe pela primeira vez, embora a primeira gravidez e o primeiro parto sejam considerados socialmente mais críticos.

A liminaridade do parto e do nascimento

> *"O parto é um portal que dá entrada para dimensões não ordinárias da vida dos que dele participam"* (NOGUEIRA, 2013 p. 145)

Justamente por serem eventos liminares, tanto o parto quanto o nascimento são interpretados como ritos de margem. De acordo com os estudiosos clássicos e contemporâneos dos rituais (DOUGLAS, 1996; TURNER, 1974; GENNEP, 1978; DAVIS-FLOYD; 1992, 2007; STEFANELLO; NAKANO; GOMES, 2008), no evento do parto estão englobadas as etapas de gravidez, parto e pós-parto, e o nascimento, por sua vez, envolve a criança desde que vem ao mundo, até por volta dos dois anos de vida. Contudo, Gennep (1978) deixa claro que quanto mais próximo da etapa de recém-nascido, mais acentuados são os significados relacionados com sua característica "marginal".

Em situações de margem, o sujeito do rito encontra-se num *status* de ambiguidade, vale dizer, numa condição de difícil classificação social. Assim, permanece numa espécie de limbo, "nem aqui nem lá", num grau intermediário que impede qualquer delimitação precisa dentro do contexto cultural. Em função desta característica, é percebido como uma pessoa "em passagem"; à margem das convenções sociais reguladas. E este atributo lhe confere, pois, o predicado de periculosidade, de "contaminação" simbólica (DOUGLAS, 1996).

O "perigo", no caso do rito do parto, por exemplo, está em que a mulher encontra-se em trânsito para o papel de mãe, em uma situação especial como fêmea ("estado interessante") e também numa condição particular dentro do processo saúde-doença. Este transpasse demanda que sejam tomadas precauções especiais no dia a dia, para que a grávida não tenha complicações. Quando entra na etapa de parturição, também é necessário guardar determinadas prescrições, para evitar transtornos para si e para o feto. Após o parto, a puérpera precisa manter determinados cuidados, a fim de prevenir problemas corporais e também emocionais, a exemplo da "recaída", como ocorre em muitas comunidades. No caso da criança recém-nascida, o "perigo" está relacionado a uma plêiade de representações simbólicas que guardam relação com o fato de ser um ser humano ainda desconhecido, na transição entre natureza e cultura (GENNEP, 1978), sendo necessária a realização de vários procedimentos, para que ele não apenas "nasça" fisicamente, mas também, e especialmente, para que ocorra seu nascimento social.

Ritos de cuidado no parto e nascimento e as possibilidades de assistência profissional

Se, como vimos, o *status* liminar da gestante, da parturiente, da puérpera e do recém-nascido são revestidos por ideias de contágio físico, social e simbólico, por representarem perigo para seus agentes e, por vezes, também para a comunidade, é esperado que evoquem, então, atos específicos ou atenções especiais, a fim de explicitar o tipo de interação social que está em jogo e também para prevenir riscos ou atender problemas já instalados. Tais atenções são denominadas como "ritos de cuidado" (MONTES, 2009).

Ritos de cuidado são, pois, ações desenvolvidas durante os ritos de margem relacionados com o processo do nascimento humano (gravidez, parto, pós-parto e o nascimento do recém-nascido), com a finalidade de comunicar ou expressar relações sociais, percepções de saúde-doença, papéis sociais a serem definidos ou redefinidos, assim como auxiliar na reorganização simbólica para incorporar "o novo" (o neonato, a nova mãe, o novo pai, etc.). Tais ações são plenas de símbolos e significados e podem ser de natureza física, social (imanentes), mas também de ordem imaginária (transcendente) (MONTES, 2009).

Desta maneira, os ritos de cuidado tanto expressam um modo de ser, quanto "dizem" algo para os participantes, ou seja, tanto possibilitam a transmissão e retransmissão dos valores do grupo, quanto permitem a reconfiguração desses mesmos valores. Esta ideia é similar à adotada por Clifford Geertz (LEININGER, 1991) ao definir o conceito de cultura, quando o antropólogo enfatiza que a cultura abarca um "modelo de" e um "modelo para" a realidade. Trata-se de uma perspectiva dialética que envolve constantes movimentos de criação e recriação.

Sob o prisma específico da gestação, do parto, do pós-parto e do nascimento como ritos de passagem, em que os sujeitos se encontram no meio e entre classificações sociais, emanando perigo, os ritos de cuidado têm o propósito de exorcizar esta periculosidade simbólica, na medida em que, durante sua operacionalização, o indivíduo é separado, durante certo tempo, de seu antigo estatuto, para, em seguida, fazê-lo entrar publicamente na nova condição (SEGALEN, 2002). Em qualquer cultura, para conter a ambiguidade da mulher, durante o processo de parturição, e também do recém-nascido, são colocados em prática ritos de cuidado, com a intenção de ordenar socialmente a experiência e controlar a incerteza (MONTES, 2009). A posição liminal, em diferentes medidas e contextos, gera ritos de cuidado, que englobam proibições e recomendações, e isso vale não apenas para o sistema de saúde popular/familial, mas também para o sistema profissional.

Embora existam profissionais de saúde e estudiosos que abordam esses rituais como se fossem resquícios do passado, como algo repetitivo, como crenças infundadas (sendo, pois, o "conhecimento" científico, superior à "crença"), e mesmo como "práticas populares" que devem ser ignoradas, outras consideradas neutras, por não "interferirem" no cuidado profissional, e ainda, mais algumas, consideradas tão prejudiciais à saúde da mulher e da criança, que merecem ser inteiramente modificadas (LEININGER, 1991), a fim de não serem danosas, nossa posição é inteiramente contrária, por pelo menos dois motivos, como veremos a seguir.

Em primeiro lugar, porque ritos de cuidado não são característicos de uma determinada "facção" social (nem do ponto de vista de algum extrato socioeconômico, nem de uma entidade religiosa em particular, nem sob o ângulo específico de etnias, nem do ponto de vista profissional-cliente, em que o "cliente" é o único a produzir, manter e implementar rituais); os seres humanos e os grupos — dentre eles os profissionais de saúde — engendram ritos de cuidado porque tais atividades os auxiliam na operacionalização daquilo que efetivamente "faz sentido" (DAVIS-FLOYD, 1992; JORDAN, 1997; GOOD, 1997; e GUALDA, 2002) para o grupo. Rituais são, pois, ingredientes da cultura, parte integrante e indissociável dela.

Em segundo lugar, porque se os profissionais de saúde entenderem que todos os ritos (usualmente considerados pelos profissionais como "crenças") desenvolvidos pelas famílias durante o parto e o nascimento devem ser olhados somente na possibilidade de serem preservados, acomodados ou repadronizados sob a lógica dos ritos profissionais ("conhecimentos"), dificilmente ocorrerá compartilhamento de experiências, práticas e educação em saúde realmente dialógica. Neste sentido, vale dizer que a sensibilidade cultural e a competência cultural tão almejadas resultarão incongruentes, incoerentes e inconsistentes, se o "referencial" de apoio do profissional incidir sempre e com ênfase, apenas nos ritos da cultura profissional (MONTICELLI, 1996; 1997; 2002; 2006; BOEHS, 2002; 2007).

Portanto, para "trabalhar" de forma genuinamente dialógica e fundamentada na necessidade das "pessoas" (mulheres, recém-nascidos e suas famílias), é preciso interagir com elas de forma que a manutenção, negociação e reorganização dos ritos de cuidado no processo de parir e nascer faça sentido "para elas", e não somente para o quadro referencial da cultura profissional. É sempre relevante lembrar que estudar a cultura é estudar um código de símbolos partilhados pelos membros dessa cultura, e não buscar atitudes e comportamentos "exóticos" (e "incorretos"), olhando para eles e comparando-os com as atitudes e comportamentos ("corretos") dos profissionais.

Caso seja esta a lógica adotada, ao invés de caminharmos para o exercício cada vez mais seguro do cuidado culturalmente congruente, como era a proposta e o âmago do referencial teórico da Enfermeira Madeleine Leininger, continuaremos agindo profissionalmente com o mais perverso dos etnocentrismos, que é o olhar "contaminado pelo conhecido". Esse olhar é tão hegemônico — como a prática biomédica obstétrica e neonatal tem demonstrado através dos tempos —, que acaba causando uma espécie de autocegueira, pois o profissional de saúde considera que está realizando "trocas" (ou "compartilhamento", conforme a linguagem corriqueira), quando, na verdade, está apenas usando uma estratégia mais suave e sistematizada para "trocar' o que a família sabe e pratica, pelo que o sistema profissional concebe e recomenda.

***

Nos idos de 1956, Margareth Mead, reconhecida antropóloga com trabalhos relevantes na área de cultura e personalidade, desenvolveu um artigo especialmente para enfermeiras, intitulado *Understanding cultural patterns* (MEAD, 1969). Neste artigo, chamava a atenção sobre a necessidade de que as enfermeiras estudassem os padrões de conduta das pessoas de diferentes "backgrounds culturais", como uma forma de melhor compreender os sistemas de cuidado à saúde. Afirmava, por exemplo, que os sinais e sintomas de desconforto, as reações à dor e ao relaxamento, a experiência de ter uma criança, a perda de um parente, o sofrimento de uma longa enfermidade ou a aceitação de uma perda física permanente significava muitas coisas diferentes para diferentes pessoas. Margareth Mead desenvolveu com muita propriedade a necessidade de que a enfermeira se envolva no universo cultural dos indivíduos para que o processo de cuidar se torne mais efetivo e respeitoso, mas, para isso, se faz necessário um profundo conhecimento da rede de símbolos e significados e das experiências de vida das pessoas ou dos grupos. É necessário que a enfermeira entenda o contexto dos ritos de passagem "dentro do qual as pessoas casam, têm seus filhos, rezam, trabalham e perpetuam seus grupos" (MEAD, 1969 p. 450).

Esta perspectiva é extremamente abrangente, mas profundamente necessária, e não tem sido tarefa fácil para esta profissão, tão "acostumada" e "preparada" para desenvolver o modelo biomédico (que privilegia a uniformidade dos valores culturais, os padrões gerais de atendimento à saúde e a universalização de sintomas e patologias), ainda que todos os esforços curriculares estejam sendo para ultrapassá-lo (MENÉNDEZ, 2003). Passar deste modelo para outro, que privilegie as especificidades culturais e as experiências de saúde-doença dos diversos indivíduos e grupos, tem sido um grande desafio para nós da área da saúde e, especialmente, para as enfermeiras.

Referências bibliográficas

BOEHS, A. E. Análise dos conceitos de negociação/acomodação da teoria de M. Leininger. **Rev. Latino-am. Enferm.**, v. 10, n. 1, p. 90-6, jan./fev. 2002.

BOEHS, A. E.; MONTICELLI, M.; WOSNY, A. M.; HEIDEMANN, I. B. S.; GRISOTTI, M. A interface necessária entre enfermagem, educação em saúde e o conceito de cultura. **Texto Contexto Enferm.**, v. 16, n. 2, p. 307-14, abr./jun. 2007.

BURIGO, R. A. **Planejando o parto no domicílio e tendo que parir no hospital**: significados da experiência para as mulheres. Dissertação (Mestrado). Programa de Pós-graduação em Enfermagem, Universidade Federal de Santa Catarina, Florianópolis (SC), 2012.

DAVIS-FLOYD, R. **Birth as an American rite of passage**. Berkeley: University of California, 1992.

______. Daughter of time: the postmodern midwife (part 1). **Rev. Esc. Enferm. USP**, São Paulo, v. 41, n. 4, p. 705-10, dez. 2007.

DOUGLAS, M. **Pureza e perigo**. São Paulo: Perspectiva, 1996.

ELIADE, M. **O sagrado e o profano**: a essência das religiões. São Paulo: Martins Fontes, 1999.

FEYER, I. S. S. **Rituais de cuidado das famílias no parto domiciliar em Florianópolis-SC**. Dissertação (Mestrado). Programa de Pós-graduação em Enfermagem, Universidade Federal de Santa Catarina, Florianópolis, 2011.

GEERTZ, C. **O saber local**: novos ensaios em antropologia interpretativa. 2. ed. Petrópolis: Vozes, 1999.

GENNEP, A. V. **Os ritos de passagem**. Petrópolis: Vozes, 1978.

GOOD, B. J. **Medicine, rationality, and experience**: an anthropological perspective. 3. ed. Cambridge: Cambridge University, 1997.

GUALDA, D. M. R. **Eu conheço minha natureza**: a expressão cultural do parto. Rio de Janeiro: Maio, 2002.

JORDAN, B. Authoritative knowledge and its construction. In: DAVIS-FLOYD, R.; SARGENT, C. F. (org.). **Childbirth and authoritative knowledge**. Berkerley: University of California, 1997.

LEININGER, M. **Culture care diversity and universality**: a theory on nursing. New York: National League for Nursing, 1991.

MARTINS, M. **Gestantes hipertensas:** significados culturais, formas de atenção à saúde e relações com a biomedicina. Tese (Doutorado). Programa de Pós-graduação em Enfermagem, Universidade Federal de Santa Catarina, Florianópolis, 2012.

MEAD, M. Understanding cultural patterns. In: LYNCHT, L. R. **The cross-cultural** approach to health behavior. New Jersey: Fairleigh Dickson, 1969.

MENÉNDEZ, E. L. Modelos de atención de los padecimientos: de exclusiones teóricas y articulaciones prácticas. **Ciênc. Saúde Coletiva**, v. 8, n. 1, p. 185-206, 2003.

MONTES, M. J. Transferencias de la maternidad. El itinerário asistencial del embarazo. In: MARTORELL, M. A.; COMELLES, J. M.; BERNAL, M. (ed.). **Antropología y enfermería**. Tarragona: URV, 2009.

MONTICELLI, M. **Nascimento como um rito de passagem**: abordagem cultural para o cuidado às mulheres e recém-nascidos. São Paulo: Robe, 1997.

______. Abordagem cultural do nascimento como um rito de passagem. **Acta Paul. Enferm.**, São Paulo, v. 9, p. 41-4, 1996. Número especial.

______. Rituais de vida e de cuidado com o nascimento humano. In: ELSEN, I.; MARCON, S. S.; SANTOS, M. R. **O viver em família e sua interface com a saúde e a doença**. Maringá: EDUEM, 2002.

MONTICELLI, M.; ELSEN, I. A cultura como obstáculo: percepções da enfermagem no cuidado às famílias em alojamento conjunto. **Texto Contexto Enferm**., v. 15, n. 1, p. 26-34, jan./mar. 2006.

NOGUEIRA, A. T. **A alma do parto**: um novo paradigma para a humanização do parto. São Paulo: Biblioteca 24 Horas, 2013.

SEGALEN, M. **Ritos e rituais contemporâneos**. Rio de Janeiro: FGV, 2002.

STEFANELLO, J.; NAKANO, M. A. S.; GOMES, F. A. Crenças e tabus relacionados ao cuidado no pós-parto: o significado para um grupo de mulheres. **Acta Paul. Enferm.,** São Paulo, v. 21, n. 2, p. 275-81, 2008.

TURNER, V. **O processo ritual**. Rio de Janeiro: Vozes, 1974.

CAPÍTULO 5

O Parto e o Lobo Mau: Uma Perspectiva Evolucionista[1]

Robbie Davis-Floyd
Tradução: Nayara Ruíz Cíntra
Revisão Científica: Neide de Souza Praça

Era uma vez, seis porquinhos que saíram pelo mundo à procura de seus destinos (está bem, sabemos que na história original eram apenas três, mas tenha paciência conosco). Eles viajaram para muito longe de casa, até que o primeiro porquinho viu uma clareira tranquila com um córrego passando por ela; ali ele parou sua quente e cansativa jornada. Em duas horas construiu uma casa de palha, então, passou mais uma hora construindo armadilhas para caçar animais e depois passou o dia todo rindo, dançando e brincando. Era assim todos os dias, ele passava de três a cinco horas caçando animais silvestres e depois podia fazer o que quisesse. As fêmeas recolhiam grãos, tubérculos e frutas para que houvesse comida disponível quando a caça faltasse. Ainda que o porquinho nem sempre gostasse de admitir, as fêmeas traziam 70%-80% da dieta, do forrageamento e, frequentemente, também ajudavam com a caça e as armadilhas. O porquinho sentia-se muito contente, pois desejara e conseguira encontrar um ambiente que pudesse sustentá-lo e ao seu pequeno

(1) Este capítulo foi adaptado de *Birth and the big bad wolf:* an evolutionary perspective. Childbirth across cultures: ideas and practices of pregnancy, childbirth, and the postpartum. Editado por Helaine Selin e Pamela K. Stone, springer 2009. p. 1-22.

bando de parentes. Claro, ele e seus amigos de mesma opinião sofriam com a alta taxa de mortalidade infantil e como resultado uma expectativa de vida de aproximadamente 35 anos; sofriam, também, com altas taxas de mortalidade por doenças endêmicas e por mortes acidentais. Entretanto, como eles discutiam frequentemente em seu abundante tempo de lazer (entre as longas histórias que eles adoravam contar), estes problemas eram compensados por suas dietas variadas e nutritivas e sua alta mobilidade, o que fez com que o saneamento e a transmissão de doenças infecciosas não fossem um problema. A vida era boa e as relações de gênero igualitárias em sua maioria.

O primeiro porquinho e seus amigos e parentes foram tão bem-sucedidos na caça e no forrageio, que duzentos mil anos depois eles haviam superpopulado as áreas mais férteis do mundo. Sob pressão para alimentar tantas bocas, a necessidade (a mãe da invenção) foi combinada com o conhecimento dos ciclos de vida das plantas desenvolvido durante os dias de forrageio, para criar uma nova estratégia de subsistência — a horticultura. O segundo porquinho foi mais longe na estrada evolutiva da cultura humana. Ele e sua matriarca começaram a derrubar árvores e plantar hortas, e pela primeira vez na história, suprir-se com alimentos que haviam sido colhidos. O trabalho era mais difícil e mais longo — levava de cinco a seis horas por dia —, mas eles ainda tinham bastante tempo livre para cantar, dançar e contar história. As fêmeas faziam a maior parte do trabalho de qualquer maneira, plantando, cultivando, colhendo e processando a comida que produziam, cortando madeira e carregando água, enquanto os machos passavam o tempo caçando ou realizando rituais que garantiam que tudo estava e continuaria a ser, como deveria. Eles construíam suas casas de madeira porque ainda eram seminômades, mudando suas vilas a cada cinco anos na medida em que o solo para plantio e as populações de grandes animais esgotavam-se. Estas mudanças mantinham a vida interessante. A dieta era bastante variada e a densidade populacional baixa o suficiente para manter doenças infecciosas em cheque, e apesar de as sementes da desigualdade de gênero serem semeadas junto com as primeiras plantas domésticas, em sua maioria, a vida era boa para os porcos da horticultura.

O terceiro porquinho estava horrorizado com a falta de diligência dos seus irmãos. Ele sabia do perigo que corriam com o lobo mau e que aquelas casinhas toscas de palha e madeira não teriam a menor chance caso o lobo tentasse bufar e soprar e as casas derrubar. Então ele foi muito além na estrada evolutiva da cultura humana e através do milênio, longe do território do lobo, até que encontrou um campo plano e agradável, bom para o plantio, perto de um rio de onde poderia desviar água para irrigação. Ele trabalhou e construiu para si mesmo uma casa robusta de madeira e pedra que o lobo não conseguiria derrubar. Gastou semanas de trabalho duro, trabalhando de oito a dez horas por dia para construir a casa, e depois mais semanas para cavar os canais de irrigação e cultivar o seu grande campo. Ele sabia que seus irmãos preguiçosos, caçador-coletor e horticultor, logo viriam até ele para procurar por abrigo e comida, e ele, o agricultor diligente, planejava estar preparado. O terceiro porquinho e seus amigos tinham uma densidade populacional crescente na medida em que mais deles se estabeleciam e se comprometiam a cultivar o próprio alimento. Sim, havia menos variedade no que eles comiam e a produção de comida era um trabalho extraordinariamente intenso, mas com a disponibilidade de alimentos; as fêmeas podiam amamentar por menos tempo, permitindo o retorno para a vida fértil com menor intervalo entre os partos, assim mais porquinhos podiam nascer para trabalhar nos campos e construir a comunidade. A água parada da irrigação acabou sendo um vetor muito desagradável para doenças relacionadas a mosquitos como a malária, e o saneamento e as infecções populacionais agudas se tornaram um problema, mas porcos agricultores também podiam adquirir bens, sua própria terra, e subir ao topo das hierarquias sociais, especialmente onde a produção e a reprodução das fêmeas podiam ser exploradas. O terceiro porquinho estava certo de que estava muito mais seguro contra o lobo mau do que os seus dois irmãos que ainda viviam nas florestas, nas selvas e nos campos selvagens onde o perigo rondava.(2) A vida era boa, embora sem muito tempo livre, o terceiro porquinho não tinha muitas chances para aproveitá-la.

---

(2) A história dos Três Porquinhos, para aqueles que não sabem, é mais ou menos assim: existiam 3 irmãos porquinhos que saíram para encontrar seus caminhos no mundo. O primeiro construiu uma casa de palha, o segundo uma casa de madeira, e o terceiro uma casa de tijolos. Eventualmente o lobo mau apareceu. Ele viu a primeira casa e disse: "Eu vou soprar e vou bufar e a sua casa derrubar". Ele conseguiu derrubar as casas dos primeiros dois porquinhos. Mas a terceira casa, mais forte, resistiu ao lobo soprando e bufando, e o terceiro porquinho foi capaz de prender o lobo e o matar. A moral da história, provavelmente, era que aqueles que planejam com antecedência e agem de acordo com estes planos, prosperarão. Entretanto, Davis-Floyd propôs em muitas de suas apresentações públicas que a história original dos três porquinhos, que é muito antiga, foi criada por agricultores como uma maneira de expressar sua crença no valor da estratégia de subsistência e no senso de superioridade sobre todas as coisas "selvagens" e indomadas pela "civilização". Na interpretação da história segundo Davis-Floyd, o primeiro porquinho representa os caçadores-coletores, o segundo porquinho representa os horticultores, e o terceiro porquinho era um agricultor que estava certo de que o lobo mau (também conhecido como natureza) iria destruir a estratégia de subsistência dos seus dois irmãos, deixando a agricultura e seu futuro industrial e tecnocrático relativamente livre das ameaças da natureza. Afinal de contas, contos populares frequentemente codificam e encapsulam séculos de transições culturais, e os primeiros agricultores que viveram com e ao redor dos caçadores-coletores e horticultores observaram que trabalhando apenas algumas horas por dia estas pessoas tinham muito mais facilidade para conseguir toda a comida e abrigo que precisavam, portanto tinham que inventar uma história para justificar sua maneira de vida, muito mais trabalhosa, porém que valia a pena!

O quarto porquinho assistiu com ressentimento quando a agricultura intensiva tomou as terras mais férteis, e a caça e a coleta de alimentos e a horticultura de pequena escala tornaram-se marginalizadas. Seu desejo de vaguear e explorar terras novas era o legado de sede por viagens dos caçadores-coletores, e ele não tinha o menor desejo de se instalar num só lugar. Ele juntou sua tenda de pelo de cabra e começou a pastorear animais através do território agrícola, explorando o alto das colinas, os baixos vales, as estepes selvagens do Norte e as planícies da África, desenvolvendo a quarta estratégia de subsistência humana — o pastoreio — e desfrutando sua liberdade. Porque os porcos machos tendiam a possuir, cuidar e administrar os rebanhos, e porque eles frequentemente tinham que brigar pelo direito de passar por terras de agricultura, desenvolveram-se culturas pastoris de guerra o que aumentou o poder dos porcos. Seus domínios sobre os rebanhos tendiam a refletir-se em outros aspectos da organização social — incluindo a quase universalidade da descendência patrilinear, padrões de residência patrilocais e segregação dos sexos. A vida era boa para os machos chauvinistas, mas a estratificação social e simbólica por gênero significava problema para as fêmeas, especialmente onde códigos de honra estritos e a troca de mulheres como bens desafiavam a autonomia das fêmeas.

O quinto porquinho, vendo a dependência da natureza por seus irmãos e irmãs, e sabendo os seus perigos, estava certo de que podia melhorar as coisas. A agricultura podia ser industrializada, e ao se mudar para cidades e construir grandes habitações feitas de tijolos, podiam suportar grandes densidades populacionais; uma grande força de trabalho estaria disponível para transformar os frutos do trabalho agrícola em produtos de valor agregado para venda sob um sistema econômico capitalista. Sim, alguma exploração de porcos-crianças e porcos que imigraram recentemente seria necessária, e índices de doenças infecciosas aumentariam, especialmente onde o saneamento e a qualidade da alimentação eram pobres, mas o quinto porquinho também podia juntar grandes volumes de riqueza material, já que era proprietário dos meios de produção. Com eventuais melhorias em saneamento, intervenções básicas de saúde pública e queda intencional do tamanho das famílias, já que filhos se tornaram mais caros para criar, a expectativa de vida iria aumentar, proporcionando longa vida ao longo da qual se sentiria a intensa necessidade de comprar produtos produzidos em fábricas com tecnologias e máquinas inovadoras. O medo do lobo mau se tornaria uma memória distante graças à destruição do habitat e à distância crescente entre as moradias e as paisagens inalteradas. A vida era boa para o quinto porquinho e seus amigos industrializados, especialmente quando eles podiam explorar os recursos naturais e a mão de obra barata na terra de outros porcos.

O sexto porquinho estava tão distante da natureza, que perdeu toda a percepção do seu valor e devotou sua vida a inventar tecnologias complexas, construir cidades reluzentes de vidro e concreto, pavimentar todos os locais verdes e colocar o máximo de produtos possíveis dentro de embalagens plásticas elaboradas com marcas e logos amplamente identificáveis. Ele desenvolveu uma sociedade tecnocrata[3], organizada ao redor de uma ideologia de progresso por meio do desenvolvimento de alta tecnologia e do fluxo global de informações. Começando apenas algumas décadas atrás, as forças da globalização, consumismo e neocolonialismo, transformaram até os mais remotos agricultores em dependentes de uma economia global exploradora que produz vastas inequidades entre nações de alta e de baixa renda. O sexto porquinho e alguns dos seus amigos investidores de elite beneficiaram-se, enquanto muitos outros lutam para ter acesso até aos recursos mais básicos. Logo, porcos ambientalistas começaram a perceber que a natureza que tinham trabalhado tanto para domar por meio de tecnologia estava se virando contra eles, enquanto a industrialização aquecia o planeta, derretia as geleiras e poluía a atmosfera. O sexto porquinho começou a pensar se talvez ele e seu irmão industrialista tinham ido longe demais.

E claro, como nós todos sabemos, o lobo mau (que escapou de um programa de reabilitação do zoológico) de fato apareceu e bufou e soprou e derrubou as casas dos cinco primeiros porquinhos, que foram todos correndo para a casa do irmão tecnocrata, que os deixou entrar e bateu a porta bem a tempo! No final, eles estavam a salvo na McMansão do sexto porquinho onde o lobo mau não podia prejudicá-los. Mas os cinco primeiros porquinhos estavam infelizes com a semana de trabalho de oitenta horas, a falta de seguro médico e o consumismo rampante, as necessidades percebidas e a dívida massiva que a tecnocracia tinha para oferecer. Eles estavam frustrados com o baixo *status* social que lhes foi atribuído por conta dos seus passados "não civilizados". Eles se sentiam desconfortáveis em suas casas com ar-condicionado, construídas quase sem espaço entre uma e outra e sentiam falta dos sons do vento nas árvores. Os primeiros cinco porquinhos tornaram-se médicos antropólogos e começaram a refletir sobre o que havia sido perdido quando a modernização se tornou o objetivo primário durante a Era Industrial. Eles perceberam, com pesar, que o lobo mau não era nada além de uma metáfora para o selvagem, incontrolável e caótico mundo natural que os porcos haviam tentado domar por meio da cultura. Eles não queriam desistir de seus carros, computadores e celulares, mas pensavam... talvez houvesse uma lição a ser aprendida da história do lobo mau?

Contos populares frequentemente condensam milênios de eventos históricos em uma curta história, e esta não é exceção. Desde o nosso surgi-

(3) Veja Davis-Floyd 1994, 1996, 2001a, 2001b, e Davis-Floyd e St. John 1998.

mento como *Homo sapiens*, talvez tão distante quanto 195.000 anos atrás (McDOUGALL; BROWN; FLEAGLE, 2005; WHITE *et al.*, 2003), temos vivido como caçadores-coletores, colhendo frutas das árvores, juntando grãos silvestres, cavando à procura de vegetais e caçando animais grandes e pequenos. O poder das nossas próprias experiências "vivendo no agora" e os efeitos da socialização que fazem o "normal" ser simplesmente aquilo a que nós estamos acostumados, podem obscurecer o fato de que a sociedade tecnocrática que conhecemos e reproduzimos hoje representa menos de 1% da história humana (Quadro 1). Apenas 1%-2% do nosso material biológico desenvolveu-se desde que os primatas se dividiram entre cinco e sete milhões de anos atrás, o que significa que a vasta maioria dos nossos genes são de origem muito antiga (TREVATHAN; SMITH; McKENNA, 2008). Houve algumas mudanças genéticas simples desde que o terceiro porquinho e sua esposa inventaram a agricultura por volta de 10-12.000 anos atrás[(4)], mas o ritmo da evolução cultural é geralmente muito mais rápido do que o da evolução biológica. Como resultado, os humanos hoje ocupam um modelo de corpo de 35.000 anos de idade que não é particularmente bem adaptado às culturas tecnocráticas e industrializadas onde a maioria de nós vive (ARMELAGOS; BROWN; TURNER, 2005; EATON; EATON III; CORDAIN, 2002).

Quadro 1 — Cronograma dos Modelos de Subsistência Humana

Estratégia de Subsistência	Surgimento (anos atrás)
Caça/Coleta	>100, 000
(99% da história humana)	
Horticultura	12, 000
Agricultura	10, 000
Pastoralismo	8, 000
Industrialismo	250
Tecnocracia	40

(4) Mudanças genéticas desde a revolução agrícola incluem a malária, anemia falciforme/polimorfismo equilibrado, persistência da lactase e síntese da vitamina D em europeus (ALLISON, 1954; BEALL; STEEGMANN, 2000; DURHAM, 1991; KATZ, 1987).

Uma das contribuições primárias da abordagem evolucionista em antropologia foi a de nos lembrar que o *Homo sapiens* de hoje ainda vive em corpos paleolíticos adaptados para estressores enfrentados pelo primeiro porquinho. A dieta, o estilo de vida e os padrões reprodutivos atuais são drasticamente diferentes daqueles que produziram a pressão seletiva sob a qual, humanos e partos humanos se desenvolveram. Este desencontro em genes e cultura promove, acelera e cria certas doenças, especialmente aquelas associadas a mudanças de dieta, a níveis de exercício reduzidos e a abordagens excessivamente intervencionistas e mecânicas no parto (CHEYNEY, 2003, 2005; TREVATHAN; SMITH; McKENNA, 1999, 2008). A noção de que a descontinuidade entre as condições em que os humanos se desenvolveram e as condições em que vivemos hoje produz mal-estar é a chamada "hipótese da discordância" e é a base de um subcampo relativamente novo da Medicina Antropológica chamado de Medicina Darwiniana ou Evolucionista. Esta abordagem examina condições de saúde geradas pela discordância entre a biologia evoluída e a cultura atual e procura propor soluções ou tratamentos evolutivamente sadios. (STEARNS; NESSE; HAIG, 2008; TREVATHAN; SMITH; McKENNA, 1999, 2008; WILLIAMS; NESSE, 1991).

Neste capítulo não discutiremos a diversidade de maneiras como o parto é tratado ou culturalmente elaborado ao redor do mundo; ao invés disso, focaremos nossas atenções nas características bioculturais que unem o *Homo sapiens* enquanto espécie. Revisaremos o que reconhecemos como notáveis semelhanças entre mecanismos de parto humano e as práticas culturais através do tempo, e argumentaremos que, antes da Revolução Industrial, estas semelhanças eram consequência da nossa herança evolutiva como primatas bípedes. Com a industrialização emergiu uma necessidade baseada no medo, de controlar a natureza, que combinada com a hegemonia da biomedicina, novamente produziu práticas de parto transculturais relativamente uniformes, embora essas sejam significativamente diferentes dos modelos pré-modernos. Examinaremos esta mudança na elaboração cultural do parto no início da Era Industrial e discutiremos três áreas onde a conduta obstétrica atual pode beneficiar-se de uma perspectiva holística, transcultural e evolucionista. Nossa abordagem é coevolucionista, o que significa que focamos na herança dupla, ou na identificação entre evolucionismo biológico e cultural (HEWLETT, DE SILVESTRI; GUGLIELMINO, 2002). No artigo utilizaremos "biocultural" e "coevolucionista" para enfatizar as interações entre genes, cultura, comportamento e relações desiguais de poder (GOODMAN; LEATHERMAN, 1998) que se combinam para produzir os padrões transculturais de parto e nascimento que vemos hoje.

A evolução biocultural do parto humano moderno

As características anatômicas únicas da pelve humana e os complexos mecanismos de parto de que elas necessitam têm ocupado a agenda de pesquisa de muitos biólogos evolucionistas (LOVEJOY, 1988; ROSENBERG; TREVATHAN, 1996; TREVATHAN 1987, 1988, 1997, 1999; TREVATHAN; ROSENBERG, 2000; WASHBURN, 1960), desde que o antropólogo Wilton Krogman (1951) se referiu ao parto como uma "cicatriz da evolução humana" pela primeira vez. A dificuldade do parto humano comparado ao de outros primatas (STOLLER, 1995) é considerada uma consequência primária do chamado "dilema obstétrico" ou a pressão evolucionária conflitante entre a forma da pelve humana que necessita ser relativamente larga e plana para otimizar as ligações musculares energeticamente eficientes exigidas para o bipedismo (LOVEJOY, 1988) de um lado, e uma passagem aberta, arredondada e espaçosa para o parto de bebês de cérebro relativamente grande, do outro. Estas pressões seletivas competitivas resultaram num ajuste obstétrico que requer a passagem de uma cabeça fetal que é quase do mesmo tamanho ou maior do que a pelve materna. Como resultado, bebês humanos, ao contrário dos seus parentes primatas, têm que manobrar através de uma série de orientações complexas, chamadas de movimentos cardinais ou mecanismos do parto, enquanto viajam através dos diferentes diâmetros do canal de parto durante o nascimento (TREVATHAN, 1987, 1988, 1997, 1999; TREVATHAN; ROSENBERG, 2000) (Figura 1). Como resultado, pesquisadores, com poucas exceções (WALRATH, 2003, 2006), tendem a ver o parto humano como mais doloroso e de maior duração do que o de outros mamíferos e primatas não humanos, embora para mães e bebês saudáveis, não necessariamente mais perigoso.

A natureza comparativamente mais difícil do parto em nossa espécie tem levado pesquisadores (ROSENBERG, 1992, 2003; TREVATHAN, 1999) a hipotetizar sobre os efeitos das nossas adaptações obstétricas, unicamente humanas, nas mudanças de comportamento e normas culturais durante o parto ao longo do tempo. Enquanto primatas não humanas geralmente escolhem parir sozinhas e sob a proteção da noite, mães humanas quase sempre procuram a assistência de suas parentes, amigas e ou atendentes de parto experientes. A antropóloga e bióloga Wenda Trevathan (1997, 1999) explica que em algum ponto na história humana, os benefícios de um parto assistido teriam prevalecido sobre a segurança de um parto solitário. Ela encontra suporte para este argumento na observação transcultural, identificando que muito poucas sociedades idealizam parto não assistido, e naquelas que o fazem, o parto solitário pode ser esperado apenas daquelas mulheres que tiveram um ou mais bebês e ou de mães com partos descomplicados.[5]

Esta condição de "obstetrícia obrigada" ou a necessidade unicamente humana de assistência, segundo Trevathan (1997) evoluiu em resposta a três diferenças importantes entre o processo de parto em humanos em relação a outros primatas. Primeiro, porque bebês humanos quase sempre emergem com o rosto virado para baixo, portanto, de costas para a mãe (posição chamada occipito anterior), é difícil para a mãe se abaixar, como as primatas não humanas fazem, para alcançar o bebê e liberar suas vias aéreas ou remover o cordão umbilical caso este esteja em torno de seu pescoço. Segundo, humanas modernas dão a luz a crianças secundariamente altriciais[6] que requerem cuidado extensivo a partir do momento em que nascem. A relativa incapacidade dos bebês humanos pode ser uma razão adicional porque mãos adicionais no auxílio ao parto contribuem para o sucesso reprodutivo, especialmente onde as mães estão exaustas devido a um trabalho de parto particularmente longo ou difícil. Terceiro, Trevathan (1997) nota que fortes emoções maternas durante o trabalho de parto e o parto, incluindo excitação, ansiedade, medo, tensão, alegria e incerteza, podem ter fornecido o ímpeto evolucionário para que as mulheres buscassem suporte. As emoções do

(5) Os Kalahari Ju/'hoansi, por exemplo, valorizam o parto desassistido, embora haja uma discordância sobre quantas mulheres realmente atingem este ideal cultural. Algumas fontes argumentam que mães dão a luz mais comumente cercadas por parentes mulheres e amigas (KONNER; SHOSTACK, 1987; SHOSTACK, 1981), enquanto Biesele (1997) tenha reportado que a ocorrência do parto solitário não é infrequente e que é um objetivo importante para mulheres Ju/'hoansi como meio de "provarem-se", assim como para as mulheres da Ilha Misima, Papua Nova Guiné (BYFORD, 1999). Independentemente, como Rosenberg e Trevathan (2001) afirmam, é provavelmente seguro generalizar que a maioria das culturas oferece alguma provisão para assistência no parto.

(6) Bebês humanos são referidos como sendo secundariamente altriciais. Isto significa que embora a maioria dos mamíferos seja precociais, significando que os filhotes nascem em um estado de relativa maturidade comparado às condições adultas (pense, por exemplo, na girafa, que se levanta a anda apenas minutos após o nascimento), bebês humanos retrocederam a uma condição mais primitiva de serem relativamente altriciais ou dependentes e imaturos no nascimento comparando com a condição adulta (HRDY, 1999). Este padrão é visto como um acordo necessário para permitir que crianças com cérebros relativamente grandes nasçam através de um canal de parto adaptado para o andar ereto. Como resultado, os bebês humanos passam por um tipo de desenvolvimento chamado por McKenna* de *external gestation* quando um rápido crescimento cerebral continua por 12 meses depois do nascimento. Em mamíferos precociais e em primatas não humanos, o crescimento cerebral ocorre rapidamente até o nascimento e, após o parto, reduz a velocidade dramaticamente. A extensão do crescimento cerebral humano pós-natal efetivamente dá aos humanos uma gestação de 21 meses (9 meses in útero e 12 extrauterinos) (LEWIN; FOLEY, 2004).

parto que nos encorajam a buscar ajuda e companheirismo podem ser vistas como adaptações bioculturais das complicações fisiológicas que resultaram do bipedismo. Considerados juntos estes três componentes do parto humano podem ter contribuído para a transformação de um processo solitário em um empreendimento altamente social, colocando humanos numa trajetória para intervenções sociais e culturais no parto (TREVATHAN, 1997).

A Elaboração Cultural do Parto: Hegemonia Biomédica e o Modelo Tecnocrático

Introduza a cultura... em algum momento na história humana, talvez aproximadamente um milhão de anos atrás com o aparecimento do *Homo erectus* de cérebro grande, como propôs Karen Rosenberg (1992, 2003), ancestrais humanos começaram a procurar assistência e, ao fazê-la, iniciaram a transformação do parto de um processo biológico solitário para um biocultural e social. As nuances de cada sistema de parto culturalmente construído — os tabus sobre a dieta, a direção ideal para olhar durante o parto, os rituais considerados necessários para um parto bem-sucedido, as primeiras palavras sussurradas nos ouvidos dos recém-nascidos — são ilimitados em sua variedade. Entretanto, uma visão vasta, histórica, torna muito mais visíveis o que os sistemas de parto de caçadores, de horticultores, de pastores e de agricultores têm em comum. Até a era industrial, apenas 250 anos atrás, as práticas culturais essenciais associadas com o parto eram relativamente uniformes. Mulheres ao redor do mundo se movimentavam livremente durante o trabalho de parto, mudando de posição frequentemente como método de alívio da dor associada às contrações e à dilatação cervical. Elas comiam e bebiam à vontade dentro dos confinamentos culturais do que era considerado aceitável, nutritivo e seguro para mãe e bebê. Eram atendidas por outras mulheres as quais conheciam bem, em um lugar que lhes era familiar — geralmente em suas próprias casas ou casas de familiares do sexo feminino. Elas passavam pelo trabalho de parto e parto em posições verticalizadas usando conhecimento instintivo para expandir o tamanho da pélvis, ganhar com a gravidade e maximizar a eficiência dos músculos abdominais necessários para empurrar o feto. Elas desenvolveram artefatos como os bancos e cadeiras de parto, jogaram cordas sobre vigas para poder puxá-las, pariram em redes flexíveis e usavam vigas como suporte para facilitar posições verticais. Parteiras se ajoelhavam em frente às mães que permaneciam em pé para receber os bebês. Recém-nascidos eram mantidos com suas mães para aquecimento e amamentação exclusiva prolongada, para dormir juntos e aconchegados, e para utilizar outras tecnologias que mantinham mães e bebês próximos durante um ano ou mais de *external gestation**[(7)] (McKENNA, 2003; MONTAGUE, 1971; TREVATHAN; McKENNA, 2003).

As adaptações culturais básicas eram normativas até que grandes mudanças sociais associadas com a industrialização moveram o parto de casa para o hospital e fundamentalmente mudaram a face cultural do parto, enquanto fizessem muito pouco para reduzir a mortalidade e a morbidade (CASSIDY, 2006; WERTZ; WERTZ, 1977, 1989; WILSON, 1996). Na verdade, foi a industrialização do parto, não o parto em si, que trouxe às mulheres o medo do parto que têm hoje (CASSIDY, 2006; ULRICH, 1990; WERTZ; WERTZ, 1989; WILSON, 1995). Antes da aceitação muito difundida da teoria bacteriana, permanecer em grandes hospitais não higienizados das nações industrializadas produziram epidemias maciças de febres puerperais e neonatais nos séculos XVIII, XIX e início do XX (CRAWFORD, 1990; LEAVITT, 1986; POLLOCK, 1990, 1997). Mulheres morreram aos milhares em hospitais da Europa e dos Estados Unidos até que a teoria bacteriana e doença decorrente tornaram-se aceitas no final do século XIX e início do XX. Como resultado, foram tomadas precauções maciças para prevenir ou diminuir a febre puerperal e outras infecções, com foco primário em tentativas de esterilização, padronização e administração do processo de parto. Parturientes recebiam pintura com iodo laranja das mamas aos joelhos, eram proibidas de tocar seus próprios bebês, além de ser separadas deles após o parto, o que poderia perdurar por vários dias, ainda que mais infecções começassem (e ainda começam) em enfermarias onde os bebês são mantidos com suas mães (BERTINI *et al.*, 2006; JAMES *et al.*, 2008; McDONALD *et al.*, 2007; NGUYEN *et al.*, 2007). Processos ritualizados como enemas e tricotomia perineal foram instituídos sob a premissa de que preveniriam infecções. Foram necessárias décadas de pesquisas para mostrar definitivamente que tais práticas de fato não diminuem as taxas de infecção; foram implementadas devido às categorias culturais e crenças infundadas, que ainda são comuns em países em desenvolvimento (CUERVO; RODRIGUEZ; DELGADO, 2000; BASERVI; LAVENDER, 2001; REVEIZ; GAITAN; CUERVO, 2007).

Ao longo dos últimos 40 anos multiplicaram-se as intervenções que foram introduzidas nos locais de parto, durante a industrialização, enquanto sociedades como os Estados Unidos adotaram soluções invasivas de alta-tecnologia. Como resultado, muito de nosso conhecimento sobre parto não medicalizado perdeu-se (DAVIS-FLOYD, 2001b). Médicos comumente não são treinados e muitas vezes não sabem como atender partos normais paciente-

(7) Nota do revisor científico: mantida a expressão em inglês por tratar-se de criação da autora, sem correspondência em língua portuguesa.

mente. Afinal de contas, por que aprender a atender um parto pélvico vaginal quando uma cesariana é tão mais fácil (para o médico) e frequentemente mais lucrativa? Enquanto o parto se tornou mais medicalizado ao redor do mundo, na maioria dos lugares, as parteiras perderam seu prestígio como guardiãs e guias em partos normais, tornando-se subordinadas aos médicos e sendo menos treinadas em práticas tradicionais e mais em abordagens industriais e tecnocráticas para o parto.

Entretanto, está ocorrendo um renascimento da Obstetrícia — na medida em que mais e mais Obstetrizes percebem o que foi perdido, elas trabalham para reconquistar suas posições como pesquisadoras e defensoras do conhecimento sobre parto fisiológico, falando e praticando fora do paradigma dominante, mantendo aberto um espaço conceitual onde o parto tecnocrático pode ser desafiado (CHEYNEY, 2008; DAVIS-FLOYD, 1992, 1997, 2001a, 2003, 2004; DAVIS-FLOYD; JOHNSON, 2006; DOWNE, 2004). A hegemonia biomédica ou a regra carregada de poder de um consentimento cultural que constrói alguns modelos como oficiais (JORDAN, 1997) e outros (como os modelos de cuidado em obstetrícia) como marginais, retrógrados e não civilizados, significa que, hoje, partos são bastante parecidos no mundo inteiro, ainda que bastantes diferentes do tipo de parto que as esposas dos primeiros quatro porquinhos teriam experienciado.

Hoje, como resultado da transformação do parto durante as eras industriais e tecnocráticas, mulheres normalmente não são autorizadas a comer, beber ou andar durante o trabalho de parto. Vestidas com camisolas e presas a equipamentos de infusão intravenosa que frequentemente infundem ocitocina[(8)], antibióticos profiláticos e narcóticos para dor, elas dão a luz deitadas ou semissentadas. As diferenças mais notáveis no tratamento médico contemporâneo do parto têm pouco a ver com costumes de culturas em particular, mas em vez disso estão mais ligadas a vastas disparidades entre países de poucos e de muitos recursos. Na maioria dos países de alta-renda, as mulheres são submetidas significativamente a mais intervenções com medicamentos e tecnologias aplicadas em graus mais elevados, em hospitais com ambientes mais atraentes e humanos. Na maioria das nações de baixa-renda, as mulheres submetem-se a intervenções mais baratas e frequentemente obsoletas, tais como tricotomias, enemas e episiotomias, sem os benefícios de uma decoração cara. Em ambos, países ricos e pobres, as taxas de cesárea estão

---

(8) A versão artificial da Ocitocina — o hormônio que estimula as contrações do parto. Ocitocina é usada para induzir e aumentar as contrações do parto artificialmente em 47% dos partos nos EUA (DECLERCQ *et al.*, 2006) e é cada vez mais comumente usada mesmo em clínicas rurais do mundo em desenvolvimento.

crescendo exponencialmente sem melhora concomitante nos indicadores de saúde materno-fetais (ALTHABE *et al.*, 2006; WAGNER, 2006). Diferenças culturais e tradições são amplamente obscurecidas por procedimentos hospitalares medicalizados, profundamente padronizados, que atualmente são comuns em quase todas as nações industrializadas ou em processo de industrialização(9). A tecnologia domou o lobo mau, represando, controlando e homogeneizando o cru, elementar poder do parto. Entretanto, as taxas rapidamente crescentes de morbidade iatrogênica, e, em alguns lugares, as taxas crescentes de mortalidade materna e perinatal devido a intervenções obstétricas excessivas (BETRAN *et al.*, 2007; *LIU et al.*, 2007; VILLAR *et al.*, 2006, 2007) sugerem que talvez tenhamos perdido algo no processo. O que o lobo mau ainda tem para nos ensinar?

Padrões de parto pré-moderno e porque eles são importantes

Voltando à hipótese da discordância conforme aplicada ao nascimento e às lentes da Medicina Evolucionista, identificamos várias áreas onde as condições sob as quais o parto humano evoluiu diferem tão substancialmente das normas culturais impostas por modelos tecnocráticos de parto que requerem um exame mais detalhado. Abordagens obstétricas transculturais/multiculturais, com sua rejeição frequentemente explícita de componentes-chave do modelo tecnocrático, combinadas às suas aplicações subversivas de comportamentos consagrados/honrados pelo tempo e tradições pré-modernas, fornecem importante ponto de comparação para o exame crítico de práticas tecnocráticas contemporâneas. As normas interculturais, por exemplo, de encorajar deambulação durante o trabalho de parto, as posições verticalizadas, a provisão de suporte emocional intensivo durante o trabalho de parto, juntamente com encorajamento ativo de amamentação prolongada e complexos adaptativos de dormir-juntos (*co-sleeping*) estão associados com melhora significativa nos resultados clínicos e psicossociais para mãe e bebê (McKENNA; MOSKO; RICHARD, 1999; McKENNA; McDADE, 2005).

Sugerimos que a Obstetrícia e outros modelos de cuidado de baixa-tecnologia e muitos toques que tentem preservar práticas de parto "natural" (leia-se

---

(9) Nova Zelândia, Holanda e países Escandinavos são exceções. Estas nações rejeitaram muitas das intervenções tecnológicas de rotina no parto que são defendidas nos Estados Unidos e, ao invés disso, abraçaram modelos de abordagem obstétricos e holísticos. São países que também desfrutam de resultados de saúde materno-infantil significativamente melhorados relativamente aos dos EUA, com menos dólares gastos *per capita* (DeVRIES, 2004; DeVRIES *et al.*, 2001; WAGNER 2006).

aqueles com uma longa história entre primatas humanos e não humanos) produzem resultados positivos documentados em tantos estudos *porque eles reduzem a discordância entre biologia evolutiva e cultura contemporânea*. Eles fazem isso por meio de um mecanismo que promove o trabalho com, ao invés de contra, as necessidades biológicas e psicossociais evoluídas das mães humanas (ANDERSON; MURPHY, 1995; DURANT, 1992; FULLERTON; NAVARRO; YOUNG, 2007; JANSSEN; HOLT; MYERS, 1994; JANSSEN *et al.*, 2002; JOHNSON; DAVISS, 2005; MURPHY; FULLERTON, 1998; ROOKS, 1997; SCHLENZKA, 1999). Um exame mais detalhado do pré-moderno reivindicou as práticas obstétricas listadas anteriormente através das lentes da Medicina Evolucionista fornece um modelo/exemplo claro, baseado em evidências, para a reforma dos modelos contemporâneos e tecnocráticos de parto.

Movimento Irrestrito Durante o Trabalho de Parto Seguido Por Esforço Expulsivo (Puxo) "Fisiológico" Vertical

A liberdade de movimento durante o trabalho de parto costumava ser uma norma transcultural, como ocorre com nossos parentes primatas mais próximos. A noção de que mulheres deveriam se deitar e se sentir confortáveis mesmo que atreladas a dispositivos para monitoramento fetal ou para infusão de fluidos intravenosos de auxílio ao parto é relativamente recente e faz pouco sentido de uma perspectiva evolucionária (TREVATHAN, 1999). Existe um grande corpo de pesquisa clínica que documenta o valor de posturas verticais e mobilidade durante o primeiro estágio do trabalho de parto (período de dilatação do colo uterino) para acelerar e facilitar a complicada descida pela pelve que é única para humanos (BODNER-ADLER *et al.*, 2003; GUPTA; HOFMEYR, 2004; GUPTA; NIKODEM, 2000). Posturas verticais maximizam as dimensões da pelve, enquanto melhoram o fluxo de sangue para o feto por reduzir a compressão de grandes vasos que correm ao longo da coluna vertebral materna, abastecendo o útero com sangue oxigenado. Mulheres que dão a luz fora do modelo tecnocrático, atendidas por parteiras ou por médicos holísticos, tendem a empregar posições verticais durante o trabalho de parto e o parto conforme os esforços expulsivos (puxos) fisiológicos presentes no segundo estágio não medicalizado (período de descida e expulsão fetal) (CHEYNEY, 2005; DAVIS-FLOYD *et al.*, 2009). Entretanto, taxas de aproximadamente 80% de anestesia peridural utilizada em hospitais dos EUA (DECLERCQ *et al.*, 2006) impedem a maioria das mulheres de usufruírem dos comprovados benefícios das posições verticais para o trabalho de parto e o parto, tais como o agachamento que otimiza a curva do canal de parto humano chamada de Curva de Carus.

Modelos tecnocráticos, por sua vez, baseiam-se em uma técnica chamada "trabalhando para baixo", que significa que medicações administradas por via peridural são interrompidas ou diminuídas durante o momento do esforço expulsivo (puxo) para que as mães recuperem as sensações suficientemente e atendam a urgência do esforço fisiológico. Ainda que o entorpecimento e a paralisia temporários causados pela anestesia raquidiana ou epidural que requerem tempo variável para perder efeito, as mulheres, com frequência, sentem o impulso para o esforço da expulsão, porém têm dificuldade para maximizar seus esforços dado à impossibilidade de se moverem livremente. Isso significa que a maioria das mulheres que dá a luz em um modelo tecnocrático, o faz na posição semissentada e com movimentos restritos. Muitas ainda terão, claro, parto vaginal. Entretanto, para aquelas mulheres com insinuação avançada, a inabilidade de se mover para posições de período expulsivo mais verticalizadas, assim como a habilidade reduzida para sentir o impulso para empurrar, pode significar a diferença entre parto vaginal ou cirúrgico. Esforço não fisiológico explica parcialmente as altas taxas de cesariana e morbidade materna e neonatal associada que caracteriza a obstetrícia tecnocrática moderna (ALTHABE *et al.*, 2006).

Obstetrícia obrigatória, suporte contínuo no trabalho de parto e o evitar estranhos

A intimidade do suporte contínuo e demorado ao trabalho de parto, oferecido por auxiliares de parto que são parte da comunidade de uma mulher ou que a tenham conhecido bem durante a gravidez, pode ter papel adicionalmente decisivo em como o nascimento humano se desenrola. A presença tranquilizante de uma parteira familiar ou outra companhia pode, por exemplo, ajudar a mitigar os níveis de hormônios de estresse como cortisol e epinefrina, que, como sabemos, são inibidores dos efeitos da ocitocina — o hormônio estimulante das contrações do parto (JOLLY, 1999). As relações evolucionárias complexas entre hormônios produzidos durante respostas de medo e ou dor e aqueles que estimulam o parto se combinam para produzir o que tem sido chamado de efeito "avental branco" ou "fim de semana" em primatas humanos e não humanos respectivamente.

Estes efeitos são caracterizados pela diminuição ou parada completa das contrações do trabalho de parto quando mulheres ou outras primatas sentem medo ou ansiedade ao se perceberem observadas por médicos ("aventais brancos") e ou pesquisadores. Mulheres experimentam diminuição das contrações em resposta ao medo ou incerteza (compensada com ocitocina), e primatas não humanas que vivem em cativeiro são frequentemente capazes de retardar o parto até que seus atendentes deixem as suas instalações (daí o efeito "fim de semana").

A liberação de adrenalina e de cortisol em resposta ao medo e ao estresse e o consequente retardamento do trabalho de parto podem ter servido uma função adaptativa no passado porque tais mecanismos evitam que mamíferos — incluindo humanos — deem a luz a crianças frágeis sob condições de perigo predatório. Entretanto, medo de dor, do hospital, de procedimentos específicos (como a instalação de um cateter intravenoso), ou mesmo o sentimento de autoconsciência que pode vir com estar em trabalho de parto na frente de "estranhos", e os efeitos de redução das contrações pelos hormônios de estresse são menos benéficos em um ambiente tecnocrático onde o parto deve ocorrer de acordo com um cronograma relativamente rígido para ser considerado "normal". Se o parto humano evoluiu sob condições de obstetrícia obrigatória como proposto por Trevathan, e com o pressuposto subjacente de que ainda ocupamos corpos Paleolíticos, então obstetrícia e outros modelos holísticos de cuidado, focados em confiança, na construção de relacionamentos e na redução dos hormônios maternos do estresse por meio de suporte emocional e psicossocial intensivo durante o trabalho de parto explicam parcialmente os excelentes resultados associados ao parto domiciliar e outros modelos alternativos de cuidado citados anteriormente. Abordagens tecnocráticas atuais subestimam imensamente as necessidades psicossociais e fisiológicas desenvolvidas pelas mulheres em trabalho de parto.

Parto pouco intervencionista — Amamentação prolongada — Complexo adaptativo do sono

A intimidade e a conectividade que facilitam o nascimento humano também foram estendidos e aplicados a comportamentos maternos iniciais e padrões coevolucionários mãe-bebê entre primatas. James McKenna (2003), um biólogo evolucionista que foca no sono infantil precoce, na amamentação e em padrões respiratórios, examinou práticas Ocidentais de educação infantil como sono solitário e a amamentação programada sob a perspectiva da medicina evolucionista. Seu trabalho desafia o pressuposto básico de que dormir sozinho deve ser considerado "normal" para bebês humanos, concluindo, ao invés disso, que um entendimento de biologia evolucionista e comparações interculturais e interespécies sugerem que existem benefícios entre mães e bebês dormindo juntos e amamentação prolongada sob livre demanda (McKENNA; McDADE, 2005; McKENNA; MOSKO, 2001). Estes benefícios incluem a promoção de vínculo precoce, crescimento e desenvolvimento neurológico do recém-nascido e talvez mais importante, a regulação de padrões respiratórios nas crianças ainda muito novas, especialmente durante os estágios de sono mais profundo. Dormir juntos é seguro e a amamentação noturna também pode proteger contra a Síndrome da morte súbita na infância (SIDS) em alguns contextos. Segundo McKenna, a amamentação prolongada e mães e bebês que dormem juntos são parte de um complexo processo adaptativo para primatas que evoluíram para permitir um intenso investimento parental, aprendizado social e rápido crescimento cerebral pós-natal em bebês (McKENNA; MOSKO; RICHARD, 1999).

Um número crescente de ativistas do parto e da parentalidade precoce ao redor do mundo está começando a questionar a queda do contato contínuo na educação infantil que caracterizou as práticas dos pais até quatro décadas atrás, quando tecnologias de "baby-sitter plásticas" como as babás eletrônicas, os balanços, os berços e os assentos para carro começaram a substituir o contato físico contínuo (DeLOACHE; GOTTLIEB, 2000; HRDY, 1999; SMALL, 1999, 2001). Obstetrizes e pediatras holísticos que valorizam o período de *external gestation* descrito por McKenna (2003) e outros (MONTAGUE, 1971; TREVATHAN; McKENNA, 2003) argumentam que práticas paternas alternativas, com mais toques, geralmente produzem bebês mais saudáveis (emocional e fisicamente) quando comparados a bebês que receberam leite por mamadeira, dormiram sozinhos em berços e foram transportados em carrinhos de bebê, normas do paradigma tecnocrático.

Porque vemos comportamentos de parto intrinsecamente ligados à coevolução de mãe-bebê e adaptações parentais precoces como amamentação exclusiva por livre demanda e proximidade sensorial da mãe durante o sono, propomos uma extensão do complexo adaptativo amamentação-dormir juntos de McKenna (2003), para incluir o parto fisiológico, pouco intervencionista, como uma abordagem que ajuda a reduzir a discordância entre a biologia humana e a cultura tecnocrática. O estado de alerta de bebês não medicados, combinado com a norma cultural pré-moderna e evolucionista de manter a unidade-mãe-bebê intacta nas horas imediatamente seguintes ao parto, facilitam a cascata de vínculo regulada por hormônios que promove a amamentação exclusiva e prolongada (LUDINGTON-HOE; HADEED; ANDERSON *et al.*, 1991a, 1991b; McKENNA, 2003; ODENT, 2007; TREVATHAN; McKENNA 2003).

***

Revisamos o que vemos como similaridades notáveis em mecanismos de parto e práticas culturais através do tempo e argumentamos que, antes da Revolução Pré-Industrial, estas similaridades eram produto da nossa herança evolucionária comum como primatas bípedes. Com a industrialização, emergiu a necessidade de controle da natureza, baseada no medo, e que juntamente com a hegemonia da biomedicina, novamente produziu práticas de parto transculturais relativamente uniformes, embora esta última difira significativamente das normas pré-modernas. Enquanto reconhecemos as múltiplas diferenças mediadas culturalmente no ritual de tratamento do parto, também somos atingidos pelas notáveis similaridades em práticas de parto pré-modernas em sociedades caçadoras-coletoras, horticultoras, agricultoras e pastoris. Estes partos eram caracterizados pela liberdade de movimentos, posições verticalizadas, obstetrizes (ou parentes femininas) atendendo o parto e a amamentação, e a mãe e o bebê dormindo juntos durante o período de *external gestation*.

Nossa herança evolucionária comum como primatas bípedes e a fisiologia instintiva do parto foram relativamente honradas em sociedades pré-modernas.

Em um contraste impressionante, o parto nas eras industrial e tecnocrática, enquanto muito similar transculturalmente, parece muito diferente do que as nossas quatro primeiras porquinhas mães teriam experimentado — mulheres deitadas na horizontal, presas a equipamentos intravenosos e monitores, e atendidas por "estranhos". Esta transformação para longe do que a biologia evolucionista pode indicar aumenta a discordância entre a evolução da fisiologia do parto humano e as intervenções culturais contemporâneas. Usando as lentes da Medicina Evolucionista, identificamos várias áreas onde padrões de parto e de educação/cuidado infantil pré-modernos podem prover um corretivo para abordagens tecnocráticas atuais que, argumentamos, fazem pouco para honrar os corpos Paleolíticos Superiores que nós ocupamos. Estas ideias incluem:

- mudanças de nível estrutural e institucional necessárias para facilitar o movimento irrestrito durante o trabalho de parto;
- posições fisiológicas verticalizadas para o período expulsivo;
- suporte contínuo durante o trabalho de parto;
- conexão aumentada entre mãe e cuidador através de continuidade do cuidado;
- remoção de constrições culturais e protocolos que inibam o respeito à *external gestation* humana por meio de amamentação exclusiva, prolongada e de livre demanda, e tecnologias como mães e bebês dormindo juntos e aconchegados que aumentam o estímulo tátil e vital dos bebês.

Abordagens evolucionistas, enquanto certamente não livres de limitações (e nisso elas carregam seu próprio conjunto de pressupostos contestáveis), são valiosas enquanto fornecem ainda outra maneira de examinar criticamente o parto em culturas que supervalorizam a ciência. Encorajamos pesquisadores biomédicos e médicos clínicos a considerarem não apenas o contexto próximo ou imediato da gravidez de uma mulher individualmente, mas também a história evolucionária maior da nossa espécie, que deu forma à nossa biologia e, em alguma extensão, à nossa cultura e comportamentos. Em adição, defendemos que um reconhecimento mais profundo e mais explícito do fato de que a evolução humana recente não se desdobrou dentro de um vácuo de poder, mas sim, as influências do industrialismo, da tecnocracia e de inequidades de poder de gênero tenham gerado uma hegemonia biomédica que tem sido perpetuada ao redor do mundo por meio de ambos, colonialismo e imitação mal adaptativa do que parece ser "melhor" porque é moderno. Ajustando nossas lentes críticas para ver o parto dentro do contexto mais amplo e mais holístico de perspectivas interculturais e evolutivas, podemos combinar o melhor do que as inovações tecnológicas têm para oferecer, enquanto ainda abraçando a beleza selvagem e o poder instintivo do grande lobo mau no local do parto.

Referências bibliográficas

ANDERSON, R. E.; MURPHY, R. Outcomes of 11, 788 planned home births attended by certified nurse midwives: a retrospective descriptive study. **Journal of Nurse Midwifery,** v. 40, p. 483-492, 1995.

ALLISON, A. C. Protection afforded by sickle-cell trait against malarial infection. **British Medical Journal,** v. 1, p. 290-4, 1954.

ALTHABE, F. *et al.* Cesarean section rates and maternal and neonatal mortality. **Birth,** v. 33, p. 270, 2006.

ARMELAGOS, G.; BROWN, P.; TURNER, B. Evolutionary, historical and political economic perspectives on health and disease. **Social Science and Medicine,** v. 61, n. 4, p. 755-65, 2005.

BASEVI, V.; LAVENDER, T. Routine perineal shaving on admission in labour. **Cochrane Database of Systematic Reviews 1,** 2001. CD001236.

BEALL, C. M.; STEEGMANN JR., A. T. Human adaptation to climate: temperature, ultraviolet radiation, and altitude. In: STINSON, S.; BOGIN, B.; HUSS-ASHMORE, R.; O'ROURKE, D. (ed.). **Human biology:** an evolutionary and biocultural perspective. New York: Wiley-Liss, 2000.

BERTINI, G.; NICOLETTI, P.; SCOPETTI, F.; MANOOCHER, P.; DANI, C.; OREFICI, G. Staphylococcus aureus epidemic in a neonatal nursery: a strategy of infection control. **European Journal of Pediatrics**, v. 165, n.8, p. 530-5, 2006.

BETRÁN, A.; MERIALDI, M.; LAUER, J. A.; BING-SHUN, W.; THOMAS J.; VAN LOOK, P.; MARSDEN, W. Rates of caesarean section: analysis of global, regional and national estimates. **Pediatric and Perinatal Epidemiology,** v. 21, p. 98-113, 2007.

BIESELE, B. An ideal of unassisted birth: hunting, healing, and transformation among the kalahari ju/'hoansi. In: DAVIS-FLOYD, R; SARGENT, C. (ed.). **Childbirth and authoritative knowledge:** cross cultural perspectives. Berkeley: University of California, 1997.

BLOCK, J. **Pushed:** the painful truth about childbirth and modern maternity care. Cambridge, Massachusetts: DaCapo Lifelong, 2007.

BODNER-ALDER, B.; BODNER, K.; KIMBERGER, O.; LOZANOV, P.; HUSSLEIN P.; MAYERHOFER, K. Women's position during labour: influence on maternal and neonatal outcome. **Wiener Klinische Wochenschrift**, v. 115, n. 19-20, p. 720-3, 2003.

BYFORD, J. **Dealing with death beginning with birth:** women's health and childbirth on misima Island, Papua New Guinea. Ph.D. Dissertation. Canberra: Australian National University, 1999.

CASSIDY, T. **Birth:** the surprising history of how we are born. New York: Atlantic Monthly, 2006.

CHEYNEY, M. **Darwin and the american homebirth movement:** toward an evolutionary obstetrics. Paper Presented at the American Anthropological Association Meetings. Chicago, Illinois, 2003.

______ . **In transition:** a biocultural analysis of homebirth midwifery in the United States. Unpublished Ph.D. Dissertation. Eugene: University of Oregon, 2005.

______ . Homebirth as systems-challenging praxis: knowledge, power and intimacy in the birthplace. **Qualitative Health Research,** v. 18, n. 2, p. 254-67, 2008.

CRAWFORD, P. The construction and experience of maternity in seventeenth-century England. **Women as mothers in pre-industrial england**. Ed. V. Fildes. London: Routledge, 1990.

CUERVO, L. G.; RODRIGUEZ, M. N.; DELGADO, M. B. Enemas during Labor. **Cochrane Database of Systematic Reviews,** v. 2, 2000. CD000330.

DAVIS-FLOYD, R. **Birth as an American rite of passage**. Berkeley: University of California, 1992.

______ . Intuition as authoritative knowledge in midwifery and homebirth. In: DAVIS-FLOYD, R.; SARGENT, C. (ed.). **Childbirth as authoritative knowledge: cross-cultural perspectives**. Berkeley: University of California, 1997.

______ . The technocratic, humanistic, and holistic models of birth. **International Journal of Gynecology and Obstetrics,** v. 75, n. 1, p. S5-S23, 2001a.

______ . La partera profesional: articulating identity and cultural space for a new kind of midwife in Mexico. In: DAVIS-FLOYD, R.; COSMINSKY, S.; PIGG, S. L. (ed.). **Daughters of Time: The Shifting Identities of Contemporary Midwives, Medical Anthropology**. **Medical Anthropology,** v. 20, n. 2-3, p. 185-243. (2001b): special 2 part issue.

______ . Home birth emergencies in the US and Mexico: the trouble with transport. In: JENKINS, G.; INHORN, M. (ed.). **Reproduction Gone Awry, Social Science and Medicine,** v. 56, n. 9, p. 1913-31, 2003.

______ . **Birth as an American Rite of Passage**. 2. ed. Berkeley and London: University of California, 2004.

DAVIS-FLOYD, R.; St. JOHN, G. **From doctor to healer:** the transformative journey. New Brunswick: Rutgers University, 1998.

DAVIS-FLOYD, R.; JOHNSON, C. B. **Mainstreaming midwives:** the politics of change. New York: Routledge, 2006.

DAVIS-FLOYD, R.; BARCLAY, L.; DAVISS, B. A.; TRITTEN, J. (eds.). **Birth models that work**. Berkeley: University of California, 2009.

DECLERQ, E.; SAKALA, C.; CORRY, M.; APPELBAUM, S. **Listening to mothers II:** report of the second national us survey of women's childbearing experiences, executive summary. New York: Childbirth Connection, 2006.

DeLOACHE, J.; GOTTLIEB, A. **A world of babies:** imagined childcare guides for seven societies. Cambridge: Cambridge University, 2000.

DEVRIES, R. **A pleasing birth:** midwives and maternity care in the Netherlands. Philadelphia: Temple University, 2004.

DeVRIES, R.; BENOIT, C.; VAN TEIJLINGEN, E.; WREDE, S. (ed.). **Birth by design:** pregnancy, maternity care and midwifery in North America and Europe. New York: Routledge, 2001.

DOWNE, S. (ed.). **Normal childbirth:** evidence and debate. Edinburgh: Churchill Livingstone, 2004.

DURAND, M. The safety of home birth: the farm study. **American Journal of Public Health,** v. 82, n. 3, p. 450-453, 1992.

DURHAM, W. H. **Coevolution:** genes, culture, and human diversity. Stanford, California: Stanford University, 1991.

EATON, S. B.; EATON III, S. B.; CORDAIN, L. Evolution, diet, and health. In: UNGAR P. S; TEAFORD, M. F. (ed.). **Human diet:** its origin and evolution. Westport, Connecticut: Bergin and Garvey, 2002.

ENGELMANN, G. **Labor among primitive peoples**. New York: AMS, [1882] 1977.

FULLERTON, J.; NAVARRO, A.; YOUNG, S. Outcomes of planned home births: an integrative review. **Journal of Midwifery and Women's Health,** v. 52, n. 4, p. 323-33, 2007.

GOER, H.; WHEELER, R. **The thinking woman's guide to a better birth**. New York: Pedigree, 1999.

GOODMAN, A.; LEATHERMAN, T. Traversing the chasm between biology and culture: an introduction. In: GOODMAN, A.; LEATHERMAN, T.; ARBOR, A. (ed.). **Building a new biocultural synthesis:** political-economic perspectives on human biology. University of Michigan, 1998.

GUPTA, J.; HOFMEYR, G. Position for women during second stage of labour. **Cochrane Database of Systematic Reviews,** v. 1, 2004. CD002006.

GUPTA, J.; NIKODEM. C. Maternal posture in labour. **European Journal of Obstetrics, Gynecology, and Reproductive Biology,** v. 92, n.2, p. 273-7, 2000.

HEWLETT, B. S.; De SILVESTRI, A.; GUGLIELMINO, C. R. Semes and genes in Africa. **Current Anthropology,** v. 42, n. 2, p. 313-321, 2002.

HODNETT, E.; GATES, S.; HOFMEYR, G. J.; SAKALA, C. Continuous support for women during childbirth. **Cochrane Database of Systematic Reviews,** v. 3, 2005. CD003766.

HRDY, S. B. **Mother nature:** maternal instincts and how they shape the human species. New York: Ballantine Books, 1999.

JAMES, L. *et al.* Methicillin-resistant staphylococcus aureus infections among healthy full-term newborns. **Archives of Disease in Childhood, Fetal and Neonatal Edition,** v. 93, n. 1, p. 40-4, 2008.

JANSSEN, P.; HOLT, V.; MYERS, S. Licensed midwife-attended, out-of-hospital births in washington state: are they safe? **Birth.,** v. 21, n. 3, p. 141-8, 1994.

JANSSEN, P.; LEE, S.; RYAN, E.; ETCHES, D.; FARQUHARSON, D.; PEACOCK, D.; KLEIN, M. Outcomes of planned home births *versus* planned hospital births after regulation of midwifery in British Columbia. **Canadian Medical Association Journal,** v. 166, n .3, p. 315-23, 2002.

JOHNSON, K. C.; DAVISS, B. A. Outcomes of planned home births with certified professional midwives: large prospective study in North America. **British Medical Journal,** v. 330, n. 7505, p. 1416-22, 2005.

JOLLY, A. **Lucy's legacy:** sex and intelligence in human evolution. Cambridge, Massachusetts: Harvard University Press, 1999.

JORDAN, B. Authoritative knowledge and its construction. In: DAVIS-FLOYD, R.; SARGENT, C. F. (ed.). **Childbirth and authoritative knowledge:** cross-cultural perspectives. Berkeley: University of California, 1997.

KATZ, S. H. Food and biocultural evolution: a model for the investigation of modern nutritional problems. In: JOHNSON, F. E. **Nutritional anthropology**. New York: Alan R. Liss, 1987.

KLEIN, M. *et al.* Epidural analgesia use as a marker for physician approach to birth: implication for maternal and newborn outcomes. **Birth,** v. 28, n. 4, p. 243-8, 2001.

KONNER, M.; SHOSTACK, M. Timing and management of birth among the! kung: biocultural interaction in reproductive adaptation. **Cultural Anthropology,** v. 2, n. 1, p. 11-28, 1987.

KROGMAN, W. The scars of human evolution. **Scientific American** v. 185. p. 54-7, 1951.

KROEGER, M.; SMITH, L. **the impact of birth practices on breastfeeding:** protecting the mother and baby continuum. Sudbury, Massachusetts: Jones and Bartlett, 2004.

LEAVITT, J. W. Under the shadow of maternity: american women's responses to death and debility fears in nineteenth-century childbirth. **Feminist Studies,** v. 12, n. 1, p. 129-54, 1986.

LEWIN, R., FOLEY, R. **Principles of human evolution**. 2. ed. Oxford: Blackwell, 2004.

LIU, S.; LISTON, R.M.; JOSEPH, K.S. *et al.* Maternal mortality and severe morbidity associated with low-risk planned cesarean delivery *versus* planned vaginal delivery at term. **Candaian Medical Association Journal,** v. 176, p. 455-60, 2007.

LOVEJOY, O. C. The evolution of human walking. **Scientific American,** v. 259, n. 5, p. 118, 122-123, 125, 1988.

LUDINGTON-HOE, S.; HADEED, A.; ANDERSON, G. Physiologic responses to skin-to -skin contact in hospitalized premature infants. **Journal of Perinatology,** v. 11, n. 1, p. 19-24, 1991a.

______. Randomized trials of cardiorespiratory, thermal and state effects of kangaroo care for preterm infants. **Paper presented at the biennial meetings of the Society for Research in Child Development.** Seattle, Washington, 1991b.

McDONALD, J.R. *et al.* Methicillin-resistant staphylococcus aureus outbreak in an intensive care nursery: potential for interinstitutional spread. **The Pediatric Infectious Disease Journal,** v. 26, n. 8, p. 678-83, 2007.

McDOUGALL, I.; BROWN, F.; FLEAGLE, J. Stratigraphic placement and age of modern humans from kibish, Ethiopia. **Nature,** v. 433, p. 733-36, 2005.

McKENNA, J. Sudden infant death syndrome in cross-cultural perspective: is infant-parent sleeping protective? In: DUNDES, L. (ed.). **The manner born:** birth rites in cross-cultural perspective. Walnut Creek, California: Altamira, 2003.

McKENNA, J.; McDALE, J. Why babies should never sleep alone: a review of the cosleeping controversy in relationship to SIDS, bedsharing and breast feeding. **Paediatric Respiratory Review,** v. 6, n. 2, p. 134-52, 2005.

McKENNA, J.; MOSKO, S. Mother-infant co-sleeping: toward a new scientific beginning. In: BYERD, R.; KROUS, H. (ed.). **Sudden infant death syndrome:** problems, progress and possibilities. New York: Arnold, 2001.

MCKENNA, J.; MOSKO, S.; RICHARD, C. Breastfeeding and mother-infant cosleeping in relation to SIDS prevention. In: TREVATHAN, W.; WILSON, E. O.; McKENNA, J. (ed.). **Evolutionary medicine**. New York: Oxford University, 1999.

MONTAGUE, A. **Touching:** the human significance of skin. New York: Harper and Row, 1971.

MURPHY, P; FULLERTON, J. Outcomes of intended home births in nurse-midwifery practice: a prospective descriptive study. **Obstetrics and Gynecology,** v. 92, n. 3, p. 461-70, 1998.

NGUYEN, D. M.; BANCROFT, E.; MASCOLA, L.; GUERARA, R.; YASUDA, L. Risk factors for neonatal methicillin-resistant staphylococcus aureus infection in a well-infant nursery. **Infection Control and Hospital Epidemiology,** v. 28, n. 4, p. 406-11, 2007.

ODENT, M. **Birth and breastfeeding.** Forest Row: Clairview Books, 2007.

POLLOCK, L. A. Embarking on a rough passage: the experience of pregnancy in early-modern society. **Women as Mothers in Pre-Industrial England**. Ed. V. Fildes. London: Routledge, 1990. p. 39-67.

______. Childbearing and female bonding in early modern England. **Social History,** v. 22, p. 287-306, 1997.

REVEIZ, L.; GAITAN, H. G.; CUERVO, L. G. Enemas during labour. **Cochrane Database of Systematic Reviews,** v. 4, 2007. CD000330.

ROOKS, J. **Midwifery and childbirth in America**. Philadelphia: Temple University, 1997.

ROSENBERG, K. The evolution of modern human childbirth. **American Journal of Physical Anthropology,** v. 35, p. 89-124, 1992.

______. Comments. Response to D. Walrath. Rethinking pelvic typologies and the human birth mechanism. **Current Anthropology,** v. 44, n. 1, p. 5-31, 2003.

ROSENBERG, K.; TREVATHAN, W. Bipedalism and human birth: the obstetrical dilemma revisited. **Evolutionary Anthropology,** v. 4, p. 161-8, 1998.

______. The evolution of human birth. New look at human evolution**. Special Edition of Scientific American,** p. 72-77, nov. 2001.

ROSSLIN, E.; ARONS. W. **When midwifery became the male physician's province:** the sixteenth century handbook: the rose garden for pregnant women and midwives. North Carolina: McFarland and Company, 1994.

SCHLENZKA, P. **Safety of alternative approaches to childbirth**. Unpublished Ph.D. Dissertation. Palo Alto: Stanford University, 1999.

SHOSTACK, M. **Nisa:** the life and words of a! kung woman. Cambridge: Harvard University, 1981.

SMALL, M. F. **Our babies, ourselves:** how biology and culture shape the way we parent. New York: Anchor, 1999.

______. **Kids:** how biology and culture shape the way we can raise young children. New York: Anchor, 2001.

STEARNS, S.; NESSE, R.; HAIG, D. Introducing evolutionary thinking for health and medicine. In: STEARNS, S.; KOELLA, J. (ed.). **Evolution in health and disease**. Oxford: Oxford University, 2008.

STOLLER, M. The obstetric pelvis and mechanism of labor in nonhuman primates. **American Journal of Physical Anthropology,** v. 20, p. 204, 1995.

SUTTON, J.; SCOTT, P. **Understanding and teaching optimal foetal positioning**. New Zealand: Birth Concepts, 1996.

TREVATHAN, W. **Human birth:** an evolutionary perspective. New York: Aldine de Gruyter, 1987.

______. Fetal emergence patterns in evolutionary perspective. **American Anthropologist,** v. 90, p. 674-81, 1998.

______. An evolutionary perspective on authoritative knowledge about birth. In: DAVIS-FLOYD, R.; SARGENT, C. (ed.). **Childbirth and authoritative knowledge**. Berkeley: University of California, 1997.

______. Evolutionary obstetrics. In: TREVATHAN, W.; SMITH; E. O.; McKENNA, J. (ed.). **Evolutionary medicine.** New York: Oxford University, 1999.

TREVATHAN, W.; McKENNA, J. Evolutionary environments of human birth and infancy: insights to apply to contemporary life. **Children's Environments,** v. 11, p. 88-104, 2003 [1994].

TREVATHAN, W.; ROSENBERG, K. The shoulders follow the head: postcranial constraints on human childbirth. **Journal of Human Evolution,** v. 39, p. 583-6, 2000.

TREVATHAN, W.; SMITH, E. O.; McKENNA, J. (ed.). **Evolutionary medicine**. New York: Oxford University, 1999.

______. **Evolutionary medicine and health:** new perspectives. New York: Oxford University, 2008.

ULRICH, L. T. **A midwife's tale.** New York: Vintage, 1990.

VILLAR, J. E. *et al.* Caesarean delivery rates and pregnancy outcomes: the 2005 WHO global survey on maternal and perinatal health in Latin America. **The Lancet,** v. 367, n. 9525, p. 1819-29, 2006.

VILLAR, J. *et al.* Maternal and neonatal individual risks and benefits associated with caesarean delivery: multicentre prospective study. **British Medical Journal**, v._335, n. 1025, p. 1-11, 2007.

WAGNER, M. **Born in the USA:** how a broken maternity system must be fixed to put mothers and babies first. Berkeley: University of California, 2006.

WALRATH, D. Rethinking pelvic typologies and the human birth mechanism. **Current Anthropology,** v. 44, n. 1, p. 5-31, 2003.

______. Gender, genes, and the evolution of human birth. In: GELLER, P.; STOCKETT, M. (ed.). **Feminist anthropology:** past present and future. Philadelphia: University of Pennsylvania, 2006.

WASHBURN, S. Tools and human evolution. **Scientific American,** v. 203, p. 3-15, 1960.

WERTZ, R. W.; WERTZ. D. C. **Lying-In:** a history of childbirth in America. New York: Free, [1977] 1989.

WHITE, T. D.; ASFAW, B.; DeGUSTA, D.; GILBERT, H.; RICHARDS, G. D.; SUWA, G.; HOWELL, F. C. Pleistocene *homo sapiens* from Middle Awash, Ethiopia. **Nature,** v. 423, p. 742-7, 2003.

WILLIAMS, G.; NESSE, R. The dawn of darwinian medicine. **Quarterly Review of Biology,** v. 66, p. 1-22, 1991.

WILSON, A. **The making of man-midwifery:** childbirth in England 1660-1770._Cambridge, Massachusetts: Harvard University, 1995.

Parte II

Etnografias do Processo de Nascimento

Capítulo 6

Trabalho de Campo: Uma Jornada Etnográfica

Neide de Souza Praça

(...) São oito horas e eu estou me dirigindo ao centro comunitário para atender as gestantes em consulta pré-natal. A manhã está clara e com temperatura agradável. Diferente da maioria dos outros dias, não há névoas no céu, o que possibilita ampla visão dos contornos da cidade para além dos limites do terreno da favela.

Do alto do morro visualizo, à minha frente, um pouco à esquerda, as duas avenidas que margeiam o rio que corta a cidade, com excesso de carros e de caminhões trafegando lentamente nos seus dois sentidos. As águas do rio continuam escuras, de uma cor acinzentada. À minha frente, ao centro, vejo parte da raia de competições náuticas. Suas águas têm um tom mais claro que as do rio que lhe é paralelo.

Em primeiro plano vejo os imensos galpões de empresas que transportam ou armazenam produtos alimentícios. O movimento de caminhões em seus pátios demonstra que a cidade está desperta para mais um dia de trabalho. No lado direito vejo as ruas arborizadas de um bairro distante.

À margem esquerda do rio e um pouco mais distantes, estendendo-se até o horizonte, estão altos edifícios. As construções totalmente envidraçadas de alguns deles demonstram que têm funções comerciais, e aos outros, pelas características, atribuo funções residenciais.

Deixo de observar a paisagem que se mostra para além da colina que delimita o terreno da favela para deter-me nas ruas e caminhos ao meu redor. Do local onde estou, vejo toda a extensão da rua que me levará ao centro comunitário. É uma rua em declive, tortuosa e de limites laterais irregulares. Imediatamente à minha direita, no cruzamento com uma transversal, existe um local para coleta de lixo. Há uma caçamba que está totalmente abarrotada de sacos plásticos contendo lixo. Ao seu redor, acomodados junto a suas paredes ou espalhados pelo chão há grande quantidade de outros sacos de plásticos fechados, também contendo resíduos. Não vejo moscas sobrevoando o local. Por ainda ser cedo, o lixo acumulado está aguardando coleta, pelo serviço da Prefeitura, que ocorre diariamente pela manhã.

Começo a caminhar pela rua. Há casas de alvenaria e barracos de madeira de ambos os lados, em toda extensão, sem espaço entre si, como se formassem um único bloco. Percebo que todas as casas e barracos estão com suas janelas e portas fechadas.

Parece ser muito cedo para as pessoas se levantarem. Também não há ninguém caminhando pela rua, nem adultos, nem crianças, nem animais. O chão, de terra batida e cascalhos, está mais esburacado do que a última vez que nele pisei há um mês. Atribuo este fato às frequentes chuvas, próprias do período, que erodiram o solo (...) (PRAÇA; GUALDA, 2004, p. 190-1).

A diversidade de contextos presentes nas sociedades contemporâneas desperta o interesse pela pesquisa do meio urbano com o objetivo de desvendar o desconhecido no meio aparentemente familiar. A justificativa reside no fato de que dois indivíduos que pertencem à mesma sociedade podem se encontrar tão distantes entre si como se vivessem em diferentes sociedades (VIANNA; KUSCHNIR; CASTRO, 2013; VELHO, 2013).

Outra justificativa para o estudo do meio urbano reside no confronto entre a socialização e os valores do pesquisador que ao ser colocado diante de uma realidade que julgava familiar poderá encontrar uma condição mais complexa, do que imaginava (VELHO, 2013).

Este processo de estranhamento do familiar se faz presente para o pesquisador quando, diante do confronto de fatos e de situações, identifica diferentes concepções. A cultura de origem do pesquisador e seus esquemas conceituais se mantêm presentes mesmo estando em contato com outra cultura e outros significados (MAGNANI, 2009).

Como pré-requisito para a realização de uma pesquisa, o estranhamento sobre o que ocorre à sua volta sugere ao pesquisador a necessidade de conhecer o particular no contexto da sociedade onde vive. Assim, ao articular o contexto particular ao universo da sociedade onde se insere, o pesquisador se propõe a conhecer particularidades de grupos aparentemente isolados, mas que compõem um sistema cultural e sociopolítico estabelecido (VELHO, 2013).

Nesta perspectiva, nas sociedades contemporâneas, o familiar vem recebendo cada vez maior atenção, uma vez que por meio de seu estudo identificam-se as mudanças sociais resultantes do convívio urbano e cotidiano dos membros de cada grupo particular na sociedade que compartilham (VELHO, 2013).

Do exposto, ainda que próximos fisicamente, nem todos os habitantes de uma dada sociedade compartilham os mesmos aspectos culturais, e que mesmo convivendo no mesmo contexto urbano, a distância cultural permite ao pesquisador estudar grupos diferentes do seu (VELHO, 2013).

Meu contato com a Antropologia Urbana ocorreu quando cursava o doutorado e atuava como docente de Enfermagem em uma comunidade-favelar. Ao realizar e concluir o estudo, que teve orientação da Professora Doutora Dulce Maria Rosa Gualda, compreendi a clareza da afirmação de que na etnografia "o pesquisador entra em contato com o universo dos pesquisados e compartilha seu horizonte (...) numa relação de troca", compara suas próprias teorias com as deles e sai da experiência com um novo modelo de entendimento (MAGNANI, 2009, p. 73).

Concordo, ainda, com o mesmo autor quando afirma que a prática etnográfica é um empreendimento, onde o pesquisador constrói um trabalho paciente e contínuo, que em dado momento fluirá para o ordenamento das partes até então dissociadas e que, unidas, darão um significado ao objeto pesquisado (MAGNANI, 2009).

Para chegar a este ponto de compreensão (interpretação) do que se busca, é necessário que o pesquisador se mantenha atentamente voltado às situações que vivencia no campo e aos resultados que encontra, ambos associados à continuada presença no campo (MAGNANI, 2009).

A pesquisa etnográfica, portanto, se mostra como o referencial ideal na busca por significados de situações cotidianas atribuídos por diferentes grupos que convivem no mesmo meio urbano.

A literatura mostra que um estudo etnográfico é norteado por preceitos próprios, segundo os quais o pesquisador deve ir ao campo imbuído da teoria sobre seu objeto, porém aberto a situações de estranhamento; introduzir-se no ambiente, sem se tornar ou pretender tornar-se um nativo; conviver em situações cotidianas do grupo cultural que estuda; elaborar um diário de campo sobre sua vivência; realizar observação participante e entrevistas; considerar-se um intérprete da interpretação do nativo; ser o porta-voz deste nativo com respeito aos valores e significados que atribui.

Quando realizei o estudo com enfoque no urbano, meu objeto era a compreensão das ações de mulheres de uma comunidade-favelar relacionadas à epidemia de Aids. Estava em curso a segunda metade dos anos 1990, e como enfermeira e docente realizei uma etnografia urbana como tese de doutorado.

Precedendo a coleta de dados para minha pesquisa, estudei os pressupostos da disciplina que pretendia seguir e fui para campo tendo em mente o delineamento para estudos antropológicos de autores clássicos como Bronislav Malinowski, Clifford Geertz, Madeleine Leininger, Ruth Cardoso, Eunice Durham, M. Peirano e Gilberto Velho, dentre outros, que nortearam a condução e a construção do estudo que realizei.

Ter em mente que o trabalho de campo deve ser visto como a maneira pela qual os eventos cotidianos de uma dada sociedade ou grupo social podem ser identificados (MALINOWSKI, 1980) contribuiu para que eu percebesse a realidade da ação que se desenrolava naquele ambiente.

Considerei que a cultura é uma ciência interpretativa à procura do significado, não como algo para o qual se atribuem de forma casual os acontecimentos sociais ou os comportamentos, porém como um contexto onde estes fatores podem ser descritos com densidade. Nesta perspectiva, adotei a antropologia com abordagem interpretativa norteada pela proposta de que ela não responde profundamente as questões do pesquisador, mas coloca à sua disposição as respostas dadas pelos nativos de uma dada cultura para, assim, poder incluí-las no corpo de conhecimentos da teoria (GEERTZ, 1989).

Outro ponto por mim considerado no estudo que realizei refere-se ao vínculo entre a teoria antropológica e a pesquisa etnográfica. Este vínculo demonstra que a primeira se realiza e se sofistica à medida que confronta, no campo, a teoria do pesquisador com a observação dos atores da cultura. Esta afirmação tem como base o objetivo de ambas, teoria e pesquisa, as quais buscam novas descobertas que se sujeitam aos resultados obtidos na pesquisa de campo. Assim, a descoberta antropológica resulta do confronto entre a teoria acumulada da disciplina, levada ao campo pelo pesquisador, e as situações por ele observadas. Desse confronto resultarão o entendimento e a interpretação, a partir do ponto de vista do nativo, de fatos que analisados contribuirão para alicerçar o conhecimento da disciplina. Esta visão indica que a disciplina está em constante construção, e, por isso, cada estudo produzido acresce seu conteúdo ao mesmo tempo em que é incompleto porque é interpretativo e principalmente artesanal. Por ser a historicidade um elemento presente na pesquisa de campo, pois se insere no contexto biográfico do binômio pesquisador-pesquisado, este tornou-se um elemento ativo no processo (PEIRANO, 1992, 1995).

Outro pressuposto considerado por mim na realização do estudo situa-se na pesquisa do modo de vida dos habitantes da periferia e ou das favelas das grandes cidades que oferece ao pesquisador a oportunidade de melhor conhecer o mundo em que vive. Com o foco em determinado grupo, as pesquisas realizadas no meio urbano devem se preocupar com a valorização dos métodos etnográficos, como a observação participante e o envolvimento do estudioso com a população estudada, uma vez que estes estudos possibilitam retratar a vida social e econômica integrada ao estudo das manifestações culturais (DURHAM, 1986).

O interesse pelos estudos realizados em bairros periféricos e favelas, no Brasil, tem o objetivo principal de descrever as metrópoles. Como estudo etnográfico, a coleta de material é uma maneira de reformular hipóteses tendo como fonte os dados que vão surgindo do trabalho de campo e que direcionam as entrevistas subsequentes (CARDOSO, 1986).

Em atenção aos pressupostos da pesquisa etnográfica, no estudo citado, adotei como norte a observação participante segundo o Modelo de Observação-Participação-Reflexão (O-P-R Model) desenvolvido por Madeleine Leininger. Esse Modelo, idealizado na década de 1960 para pesquisas etnográficas em Enfermagem, caracteriza-se por uma abordagem antropológica que direciona a observação participante. Preconiza que, inicialmente, o pesquisador deve dedicar-se a realizar a **observação do contexto** da cultura antes de tornar-se um participante ativo. Essa estratégia facilita seu acesso na comunidade, favorecendo seu conhecimento sobre o modo de vida dos atores e informantes; visa promover relacionamento amistoso entre pesquisador-informante. **Observação e participação** é a fase seguinte, na qual o pesquisador compartilha com os atores/informantes um momento de vida e sedimenta a interação entre ambos. A **participação** tem prioridade sobre a observação na terceira fase proposta pela autora, e a **reflexão**, que constitui a quarta fase, tem como finalidade a reflexão sobre os dados coletados e a validação dos mesmos junto aos atores/informantes (LEININGER, 1990, 1991).

A reflexão permeia todo o processo de pesquisa, mas especialmente deve ser enfatizada na última fase do estudo. Refletir sobre os fenômenos observados ou sobre as ideias dos membros da cultura auxiliam o pesquisador (enfermeiro) no desenvolvimento de aspectos contextuais da pesquisa e na interpretação de uma ideia ou experiência. Na conclusão, nova reflexão deve ser efetuada, sendo os dados reavaliados e confirmados primariamente com os informantes-chave (LEININGER, 1990, 1991).

É M. Leininger quem afirma que o O-P-R Model é muito útil para sistematizar a coleta de dados, contribui nos estudos que envolvem indivíduos, grupos, comunidades e culturas relacionados ao cuidado do homem e de Enfermagem, propiciando obter dados da pessoa e do contexto, embasados na visão de seus membros (LEININGER, 1990, 1991).

Cabe destacar que as quatro fases propostas pelo Modelo foram idealizadas para atender às necessidades de enfermeiros em reconhecer as experiências diárias da clientela e assim desenvolver programas de educação para a saúde com procedimentos de enfermagem centrados na pessoa.

No estudo que realizei, utilizei a observação participante segundo a proposta de M. Leininger. A primeira fase do O-P-R Model constou da **observação** do contexto, primeiramente da região próxima ao centro comunitário onde atuava. Posteriormente, com o passar do tempo e com as consultas de pré-natal e as visitas domiciliares realizadas com os alunos, tive oportunidade de interagir com os moradores da comunidade enquanto prestava assistência às gestantes nela residentes, ocorrendo, neste período, minha **participação** na comunidade. Continuei, no entanto, **observando** o contexto e as gestantes atendidas no serviço. Com o andamento da pesquisa, o fato de eu contatar as mulheres em suas casas para entrevistá-las possibilitou-me **observar** seu comportamento no contexto doméstico. A quarta fase do trabalho de campo, **reflexão**, teve como finalidade a reflexão contínua sobre os dados já coletados e sua validação.

Ainda que a observação participante propicie um contato íntimo entre o pesquisador e o meio observado, não há garantia de compreensão e interpretação válidas do fenômeno observado. Para suprir tal defasagem, o pesquisador utiliza-se de outras técnicas não estruturadas de coleta de dados. Dentre elas a entrevista.

Nela, o tipo de perguntas mais utilizado nos estudos etnográficos é o de questões descritivas, as quais diminuem as chances de refletir a cultura do pesquisador e trazem noções pessoais (privadas) ou culturais do informante. Creio ser relevante dizer que o **informante** é alguém, membro da sociedade em estudo, que pode contar ao pesquisador sobre suas próprias ações, crenças, percepções, significados e sobre padrões de comportamento que envolvem uma determinada cena cultural.

No estudo que realizei, a **entrevista** com as informantes foi realizada com questão descritiva. Na primeira entrevista fazia questões abertas para que a mulher discorresse livremente sobre os temas do estudo. Posteriormente, em entrevistas subsequentes, utilizei questões semiestruturadas que favoreceram um direcionamento do tema de maior interesse da pesquisa. Para nortear estas entrevistas, partia do conteúdo da(s) entrevista(s) anterior(es) de cada informante.

Empreguei o recurso da Triangulação na busca das informantes do contexto estudado, na elaboração das questões efetuadas e na condução das entrevistas, assim como na análise dos achados.

Aos membros do contexto cabe produzir os relatos de seu mundo, e estes têm seu valor ao contar sobre quem os produziu e por evidenciarem as perspectivas de determinados grupos ou categorias de atores. Para o citado estudo, como estratégias de seleção das informantes, primeiramente adotei o desenho de uma amostra representativa de pessoas a partir de suas categorias de ator e, posteriormente, com o progresso do estudo, passei a decidir quem e quando seria entrevistado.

Na seleção das informantes avaliei seu tempo de residência na favela, considerando assim sua aculturação. Considerei também sua facilidade de expressão e motivação para revelar dados subjetivos de interesse para a pesquisa. Não houve determinação do número de informantes neste momento.

A pesquisa suplementar de dados é outra técnica utilizada na pesquisa de campo. Como procedimento de coleta de dados, a pesquisa suplementar propicia a complementação do desenho da cultura, pelo levantamento documental de registros que lhe são pertinentes e aos seus membros, e que se integrarão à reconstituição da cultura em estudo. Na pesquisa em pauta fez-se presente por meio da pesquisa documental.

Para complementar os dados das informantes, analisei os registros feitos em seus prontuários individuais, utilizados durante as consultas de pré-natal. Esta pesquisa ajudou-me a caracterizar cada uma das participantes do estudo, bem como forneceu-me subsídios sobre todas as mulheres atendidas no Centro Comunitário, dando-me a ideia do coletivo das famílias do grupo cultural estudado.

A **validação** dos dados resultantes da análise dos registros e do conteúdo das entrevistas, obtidos durante o trabalho de campo, é um passo importante que o pesquisador deve realizar junto aos respondentes, pois este procedimento evita distorções que possam ter ocorrido na interpretação que fez a partir dos procedimentos de coleta e de tratamento de dados.

Um importante aspecto que deve ser considerado no estudo de sociedades onde não há registros históricos de sua criação, é a história contada pelos membros que participaram de sua implantação e ou implementação. O registro destes relatos se constitui em importante documento sobre a cultura correspondente.

No citado estudo, entrevistei conjuntamente duas antigas moradoras e líderes da comunidade-favelar, campo da pesquisa. Seus relatos proporcionaram-me compor aspectos específicos quanto à saúde-doença e comportamentos próprios daquela cultura, e trouxeram subsídios para a descrição do cenário cultural, uma vez que não havia registros sobre a criação da comunidade, nem sobre a ocupação do terreno onde se encontra. Optei por esta estratégia para explorar a área temática, objeto do estudo.

Como se deu minha inserção na favela

Meu primeiro contato com a comunidade ocorreu no último bimestre de 1993, quando a assistente social do Centro Comunitário nela inserido convidou as docentes das disciplinas da área de Enfermagem Obstétrica da Escola de Enfermagem da Universidade de São Paulo (EEUSP) para conhecerem o local e avaliarem se o mesmo atendia às necessidades para realizar ensino teórico-prático de alunos dos cursos de graduação em Enfermagem e de especialização em Enfermagem Obstétrica. Cabe ressaltar que esta atividade estaria satisfazendo uma necessidade da própria disciplina que vivenciava a implantação do novo currículo do curso de enfermagem da EEUSP e também atenderia à demanda de gestantes residentes na comunidade, as quais não conseguiam, por excesso de demanda, submeter-se à consulta pré-natal na Unidade Básica de Saúde mais próxima.

Para o atendimento das gestantes, o Centro Comunitário dispunha de uma ampla sala como parte de sua planta física onde seriam criados boxes individuais para o atendimento simultâneo de até três gestantes. Suas demais dependências eram ocupadas por crianças e adolescentes residentes na comunidade "Aves Nativas", uma das cinco comunidades que compunham a favela "X", situada no município de São Paulo.

Ainda ao final de 1993 e no início de 1994, participei de outras duas reuniões com os responsáveis pelo Centro Comunitário e com as líderes da Comunidade "Aves Nativas", para planejamento do trabalho a ser implantado. Nestas reuniões expusemos os objetivos do trabalho-docente e fomos informadas de que os mesmos seriam divulgados à população do entorno. Em março de 1994, as docentes da disciplina iniciaram o atendimento pré-natal às gestantes de baixo risco residentes naquela comunidade.

Creio ser oportuno destacar que escolhi o nome "Aves Nativas" para identificar a comunidade após ter verificado, durante o trabalho de campo, que todas as suas ruas, vielas e becos possuíam nomes de aves, tais como: rua Bem-Te-Vi, rua Assum Preto, rua Três Arapongas, rua Carcará, viela Gaivota, rua Asa Branca, travessa Patativa, travessa Andorinha e outras.

Em agosto de 1995 retornei à favela para iniciar minhas atividades no Centro Comunitário. Minha atividade docente-assistencial passou a ser realizada com atendimento pré-natal às mulheres e com supervisão do ensino clínico de alunos do curso de graduação em Enfermagem da EEUSP. Comparecia à favela três vezes na semana, com exceção do período de férias escolares, quando o fazia somente às quartas-feiras.

Como atividades com alunos, realizava consulta de acompanhamento pré-natal às moradoras da comunidade com intervalo de agendamento recomendado pelo Ministério da Saúde. Caso a gestante não comparecesse à consulta agendada ou apresentasse alguma intercorrência e ou deixasse de fazer algum tratamento indicado no pré-natal, era realizada visita domiciliária, que também ocorria para a puérpera e o recém-nascido.

O fato de estar presente no Centro Comunitário semanalmente possibilitou que os residentes da comunidade identificassem a mim e às demais docentes como as "professoras da USP" e passassem a nos ver como elementos de presença rotineira, deixando de ser estranhos a eles.

Acompanhar os alunos em visitas domiciliares, procurando as residências a partir do endereço fornecido pela gestante e transitar pelas vielas da favela facilitou-me melhor conhecer sua estrutura e organização, bem como identificar as características de seus moradores e ser identificada por eles como "professora da USP que faz o pré-natal". Sempre encontrava alguém que me cumprimentava, mesmo estando distante do Centro Comunitário, ou que vinha contar sobre uma cliente que já tivera o parto ou perguntar sobre como fazer para consultar-se no pré-natal onde atendíamos.

Ter atendido cada gestante em consulta realizada por mim ou pelo aluno, sob minha supervisão, possibilitou-me conhecer e interagir com cada cliente, o que se tornou altamente gratificante. A facilidade de localização da casa da cliente, por pertencer à área de abrangência do Centro Comunitário, ser recebida cordialmente pelas mulheres e suas famílias em suas casas durante as visitas domiciliares, ser reconhecida quando caminhava pela favela e manter contato individual em cada consulta que a mulher se submetia contribuíram para minha inserção no contexto.

Durante o período de atuação no Centro Comunitário, realizávamos a média de dez consultas diárias de pré-natal, porém, no início de 1997, ocorreu o encerramento do atendimento pré-natal no Centro Comunitário da comunidade "Aves Nativas" devido a mudanças na política de saúde da Secretaria de Saúde do Município. Durante o período em que funcionou, o serviço atendeu 282 gestantes, moradoras naquela comunidade-favelar (HOGA; PRAÇA; SAITO, 1996).

O encerramento abrupto das atividades repercutiu no prosseguimento de minha pesquisa, pois passei a comparecer à comunidade apenas para contatar as mulheres, ex-clientes, e para entrevistá-las em sua casa ou nas dependências do Centro Comunitário, quando elas optavam por este local. Deixei de participar da dinâmica da comunidade, e à medida que o tempo passava, eu ficava mais apreensiva sobre a forma que seria recebida para realizar as entrevistas, já que deixara de, rotineiramente, frequentar a favela. Porém, o calor demonstrado pelas mulheres ao receber-me e a prontidão em aceitar participar do estudo em nada se alterou quando comparado ao período inicial da pesquisa.

Como associei a prática clínica à pesquisa

Após ter participado das reuniões iniciais com as lideranças da comunidade e ter contribuído no planejamento do espaço físico e dos equipamentos para a assistência pré-natal das mulheres da comunidade, voltei ao local mais de um ano após o início das atividades. De acordo com os objetivos da Universidade, me inseri no grupo de docentes que respondiam pelo serviço, passando a atender as gestantes. Havia um número máximo de consultas programadas por dia e nós supervisionávamos os alunos durante o atendimento, solicitando exames quando necessário e procedendo a encaminhamentos para a Unidade Básica de Saúde e para o Hospital Universitário, referências do serviço.

Minha presença na comunidade-favelar prestando assistência pré-natal e de acompanhamento da puérpera e do recém-nascido coincidiu com o período em que cursava o doutorado, o que me despertou para a possibilidade de realizar a tese naquela comunidade. Com foco na área de conhecimento voltada à saúde da mulher e à epidemia de Aids, preocupei-me em definir meu objeto de pesquisa e, posteriormente, o método e os referenciais de estudo.

A opção pelo tema se pautou na epidemiologia da Aids que mostrava mudanças no perfil dos infectados/doentes. Naquela ocasião, meados da década de 1990, no país, a Aids disseminava-se silenciosamente em mulheres de baixa renda, com baixa escolaridade ou analfabetas, com família constituída e com único parceiro sexual. Esses dados, tardiamente, alertaram o gestor de saúde que passou a definir ações na tentativa de interromper e ou reduzir a transmissão sexual do HIV, na categoria heterossexual. Na época, ainda eram incipientes os estudos que traziam luz para o desenho de ações preventivas da infecção. A par dessa situação, constatei que as características das mulheres que compunham o novo perfil das infectadas/doentes com HIV/Aids assemelhavam-se às das gestantes que eu assistia em consultas na comunidade-favelar. Ambas situações, perfil epidemiológico das infectadas/com Aids, no país, e características sociodemográficas das gestantes que atendia em consultas pré-natal estimularam-me realizar a tese de doutorado com aquela clientela, na temática voltada ao HIV/Aids, pois vislumbrei a possibilidade de conhecer o significado da síndrome para as mulheres daquele grupo cultural e assim contribuir para o estudo de sua epidemiologia.

A definição do objeto do estudo somente ocorreu após minha imersão na literatura sobre a temática, ao mesmo tempo em que cursava as disciplinas de pós-graduação e atuava na comunidade-favelar. Após tê-lo definido, passei a pesquisar qual seria o método mais adequado para responder meus questionamentos. Quando defini o método do estudo, passei a estudar os referenciais que o direcionariam.

O consequente amadurecimento sobre o projeto de pesquisa associado à minha condição de docente de Enfermagem Obstétrica que realizava atendimento no interior de uma favela contribuíram para a opção pela Antropologia Cultural como referencial teórico e pela etnografia como referencial metodológico. Julguei que ambos se ajustavam à minha condição de trabalho, mas principalmente me trariam uma perspectiva de estudo com abordagem sobre a vivência dos atores. O contexto onde atuava era favorável para a realização de uma Antropologia Urbana com coleta e tratamento de dados segundo a etnografia, cuja temática seria pertinente ao contexto e à situação da epidemia de Aids no país. Frequentar a comunidade e ser reconhecida por seus membros também contavam a favor.

Sob esta perspectiva, passei a frequentar a comunidade-favelar com outro olhar: observava o contexto e a relação entre seus moradores; procurava identificar em cada gestante que atendia seu potencial para fornecer informações sobre o tema que iria estudar, passando a registrar como se dava nosso contato durante as consultas ou em visitas domiciliares. Anotava, também, diariamente, como transcorria a rotina de atendimentos, assim como minhas reações diante de intercorrências e a percepção de proximidade ou de afastamento entre mim e as clientes e ou moradores do local.

Considero que minha inserção na comunidade se deu pelo trabalho como docente, porém somente com a teoria sobre a temática que pesquisaria e após estudar profundamente a disciplina e o método que escolhera, minha visão se ampliou e pude perceber a diversidade do contexto que frequentava. Passei a encarar minha atuação-docente como contribuição à assistência da clientela, mas também como participação no contexto, pois adotei o O-P-R Model.

Em um processo dinâmico, ao iniciar o estudo, passei a registrar os dados no diário de campo, ao mesmo tempo em que implementava as fases da observação participante.

Diariamente, ao concluir as atividades programadas na assistência às gestantes, anotava em um caderno minhas observações, citadas anteriormente, assim como minha percepção sobre fatos, sentimentos e dificuldades vivenciadas durante a realização das tarefas docente-assistenciais. Passei, também, a registrar a dinâmica da comunidade e o comportamento cotidiano observado de seus membros, iniciando dessa forma a pesquisa de campo para a tese de doutorado. Estes dados contribuíram para, posteriormente, enriquecer a análise do grupo cultural estudado.

Como interagi com as informantes

Enquanto realizava as atividades de assistência e de ensino de Enfermagem Obstétrica no Centro Comunitário, buscava dentre a gestantes atendidas aquelas que me pareciam com potencial de tornar-se boas informantes. Quando atendia as gestantes em consultas de pré-natal subsequentes, ao longo da gravidez, meu contato com cada uma delas estreitava-se à medida que se aproximava a data do parto. Este fato favoreceu minha interação com as informantes selecionadas que foram contatadas para entrevista em momentos distintos: algumas, ainda gestantes próximas ao termo da gravidez, outras puérperas e, outras ainda, após passarem o período puerperal. Esta diferença no momento escolhido para a entrevista inicial relacionava-se ao estado emocional e de ansiedade, próprios da gestação, por mim detectado em cada gestante durante as consultas de pré-natal. Esperava, dessa forma, sua estabilização emocional para entrevistá-la.

As informantes do estudo eram, portanto, as moradoras da comunidade "Aves Nativas", às quais prestei assistência pré-natal realizando consulta, orientação individual sobre cuidados com a gravidez e com o recém-nascido, e visitas domiciliares. Eram mulheres que frequentaram o Centro Comunitário para submeter-se a consultas de pré-natal, que se dispuseram a participar da pesquisa, e com as quais desenvolvi uma relação amigável.

Quando não mais prestava atendimento pré-natal na comunidade, passei a buscar as informantes em potencial em suas casas, pois dispunha de seus prontuários onde havia o registro do endereço. Como já conhecia a planta física da comunidade, facilmente chegava às mulheres que pretendia entrevistar. Diante de alguma dificuldade, sempre encontrava algum morador disposto a me orientar sobre como chegar ao endereço que buscava, além de ser reconhecida como "Professora da USP que fazia pré-natal". Ao localizar cada mulher, combinávamos data, horário e local das entrevistas, se em sua casa ou nas dependências do Centro Comunitário. Apenas três, dentre as nove entrevistas, foram realizadas no centro comunitário; as demais ocorreram nas casas das informantes.

A princípio sentia-me desconfortável em realizar a entrevista na casa da mulher, pois pensava que iria ocupar seu tempo já totalmente empregado nos afazeres da casa e no cuidado do recém-nascido e dos outros filhos, mas aos poucos esta impressão foi se dissipando, pois em toda casa onde realizei entrevista percebi que a mulher se sentia valorizada por eu estar lá e por tê-la escolhido. Em todas as casas encontrei um vaso com flores sobre a mesa do pequeno e pobre cômodo que servia de sala e cozinha, e o oferecimento de café ou suco era imprescindível.

Iniciava a entrevista solicitando que a informante discorresse sobre um tema de abrangência geral para, em um segundo momento introduzir o tema foco do estudo. Com esta abordagem, direcionava a temática de interesse da pesquisa. Este foi um período de idas e vindas à comunidade, tendo a maior parte dele coincidido com a extinção das atividades de assistência pré-natal até então desenvolvidas no Centro Comunitário.

Todas as entrevistas foram gravadas em fitas magnéticas e posteriormente transcritas e digitadas, e ou editadas. Outra estratégia que empreguei durante a coleta de dados foi fotografar o contexto e as informantes com suas famílias, o que também subsidiou o desenho do cenário cultural. As fotografias do contexto foram feitas em várias ocasiões, discretamente, com destaque para a área próxima ao Centro Comunitário, pois não era aconselhável fazer panorâmicas ou fotografar moradias/vielas/ruas dado à expansão do tráfico de drogas. Quanto às informantes e suas famílias, percebia satisfação ao posarem para as fotos, cujas cópias, posteriormente, lhes foram encaminhadas.

De acordo com os pressupostos dos autores que levei para campo na fase de coleta de dados, e com o objetivo de mostrar ao leitor o cotidiano do contexto cultural onde o estudo foi realizado, descrevi um dia de contato com a comunidade, o qual foi apresentado em capítulo de livro publicado (PRAÇA; GUALDA, 2004). Nele, situo fisicamente o local e descrevo minhas observações sobre o cenário onde aquele grupo se inseria, assim como a dinâmica do contexto em uma manhã de verão.

Sobre os resultados

O tratamento dos dados obtidos com as entrevistas sucedeu a realização e a transcrição dos relatos obtidos e originou uma quantidade infinita de dados que agrupei por afinidade de conteúdo, em um processo lento de amadurecimento e de inter-relação que, em um dado momento, resultaram no esclarecimento dos achados segundo uma lógica relacionada. Essa fase do estudo demandou profunda imersão sobre os dados e certo afastamento do contexto; durou alguns meses e seu resultado mostrou como as mulheres daquela comunidade-favelar se percebiam diante da epidemia de Aids. Para o entrelaçamento dos achados e a elaboração da lógica que os conduzia houve necessidade de meu amadurecimento enquanto pesquisadora, aliado à persistência e à imersão nos dados.

Esta vivência em campo de prática que propiciou a pesquisa concorda com a citação de Claude Lévi Strauss na qual o:

> "[...] *insight* na pesquisa etnográfica (...) só se produz porque precedido e preparado por uma presença continuada em campo e uma atitude de atenção viva. Não é obsessão pelo acúmulo de detalhes que caracteriza a etnografia, mas a atenção que se lhes dá: em algum momento os fragmentos podem arranjar-se num todo que ofereça a pista para um novo entendimento." (MAGNANI, 2009, p. 74)

Com relação ao tema do estudo, seus resultados apontaram que a mulher da Comunidade "Aves Nativas" se responsabilizava pela manutenção de uma família saudável, embora estivesse exposta às consequências do comportamento do parceiro em ambiente público, uma vez que acreditava na fidelidade do companheiro. Ela não acompanhava seu parceiro no lazer fora do lar, ainda que acreditasse que caso ele mantivesse relações extraconjugais, a informaria e, então, ela passaria a exigir o emprego de preservativo masculino no ambiente doméstico; também presente naquele grupo de mulheres a crença de que caso seus parceiros cometessem alguma infidelidade, voluntariamente, eles se submeteriam à testagem anti-HIV e as manteriam distantes da doença. Esta crença na fidelidade do parceiro e em sua comunicação de infidelidade colocava aquelas mulheres sob alto risco de se tornarem infectadas pelo HIV no ambiente doméstico. Parte da explicação para a disseminação do HIV/Aids em mulheres, no país, estaria ancorada aos resultados desse estudo de doutorado.

A realização dessa etnografia proporcionou a identificação de pontos significativos daquele grupo cultural, com destaque para as relações econômico-sociais e familiares. Os achados do estudo contribuíram, assim, para caracterizar a dinâmica de um contexto que, inserido no meio urbano de uma grande metrópole, apresenta características próprias que mostram sua diversidade e que se somam às de outros grupos que interagem no mesmo meio urbano.

Luzes sobre o contexto cultural

Como citado anteriormente, para apresentar os aspectos culturais próprios ao contexto estudado, além da observação participante, recorri a duas líderes da comunidade, irmãs e suas moradoras desde o início da ocupação. Assim que as procurei e informei sobre o objetivo de entrevistá-las, elas prontamente aceitaram participar e, em data e horário marcados, na casa de uma delas, discorreram sobre as primeiras ocupações e sobre a construção de novas moradias ao longo de três décadas; falaram da vida na comunidade e dos valores e crenças presentes no contexto.

Como não havia registros escritos sobre aquela comunidade-favelar, a história oral contada pelos membros do grupo cultural a mantinha viva e é a responsável pela transmissão de conhecimentos sobre sua origem e história. Com a apresentação de trechos dos relatos dessas lideranças, posso afirmar com certeza que a realização de uma etnografia me transformou enquanto pessoa e me mostrou um leque de possibilidades de estudos sob a luz da Antropologia Urbana que podem se relacionar estreitamente ao campo da enfermagem, uma ciência aplicada.

Os trechos dos relatos a seguir, obtidos da narrativa das duas líderes da comunidade, atestam a história viva do local (PRAÇA, 1998, p. 84-92):

> "*Quando em cheguei aqui* (há décadas) *tinha três barracos. Tinha esse salão grande aí, que era o salão onde o povo fazia reunião, tinha uma casinha de uma velhinha que pedia esmolas. Aí meu esposo fez esse aqui p´ra gente morar. Era bem pequenininho! Mas era tão pequenininho que era um castigo. Nesse tempo a família estava toda junta. Eram mais de dez pessoas. Tinha os meus, de*

casa, e tinha também uns parentes que vinham porque não tinham onde ficar. (...) Aí as pessoas começaram a fazer os barraquinhos, um ali, outro acolá. Elas faziam, os outros derrubavam. Tornavam a fazer, os outros tornavam a derrubar, mas o povo foi tentando até que fizeram bastante. (...) Era muito pouca gente morando aqui. Depois começaram a fazer os barraquinhos aqui, uns ali, outros acolá, foi continuando até ficar desse tamanho (...).

Eles constroem. Se eles acharem um pedacinho, assim, que nem essa sala aqui, duma noite mesmo eles fazem um barraco. Cobrem tudinho. Se alguém está fazendo um barraco, os outros ajudam. Um ajuda o outro (...).

Aqui tudo era barraco. Quando faltava água, tinha uma caixa d´água onde se pegava água. (...) O pessoal daqui vivia tudo isolado, não tinha reunião, não tinha nada. Tá dentro de cinco anos, o padre veio morar aqui, comprou a casinha. Era um barraco velho, todo acabado! Fui eu quem ajeitei p´ra comprar esse Centro Comunitário. Pedimos p´ra mulher que era a dona vender. Era um barraco velho, cheio de laderada, cheio de buraco, era uma coisa esquisita! (...) Não tinha escada, era uma grotinha. (...) O caminho, cheio de buraco p´ra descer (...). Depois que o padre *veio, se reuniu com o povo, aí fez a Escada da Gaivota que melhorou um pouco. Acho que o padre, junto com o pessoal do Santa Cruz, fez um negócio aí. Esse prédio que ele fez aí, veio um amigo dele lá do mundo dele, ajudou a fazer esse prédio com o pessoal da cidade (...).*

O povo sempre melhorou de vida, aqui era um lixo, só tinha barraco velho. Era de fazer dó. A favela mais asseada que tem é essa nossa aqui. (...) Se você andar (dentro dessas brechinhas) *bota as mãos na cabeça, meu Deus! ´Como é que o povo vive num lugar desse!?´* Ali *caiu um bocado de casas com a chuva. No lugar tem tanto barro, mas fizeram outros barracos e ainda tem mais gente morando do que antes da chuva. Na ladeira eles constroem casas e barracos. Eu só queria que um dia você pudesse dar uma andada assim p´ra você ver a casa desse povo. É tudo gente do norte, tudo gente de sítio, e chegando e fazendo barraco, onde tem uma brechinha tem um barraco. Aquele negocinho apertadinho assim que às vezes você não pode nem se mexer, que é tudo pequenininho, tudo acanhadinho. Não tem um canto p´ra estender um paninho. É porque no norte é muita pobreza mesmo (...).*

A maior parte que mora aqui é tudo paraibano. Aqui tem gente de todo canto. Tem do Paraná, tem da Paraíba, tem de Pernambuco, tem de Alagoas. Vem tudo p´ra aqui. P´ra procurar serviço. Às vezes escrevem. Às vezes não escrevem. Eles vêm. Todos têm o endereço. Quando chega alguém da família, às vezes dormem uns por cima dos outros, mas tem sempre lugar, sempre se dá um jeitinho, fazer o quê? No fim do mundo se chegar uma pessoa conhecida da gente e, por exemplo, não ter um canto p´ra se encostar? Às vezes eles arrumam serviço. Arrumam casa de família. É assim. Eles trabalham e não querem pagar hotel, então, às vezes ajudam a gente a fazer a feira e ficam lá em casa (...). Todos que vieram lá p´ra casa saíram. Mas cada qual saiu com sua televisãozinha, saiu com seu dinheirinho, saiu com sua roupinha. A roupa do norte é de fazer pena e dó.

A vida da gente lá no norte era sofrida. E aqui a gente tem tudo na mão, é muito sacrifício, de trabalho p´ra adquirir; (...) Aqui só é bom assim, a gente passa o dia na casa da gente e quando é de noite fecha a porta e vai dormir. Tudo bem. Mas p´ra quem está para cima e para baixo, não tem futuro não. Nessa semana deram um tiro num pai de família ali p´ra cima. Quatro filhos, o coitado está numa UTI. Chegaram prontos p´ra matar. Esse pessoal é assim não tem o amor de Deus. Eles não se importam que seja pai de família, não se importam. Qualquer coisinha eles estão fazendo malvadeza. Graças a Deus, eu tenho tanta fé em Deus. Nossa Senhora Aparecida! Eu me apego tanto em Deus, em São Cosme, São Damião. Eu tenho fé em Deus tão grande! Todo dia eu assisto o terço, eu escuto a missa que passa no rádio às sete horas (...) e rezo e peço a Deus a toda hora, que eu não tenho mais segurança.

(...) Sei que a vida da gente é um problema, sabe? Eu já sofri muito. A pessoa que está doente tem que ter fé. Se a mãe de uma criança vem com ela aqui porque a criança está doente, vomitando, eu benzo. E a criança melhora. Tem gente que tem tanta fé no mundo que quando vem dá até gosto a gente benzer. Quando eu benzo a criança, sempre benzo por três vezes. Se a pessoa tiver fé, a criança melhora, mas se nem a criança, nem eu tiver fé, não melhora. Faz muito tempo que eu benzo. Eu só benzo criança, eu nunca benzi adulto. Se eu for benzer gente grande, eu não faço nada! Faço só benzer, mas eu também fico doente.

A gente ao benzer uma criança, já fica esmorecida. Parece que aquele negócio que ela traz passa tudo p´ra gente. Mas criança, eu tenho mesmo uma devoção com Deus, Nossa Senhora Aparecida, eu não deixo nunca sem benzer. Eu não deixo porque eu sei que tenho um dom dado por Deus p´ra benzer as criancinhas (...). Eu só entendo mesmo dessa rezinha que a minha mãe me ensinou, sabe? Pessoa que machuca o pé, assim, aí eu rezo, a pessoa melhora. Aí o menino que está com dor de barriga, disenteria, ela me ensinou rezinha também, eu rezo. Melhora, mas essa parte assim, doença que tá aparecendo agora, eu não entendo de nada!! (...) Para quebrante eu rezo com matinho, e p´ra quebradura eu rezo com uma agulha num paninho. (...) Às vezes a pessoa que tem mau olhado, olha p´ra criança e o bichinho fica doentinho, a gente benze com as palavras certas, reza o Pai-Nosso e o bichinho se levanta e fica bom. (...) Tudo que é falado na palavra de Deus tem fortaleza. Agora, se a pessoa não tiver fé, não tiver crença, não venha que não serve, de jeito nenhum. Mas se a pessoa confiar em Deus que aquela reza vai servir, pois a reza vai servir (...).

Eu não tenho vontade de ir-me embora daqui, não. (...) Tenho uma rede, tenho uma cama, tenho minha casinha, tem água e luz, tudo tem: p´ra comprar lençol, p´ra comprar as coisas, p´ra fazer exame, p´ra comprar p´ro consumo da casa, eu trabalho p´ra comprar as coisas p´ra dentro de casa, os enfeites, costuro à máquina. Eu tenho tanto filho, tanto neto, não agrado nem um nem outro. (...*) O cafezinho é p´ra todo mundo, mas p´ra agradar um, não agradar outro, se é assim, deixa p´ra lá".*

PARA ENCERRAR

Cada item estrutural próprio da etnografia que levei a campo para realizar minha pesquisa teve embasamento em autores clássicos da área de humanidades. A reflexão sobre os resultados obtidos mostrou que foi possível realizar o estudo etnográfico dado à minha identificação e ao meu envolvimento com a disciplina e com seus referenciais teórico e metodológico. A condução do estudo foi possível, também, pela minha atuação enquanto docente de Enfermagem Obstétrica no atendimento de gestantes e puérperas da comunidade-favelar, e por contar com o apoio das lideranças locais para minha introdução no campo e na implementação das atividades. Se tivesse me desviado dos pressupostos da disciplina ou houvesse ocorrido intercorrências na relação pesquisador-grupo cultural, com certeza os resultados não teriam sido exitosos.

Considero que ter realizado esse estudo etnográfico foi um ritual de passagem de enfermeira-docente para enfermeira-docente-pesquisadora, pois percebo que me transformei ao longo do processo. Compactuo com a afirmação de que:

> "[...] ao pesquisar, o estudioso se transforma diante do significado do nativo, mas ao conseguir descrevê-lo nos seus próprios termos 'é capaz de apreender sua lógica e incorporá-la de acordo com os padrões de seu próprio aparato intelectual (...) e de seu sistema de valores'." (MAGNANI, 2009, p. 72)

A associação entre prática de Enfermagem Obstétrica e pesquisa etnográfica mostrou-se pertinente diante dos resultados obtidos com o estudo, pois minha inserção no campo, participação no contexto e adoção de estratégias de obtenção de dados próprios ao referencial adotado foram gradualmente se relacionando e confirmaram que é possível a associação de ambas as áreas na construção do conhecimento de Enfermagem Obstétrica aplicada ao meio urbano de grandes metrópoles.

Nesse aspecto, a caracterização de outros núcleos de formação e população semelhantes ao grupo estudado, disseminados no meio urbano de grandes centros, possibilitará o inter-relacionamento das diferenças e semelhanças presentes no contexto. Novos estudos contribuirão para o acréscimo de informações que possibilitem o conhecimento da riqueza de elementos culturais presentes nos meios urbanos, em especial nos grandes centros, e que com frequência passam despercebidos da população com a qual cada grupo compartilha o cotidiano.

Para a Enfermagem Obstétrica, a identificação cultural dos núcleos presentes no meio urbano contribuirá para o planejamento de ações voltadas ao atendimento das demandas da clientela, em especial da mulher que vivencia o período gravídico-puerperal.

Referências bibliográficas

CARDOSO, R. C. L. Aventuras de antropólogos em campo ou como escapar das armadilhas do método. In: CARDOSO, R. C. L. (org.). **A aventura antropológica:** teoria e pesquisa. 2. ed. Rio de Janeiro: Paz e Terra, 1986.

DURHAM, E. R. A pesquisa antropológica com populações urbanas: problemas e perspectivas. In: CARDOSO, R. C. L. (org.). **A aventura antropológica:** teoria e pesquisa. 2. ed. Rio de Janeiro: Paz e Terra, 1986.

GEERTZ, C. **A interpretação das culturas**. Rio de Janeiro: LTC, 1989.

HOGA, L. A. K.; PRAÇA, N. S.; SAITO, E. Atenção à saúde da mulher e perinatal: atuação da enfermeira obstetra em uma comunidade de baixa renda. **Acta Paul Enf.**, v. 9, n. 2, p. 51-8, 1996.

LEININGER, M. M. Ethnomethods: the philosophic and epistemic bases to explicate transcultural nursing knowledge. **J. Transcult Nurs**, v. 1, n. 2, p. 40-51, 1990.

______. Ethonursing: a research method with enablers to study the theory of culture care. In: LEININGER, M. M. **Culture care diversity and universality:** a theory of nursing. New York: National League for Nursing, 1991.

MAGNANI, J. G. C. No meio da trama: a Antropologia Urbana e os desafios da cidade contemporânea. **Sociologia, Problemas e Práticas**, v. 60, p. 69-80, 2009.

MALINOWSKI, B. Objetivo, método e alcance desta pesquisa. In: GUIMARÃES, A. Z. **Desvendando máscaras sociais**. 2. ed. Rio de Janeiro: Francisco Alves, 1980.

PEIRANO, M. G. S. **Uma antropologia no plural:** três experiências contemporâneas. Brasília: Universidade de Brasília, 1992.

PEIRANO, M. G. S. **A favor da etnografia**. Rio de Janeiro: Relume-Dumará, 1995.

PRAÇA, N. S. **A cuidadora e o (ser)cuidado**: uma relação de dependência no enfrentamento da aids. Tese (Doutorado em Enfermagem) — Escola de Enfermagem, Universidade de São Paulo, São Paulo, 1998.

PRAÇA, N. S.; GUALDA, D. M. R. Compreendendo a mulher de "Aves Nativas". In: GUALDA, D. M. R.; BERGAMASCO, R. B. (org.). **Enfermagem, cultura e o processo saúde-doença**. São Paulo: Ícone, 2004.

VELHO, G. **Um antropólogo na cidade:** ensaios de antropologia urbana. Rio de Janeiro: Zahar, 2013.

VIANNA, H.; KUSCHNIR, K.; CASTRO, C. Apresentação. In: VELHO, G. **Um antropólogo na cidade:** ensaios de antropologia urbana. Rio de Janeiro: Zahar, 2013.

Capítulo 7

Um Estudo do Nascimento na Perspectiva Transcultural

Dulce María Rosa Gualda
Elísabete Napoleão Lima

Este capítulo tem como objetivo mostrar como foi conduzida uma das primeiras etnografias na antropologia do nascimento no Brasil e como foi realizada a aproximação teórico-metodológica para a pesquisa. Utilizou-se a Teoria da Diversidade e Universalidade do Cuidado Cultural de Leininger, sendo o estudo fruto da atuação da primeira autora no Núcleo de Assistência para o Autocuidado da Mulher (NAAM) da Escola de Enfermagem da Universidade de São Paulo, que tinha como finalidade articular ensino, pesquisa e extensão de serviços à comunidade. Este grupo foi criado em 1986 e atuou em algumas comunidades no município e nos arredores da cidade de São Paulo. Sua atividade na comunidade foi de 1989 a 1993, em decorrência de convite da Pastoral da Saúde, para promover grupos de orientação às gestantes carentes. Esta interação resultou na tese de doutorado intitulada "Eu conheço minha natureza: um estudo etnográfico da vivência do parto", defendida, pela primeira autora deste capítulo, em 1993, na Escola de Enfermagem da Universidade de São Paulo, da qual este texto foi extraído.

A seguir, é a autora da tese quem fala. O contexto desta pesquisa foi uma comunidade de baixa renda localizada em um bairro central da cidade de São Paulo, delimitada por um córrego, a avenida marginal ao Rio Tietê e uma avenida de tráfego intenso, que leva ao centro da cidade. Na tese usei o nome fictício de Rio Negro, pois o córrego era muito poluído por esgoto e servia para dispersão dos dejetos da comunidade e resíduos químicos das indústrias adjacentes, que exalava um cheiro muito forte e dava um aspecto desagradável ao local. Havia uma pequena ponte, a qual ligava a margem direita à esquerda em condições muito precárias.

As primeiras famílias que vieram morar no local, chegaram no início dos anos 1970 e, em seus relatos, observa-se que inicialmente o terreno era amplo e possibilitava o cultivo de horta e criação de animais domésticos, úteis na própria alimentação. Mas, aos poucos, ocorreu o afluxo de muitas famílias em condições de pobreza, devido à precarização das condições de vida. A água era obtida das torneiras externas das indústrias e a luz à base de lamparinas, lampiões ou os denominados "gatos". Devido à proximidade ao rio, eram frequentes os alagamentos e, além disso, constantemente eram hostilizados pelos habitantes da circunvizinhança.

Na trajetória dessas pessoas houve muita luta para conseguir melhorias nas condições básicas de vida como água, luz e esgoto, bem como a garantia da posse da terra. Quando ouvi narrativas sobre as dificuldades enfrentadas e as idas e vindas para mobilizar políticos em favor de sua causa, perguntei a um desses moradores o que os prendia a este local, a resposta foi: "A luta nos deu força para realizar o sonho de ter um teto e um chão. Problema a gente ia encontrar em qualquer canto; aqui a gente já aprendeu a viver com eles".

Os movimentos migratórios eram constantes e condicionaram, de certa forma, a distribuição das famílias no terreno por nível socioeconômico. Assim, os primeiros moradores eram provenientes de bairros com casas em melhores condições, distantes do córrego, e possuíam maior renda e melhor nível de escolaridade, como eles mesmos afirmavam: "A gente veio de bairro, tinha casa e tava acostumado com limpeza. Se deixava um monte de terra de manhã, passava o fiscal e mandava tirá. Tinha lixeiro. Os que vieram de favela e viaduto, tava acostumado com o lixo até na porta de casa". Deste modo é que se referiam aos que vieram posteriormente. Assim, restou aos menos favorecidos a área correspondente à proximidade do córrego, onde vivem em condições precaríssimas.

A maioria das pessoas com quem convivi pertencia a famílias de trabalhadores, assalariados ou circunstancialmente desempregados. Moravam no local por falta de opção e procuravam manter-se longe da "turma da pesada", pois queriam dar aos filhos melhores condições de vida do que as que tiveram.

Todas as pessoas com quem eu conversei afirmavam não quererem sair de lá, por ser praticamente centro da cidade, próximo ao trabalho, com transporte para qualquer local, várias escolas, além de dois hospitais e duas unidades básicas de saúde.

A urbanização foi sempre o objetivo dos moradores, e foi conseguida paulatinamente. Mas quando veio, trouxe consigo o seu ônus: aumento de preço das taxas de luz e água. Assim, todos relatavam que "morar melhor" significava "ter mais despesas". Consequentemente, muitas mulheres tiveram que trabalhar "fora de casa" para ajudar no sustento da família, pois não existia estrutura de apoio suficiente para suprir esta necessidade. A queixa constante era de falta de creche. Uma das moradoras expressou o seguinte: "Eu antes não dormia direito porque no barraco não tinha condições, agora eu não durmo porque eu fico pensando como vou pagar as contas no fim do mês".

Quando a urbanização atingiu 50% do terreno, transformou a comunidade num bairro, o que produziu as afirmações: "Graças a Deus, depois de tanto sofrimento nós conseguimos um canto melhor para morar. Melhor, mais arejado. Uma casa mesmo". "Hoje no meu trabalho todo mundo sabe onde eu moro. Antes o pessoal discriminava. Pra mim, agora já é muito, já não tenho tanta vergonha como eu tinha antes!".

O contato contínuo e constante com os saberes das gestantes e das puérperas, que muitas vezes eram conflitantes com o meu próprio saber, embasado em dados científicos, me levou à condução da pesquisa ao ouvir relatos de desassistência no sistema saúde. O estudo teve como objetivo "compreender o cuidado, as crenças, os valores e o significado atribuído à experiência do parto por mulheres residentes em uma comunidade de baixa renda".

Como o objeto envolvia a experiência do parto em um grupo cultural, foi feita a opção pela etnografia com suporte teórico-metodológico da teoria transcultural da enfermagem de Leininger.

Os dados foram coletados por meio de observação participante do contexto onde vivem as mulheres, de entrevistas abertas e semiestruturadas, além de conversas coloquiais com informantes. A coleta de dados foi efetuada ao longo de dois anos, com períodos intercalados de menor frequência nos contatos, em decorrência da análise intensiva dos dados.

Neste estudo, inicialmente trabalhei com 14 informantes, que posteriormente foram reduzidos para 13; desses, 4 tornaram-se informantes-chave.

Foram feitas várias entrevistas e as primeiras coincidiram com a terceira fase da observação participante. Na quarta fase, foram feitas entrevistas para validação dos resultados, da análise e aprofundamento dos temas.

As questões que orientaram as entrevistas foram:

- Como foi(ram) seu(s) parto(s)?
- O que representou(ram) para você esta(s) experiência(s)?

Para análise dos dados deste estudo, foi utilizado o método proposto por Spradley (1979), o qual propõe exame sistemático dos dados para a determinação das partes de uma cultura, a relação entre essas partes e a relação das partes com o todo. Sugere quatro tipos de análise das quais três foram utilizadas: análise de domínios, análise taxonômica e análise de temas, todas incluídas na Sequência para o Desenvolvimento da Pesquisa.

Articulado ao objetivo do estudo e à metodologia, o referencial teórico escolhido para o embasamento desta pesquisa foi a teoria de Leininger que inicialmente a denominou de Teoria Transcultural de Enfermagem e, posteriormente, refinou alguns conceitos, denominando-a Teoria da Diversidade e Universalidade do Cuidado Cultural (LEININGER, 1978, 1985, 1988, 1991).

Leininger foi uma das mais profícuas autoras no campo. A partir de seus trabalhos se iniciou o movimento mundial da enfermagem transcultural. No Brasil, sua teoria tem sido amplamente utilizada desde a década de oitenta, como fundamentação para a prática assistencial e para a pesquisa.

Na elaboração de sua teoria, Leininger (1980, 1981) parte da premissa de que o cuidado é a essência e o foco central dominante e unificador da enfermagem. Dá quatro justificativas para isto:

1. O cuidado é essencial para o crescimento, o desenvolvimento e a sobrevivência humana.
2. A finalidade é explicar e compreender o papel daquele que cuida e daquele que recebe o cuidado.
3. A preservação e manutenção do cuidado como um atributo humano é essencial para a sobrevivência de seres humanos e das culturas através dos tempos.
4. A enfermagem é uma profissão que nunca estudou, sistematicamente, o cuidar e sua relação com o cuidado de enfermagem, que precisa ser documentado, compreendido e utilizado de forma terapêutica.

Para construir sua teoria, Leininger (1980, 1988) selecionou e utilizou constructos da antropologia e de cuidado próprio da enfermagem. Na versão da autora, ambos estão contidos em si e formam um todo irredutível que representa uma orientação humanística da vida e do viver. Assim sendo, o cuidado é culturalmente constituído. Cada cultura tem sua forma, seus padrões, suas expressões e estruturas para conhecer, explicar e predizer o estado de bem-estar, saúde ou doença. Em decorrência disto, a autora julga que o cuidado não é atividade ou ato isolado, mas um fenômeno intelectual, abstrato e de conotação muito mais ampla. A partir deste pressuposto, cultura e cuidado foram sintetizados em uma estrutura de constructo fortemente embricada para explicar, interpretar e produzir fenômenos relevantes para a enfermagem.

Assim sendo, a enfermagem transcultural tem como foco o estudo e a análise comparativa de diferentes culturas ou subculturas, observando o comportamento relativo ao cuidado, ao cuidado de enfermagem, bem como aos valores, às crenças e aos padrões de comportamento relacionados à saúde e doença. O objetivo é desenvolver um corpo de conhecimento científico e humanizado capaz de viabilizar a prática do cuidado universal e que seja, culturalmente, específico. O objetivo da enfermagem transcultural vai além da apreciação de culturas diferentes, visa tornar o conhecimento e a prática profissional culturalmente embasada, conceituada, planejada e operacionalizada. A teoria fundamenta-se na crença de que a maioria das culturas pode determinar o tipo de cuidado desejado e é direcionada para os consumidores dos serviços de saúde, buscando compreender sua perspectiva, sua visão de mundo, seu conhecimento e suas práticas como base para decisões e ações assistenciais.

Com o objetivo de aprofundar o conhecimento da natureza e das características da enfermagem transcultural, alguns pressupostos básicos foram estabelecidos:

- A enfermagem é um fenômeno essencialmente cultural que envolve o contexto e o processo de ajuda a indivíduos de diferentes orientações culturais ou estilos de vida específicos, dentro de determinada cultura;
- O cuidado é um fenômeno universal e suas formas de manifestação variam entre os diversos grupos na relação tempo-espaço, alterando na forma a busca de seus atributos;
- O cuidado, as manifestações, os processos, os valores e as crenças de enfermagem transcultural precisam ser explicados de maneira sistemática e científica com bases humanísticas;
- O cuidado de enfermagem terapêutico e eficaz é, na maioria das vezes, culturalmente determinado e embasado, podendo ser culturalmente validado;
- As culturas têm seu modo peculiar de comportamento relativo ao cuidado, que geralmente é conhecido pelos integrantes da

própria cultura, mas frequentemente desconhecido por enfermeiras com bagagem cultural diferente;

- A essência da enfermagem é o cuidado, e a essência da enfermagem transcultural é o cuidado a indivíduos de diversas heranças culturais;
- Os processos, as funções e as atividades de enfermagem transcultural variam de acordo com a estrutura social e o sistema cultural e, em relação a sua história cultural, com seus contatos e sua aculturação;
- As formas simbólicas de cuidado de enfermagem e seus respectivos significados estão intimamente relacionados às normas e crenças culturais que demandam estudo sistemático e representam modalidades importantes na compreensão e ajuda a determinados grupos (LEININGER, 1991).

Para Leininger (1988, 1991) a teoria da Diversidade e Universalidade do Cuidado Cultural permite predizer e explicar padrões de cuidado humano das diversas culturas e as práticas do cuidado de enfermagem, bem como os fatores que os influenciam. Desta forma, a autora propôs o modelo "Sunrise Model" simbolizando o nascer do sol, no sentido de auxiliar na descoberta do significado do cuidado para as diversas culturas. Tem como finalidade possibilitar a visualização das diversas dimensões da teoria e a inter-relação dos seus vários conceitos. Como todos os modelos, não representa a teoria em si, mas um mapa cognitivo ou um esboço conceitual de seus componentes e visão integral de suas dimensões, o modo como influenciam o cuidado e o estado de saúde de indivíduos, grupos, famílias e instituições socioculturais. Este modelo considera a operacionalização da teoria e da pesquisa e orienta o estudo da diversidade e universalidade cultural no ato de cuidar. Combina teoria e método de pesquisa e distingue níveis de abstração e análise, assim como a abordagem metodológica na geração do conhecimento básico e aplicado.

A porção superior do círculo mostra os componentes interdependentes da estrutura social e da visão do mundo que influenciam os padrões e expressões de cuidado de saúde de indivíduos, famílias e grupos culturais por meio da linguagem, história e contexto ambiental. Esses componentes incluem os fatores tecnológicos, religiosos e filosóficos, sociais e de parentesco, crenças e valores culturais, políticos e legais, educacionais e econômicos. Esses fatores também influenciam os diversos sistemas de saúde, os quais são compostos pelo sistema popular, profissional e de enfermagem. As porções superiores e inferiores descrevem um sol completo, o qual corresponde ao universo e, por sua vez, precisa ser explorado pelas enfermeiras para conhecer o significado do cuidado e sua relação com a saúde. As enfermeiras fazem uma ponte entre o sistema popular e o sistema profissional por meio de três tipos de ações e decisões: preservação, manutenção e repadronização do cuidado cultural.

Leininger (1978) afirma que, nos dias atuais, os serviços médicos e de enfermagem são embasados na orientação unicultural dominante. Essa orientação manifesta-se de várias maneiras, identificadas pela autora como imposição cultural, etnocentrismo e "cegueira cultural". A primeira refere-se à tendência do profissional em impor seus valores sem estar alerta aos sentimentos, crenças e valores do cliente.

No etnocentrismo, o profissional assume que "o que sabe" é melhor ou a melhor opção para o cliente. Já a "cegueira cultural" ocorre quando o profissional não é consciente dos seus próprios valores e "acha difícil" ver e compreender os valores culturais de outros grupos. Quando há divergência entre valores culturais profissionais com os do cliente e estas manifestações de comportamento processam-se, há prejuízo para ambas as partes. O cliente pode adaptar- se, temporariamente, mas, logo, reassume seu estilo de vida. O resultado é a rotulação do cliente como não cooperador, resistente, refratário, entre outros.

Na pesquisa, Leininger não preconiza a utilização do modelo numa perspectiva linear ou positivista, mas advoga a abordagem qualitativa na busca dos aspectos epistemológicos e ontológicos do cuidado e do cuidar, na sua relação aos diversos componentes, de forma a possibilitar a produção do conhecimento substantivo para a enfermagem. Preconiza a utilização dos etnométodos para que o conhecimento seja fundamentado na própria cultura.

Leininger, além da teoria, desenvolveu o primeiro método de pesquisa genuinamente da enfermagem o qual denominou de Etnoenfermagem. Trata-se de um método de pesquisa qualitativa da enfermagem de abordagem naturalística, aberto à descoberta e amplamente indutivo. Tem como proposta documentar, descrever, explicar e interpretar a visão de mundo, significados, símbolos e experiências de vida dos informantes e como eles enfrentam o atual ou potencial fenômeno do cuidado de enfermagem (LEININGER, 1990).

Com base no objetivo do estudo, na metodologia adotada e no referencial teórico metodológico ao iniciar o estudo, foram estabelecidos alguns pressupostos que são descritos a seguir:

- O parto em si não é apenas um ato biológico, mas um processo social, na medida em que afeta a relação entre homem, mulher e membros do grupo de descendência ou ascendência, definindo novas identidades sociais. Ato cultural, uma vez que ocorre num contexto de costumes que imprime valores e significado (KITZINGER, 1978).

- Cultura se refere ao conhecimento adquirido, o qual as pessoas utilizam para interpretar a experiência e gerar o conhecimento social (SPRADLEY, 1979). O grupo de mulheres faveladas tem conhecimento próprio a respeito do parto, modo específico de comportamento e interpretação da experiência.

- Para entender o comportamento humano é preciso entender o quadro referencial no qual as pessoas interpretam seus pensamentos, seus sentimentos e suas ações. Para isto, o pesquisador deverá conviver, durante um certo período de tempo, com os informantes no seu ambiente natural (WILSON, 1977). O local onde as mulheres vivem é o mais apropriado para que ocorram as observações e interações com o pesquisador.

- O comportamento humano é significativamente influenciado pelo contexto em que se situa (WILSON, 1977). Componentes da estrutura social, tais como fatores sociais, econômicos, políticos, filosóficos e religiosos, influenciam o modo de vida das pessoas e participam na formação de valores e de crenças culturais (LEININGER, 1991). A estrutura social imprime influência específica sobre as mulheres faveladas e reflete-se na forma como elas percebem a experiência do parto.

- A favela é considerada como uma subcultura que tem estrutura própria e compõe o todo da sociedade, com um conjunto de normas e expectativas, crenças e valores, que são aprendidos, compartilhados e transmitidos e que regulam o comportamento de seus membros.

Compreendendo as mulheres de Rio Negro

Após o término da organização dos domínios culturais, emergiram alguns temas: "eu conheço minha natureza", "o bebê quer nascer", "sentindo as dores do parto", "avaliando a assistência" e "avaliando a experiência".

Ao validar os domínios, constatei a pertinência dos temas e que a natureza representava o eixo central do processo de parto como um todo, assumindo características peculiares em dados momentos. Ficou evidente nas reafirmações que conhecer a natureza era uma prerrogativa de cada mulher e que tinham expectativa de serem ouvidas e respeitadas. "Mãe de verdade é aquela que sente dor" e "o bebê quer nascer", apesar de serem apresentados como outros temas — na análise fica claro — estão articulados ao tema central como parte da natureza.

> "Eu conheço minha natureza."

Este constitui, portanto, o tema central do estudo. Permeou todos os domínios com maior ou menor intensidade e foi citado por todas as informantes, em situações diferentes, evidenciando consenso na sua concepção.

Dois elementos básicos foram identificados na sua composição: natureza e experiência. Estes não se contrapõem, são convergentes e compõem-se para formar o esquema de referência das mulheres ao avaliar o parto em suas várias dimensões. É através da experiência que se tem acesso à própria natureza.

Pelo que pude identificar nas falas das informantes, a natureza pode ser interpretada sob dois aspectos: características individuais e características universais do processo do parto.

As características individuais das pessoas referem-se aos fatores biologicamente determinados e à singularidade de cada indivíduo. Alguns aspectos são considerados herdados, o que pode ser exemplificado nas seguintes falas:

> "Cada um tem um tipo de sangue. Cada um é diferente do outro. Cada pessoa é diferente da outra."

> "Cada um tem a sua natureza e cada corpo é diferente."

> "Acho que cada um é cada um... Eu acho que eu puxei minha mãe que era assim."

> "Eu nunca sofri pra ganhar nenê. Eu tenho uma passagem fácil pra ganhar nenê."

Nesta última fala, fica implícito que a maneira pela qual o indivíduo sente dor varia de pessoa para pessoa, tal como nas que seguem:

> "Quem tem dor de parto a dor é sempre a mesma. A dor não é diferente. Umas dizem que tem dor outras que não tem. Uma fala que dói mais, outra fala que dói menos. É diferente, só é isso, porque não sente. Na hora que vai ter normal tem umas que fala que não tem dor. É o jeito que sente."

"Acho que todo mundo sente dor, só que tem pessoas que são mais fracas, tende mais a demonstrar ou a chorar e outras seguram. No meu caso eu senti igual, não senti vontade de gritar e chorar."

No segundo sentido utilizado, a natureza refere-se à universalidade do processo fisiológico do parto. As informantes referem-se a ele da seguinte maneira:

"O período do parto não tem nada de anormal. É normal em toda mulher, todo parto."

De certa forma, a natureza da evolução do parto é concebida como ação divina, conforme citado por uma das mulheres:

"Tudo que gera dentro da gente é por Deus. Ter uma criança dentro da gente é por Deus. Com tudo que eu tô revoltada com o mundo, ter uma criança dentro da gente é por Deus. Pelo gosto da gente, a gente não ia deixar acontecer o que acontece. Eu já parei e fiquei pensando, a gente gerar uma criança nove meses, no dia certinho ela sabe que tem que sair de lá de dentro. É por Deus. Se Deus não me der força, quem é que vai me dar, pra mim ganhar nenê? Quem é que vai me dar? Ninguém!."

No item "natureza do processo de parto" estão incluídos tanto elementos universais quanto singulares. Desta forma, apesar de reconhecerem a universalidade da sua evolução, reconhecem aspectos peculiares de cada experiência. Sendo assim, o parto é considerado um evento natural na vida da mulher, mas, ao mesmo tempo, cada um apresenta características próprias e únicas.

"Todos meus partos foram diferentes. Nenhum foi igual. Até a dor foi diferente. Dessa menina aí eu não senti dor forte. Quando veio a dor mais forte eu fiz força, a criança já nasceu. Foi rapidinho."

"Parto pra mim é uma coisa simples, mas ao mesmo tempo perigoso. Às vezes, a mulher pode morrer. Lá onde eu morava muita mulher morreu de parto. Para umas é simples prá outras é perigoso."

Como podemos observar nas afirmações anteriores, existem algumas variações no processo de parto que podem ser decorrentes da peculiaridade do próprio parto e da individualidade das pessoas ou, ainda, como consequência de fatores intercorrentes. Assim sendo, a variação é percebida entre os diversos partos normais, até na sua forma de ocorrência, como ficou evidenciado na citação dos tipos de parto.

Como fatores intercorrentes do parto, foram citados problemas de concepção e condições de saúde da mulher, transitórias ou definitivas, constitucionais ou adquiridas anteriormente, ou durante a gestação:

> "A fulana nunca teve cesariana, nunca fez pré-natal. Este ela fez. E teve de fazer. Teve problema na geração. A criança gerou errado. Já vi outra que gerou nas trompas. Acho que é o modo de fabricação. A fabricação foi errada. O negócio lá, o esperma que fala né, encaminhou do lado errado. Isto é da natureza."
>
> "Eu já tô com muita idade pra ter filhos. A natureza da gente já está cansada por dentro. Isto é bom pras meninas novas."
>
> "Na hora do parto eu não tinha força... Eu fiquei fraca porque não me alimentava direito."

Cabe à pessoa conhecer a natureza, e isto se processa pela experiência. Só experienciando é que se conhece a si próprio e o processo de parto. Uma experiência não se ensina, ela é vivida:

> "A gente tem que aprender por a gente mesmo. A dor é que ensina o sujeito a gemer... Quando eu casei, meu marido me comprou uma roupa pra mim. Ele falou: Vai pedir para tua mãe ensinar a cortar! Eu falei que não. É eu que tenho de imaginar. Cortei e fiz a roupa."
>
> "Eu acho que cada um é cada um. Eu me conheço. Não conheço ela. Não conheço minha outra filha... Eu conheço minha natureza."
>
> "Eu conheço a minha dor. Eu sei quando é parto. Minhas filhas também sabe. Quando eu tinha dor era de verdade."

O conhecimento de si próprio e sobre o processo de parto aumenta na medida em que se vai adquirindo mais experiências e construindo um esquema de referências. Amplia-se o universo de possibilidades, o que confere autonomia para tomar decisões e desenvolver ações em seu próprio benefício durante o processo de parto.

Assim sendo, quando a mulher não conhece a própria natureza, nem o processo de parto, ela tem que se dirigir ao hospital. Na medida em que ela vai adquirindo experiência, ela pode "ter filho em casa", até mesmo sozinha ou, ainda, ajudar outras mulheres durante o parto.

> "Eu não vou para o hospital porque eu já me conheço. Graças a Deus."
>
> "No primeiro filho a gente não tem experiência de nada. A gente não sabe como é as contrações. A gente não sabe como é o parto.

Já o segundo, a gente já sabe. Já é mãe, já é sem-vergonhice. Que nem as três [filhas], mãe do primeiro. Quando tiveram o primeiro foram para o hospital não sabiam de nada. Já o segundo, se quiserem ficar em casa, e for feliz no parto, como eu sempre fui, pode ficar. É problema delas."

"Os dois últimos eu tive sozinha. Nascia, depois que acabava de nascer, aí eu cortava o umbigo. Eu já tinha tudo preparado... É melhor, não tem ninguém pra me amolar. Eu ficava lá sozinha, quietinha. Agora, do primeiro eu não sabia como era. Eu fui para o hospital."

Apesar de considerarem a vivência como sendo a única fonte de conhecimento próprio e do processo de parto, no que se refere ao modo de sentir a experiência que se processa através da comparação com a de partos anteriores, as informações sobre as características universais do processo são incorporadas ao esquema de referências. Estas informações são provenientes de fatos relatados e observados na experiência de outras mulheres.

Pelos relatos acima, observa-se que, geralmente, as mães não ensinam sobre parto. Quem faz ensinamento, no decorrer da experiência, são as pessoas que estão próximas. As mulheres gestantes podem comprovar o fato com a própria experiência.

"Eu nunca dei ousadia pra meus filhos, nunca conversei nada sobre sexo. Nada, nada. Com nenhuma. A minha mãe também nunca conversou."

"Minha mãe nunca me explicou nada, nunca falou como era. Ela tinha vergonha, ficava envergonhada. Ela nunca falou disso prá mim. Ela era do interior. Eu aprendi com a colega que já era mãe. Elas iam falando, eu fui aprendendo."

"As minhas vizinha falava como era. Eu não sabia, era o primeiro. Aí eu comecei a sentir dor nas cadeiras. Aquela dor embaixo na barriga. E começou a dilatar. Sair aqueles negócio lá. Aí as vizinha falou que estava na hora, você tem que ir prô hospital. Meu marido me levou."

Segundo as afirmações das informantes, na primeira experiência, as informações anteriores contribuem para fortalecimento do medo, referente aos aspectos universais do processo do parto:

> "No primeiro eu não sabia o que ia acontecer, então, tava com um pouco de medo. Porque medo a gente sempre tem, mas não é aquele medo, eu não sei explicar do que é. O medo mesmo vem de outras, porque as outras que põem medo."

> "Eu acho que elas põem medo, principalmente em quem vai ter o primeiro filho. Elas não sabem como é a dor do parto, da hora de nascer. Eu nunca falei isso prá ninguém, mas tem pessoas que fala: você vai ser mãe, você vai ver o que é bom prá tosse: Eu já vi elas falá. Porque tem a dor do parto, tem a dor pra sair, não é brincadeira."

> "Prá mim as pessoas nunca chegaram e falaram: não dói, não é nada disso! Eu tinha medo, tinha receio da primeira filha. As pessoas falavam: você vai ver, é uma dor horrível. Capaz de você nem sair da cama. Você é tão magrinha! Mulher magrinha é fraca pra sentir dor."

> "Elas falava prá mim: se você soubesse como é a dor de parto! Se eu fosse confiar nelas eu nunca ia ter filhos. Eu fiquei com o maior medo."

Nas experiências subsequentes, o que fortalece o medo são as experiências negativas anteriores, relacionadas à peculiaridade do processo e aos fatores intercorrentes:

> "Eu tenho medo de tomar anestesia. Se eu precisar tomar, acho que eu morro na hora... Fico com medo porque, do primeiro, eu tomei e foi muito doída."

> "Do segundo eu já senti medo, porque poderia acontecer a mesma coisa, de perder o bebê. Era esse o meu medo. Agora de ter ela, de nascer, de sair na hora do parto eu não tinha."

Nesta última afirmativa, o medo foi excluído das características universais do processo.

De qualquer forma, o medo parece sempre estar presente, não importa quantas experiências a mulher tenha tido. Acredito que a origem desse medo seja a falta de conhecimento sobre as peculiaridades do processo e a falta de controle sobre os fatores intercorrentes:

> "Fica sempre aquela coisinha. Fico com medo assim, cismada, porque todas as mulher pode ter dez filhos, mas sempre naquela hora de ter o nenê, ela fica com um pouco de medo, sei lá o que é."

Uma das informantes se expressa a respeito da seguinte forma:

> "Eu tinha dois tipo de medo. Medo do meu filho morrer, ou que eu, na hora que tivesse ganhando, morre."

Num parto é sempre a vida de duas pessoas que está em risco. As orientações e o relato de pessoas mais experientes, inclusive de profissionais, são vistos como uma forma de apoio e, de certa maneira, aliviam as preocupações e os medos, fazendo com que as mulheres sintam-se mais calmas, principalmente quando se trata da primeira experiência. Esta afirmativa é expressa assim:

> "É bom você ter alguém que se preocupe com você. Acho que todas as pessoas deviam te tratar assim, cuidar de você, saber como está passando, dar uma opinião. É uma forma de ajudar ao próximo."

> "Mas eu nunca coloquei medo em mulher nenhuma. Eu não faço isso. Se eu puder ajudar dizendo, você não precisa ter medo, os médicos tratam bem. A única coisa que eu falo é que você não precisa tá gritando porque irrita. Eu incentivo."

A falta de conhecimento sobre o parto, de modo geral, gera uma série de dificuldades. A mais frequentemente citada foi a dificuldade de reconhecer as fases e o modo de reagir durante o trabalho de parto. O reconhecimento demanda conhecimento dos seus elementos universais, de suas peculiaridades, bem como das características individuais das pessoas.

> "O parto normal eu tive com 17 para 18 anos. Eu achei uma coisa terrível, porque eu não sabia nada. Minha mãe não ensinou nada. Prá mim era assim. A bolsa estourava e o bebê já nascia, igual novela... Em vez de eu soltar a respiração eu segurava. Eu não respirava fundo e puxava, então subia prô estômago..."

No entanto, as mulheres desenvolvem, ao longo da experiência, modos de controlar as dificuldades geradas pelas características do processo do parto, pela individualidade e por fatores intercorrentes. Podemos citar:

> "No hospital, aqui perto, eles está mandando prá outros hospitais. Eu não gosto desses hospitais não. Eu gosto do hospital perto. Eu adorei lá. Eu achei muito bom. Por isso eu só vou quando a dor vem forte."

> "Se a mulher teve um parto ruim, com o tratamento ela pode ter um parto melhor, até normal. Melhor até prá criança."

As avaliações das experiências foram feitas enquanto processo de parto, experiência em seu todo e total de experiências.

De modo geral, as informações de outras mulheres é que servem de parâmetro para a avaliação da primeira experiência, mesmo que sejam informações negativas, que despertam medo, ou positivas, encaradas como apoio nos discursos. As informações mais negativas foram contundentes.

> "O povo falava que era muito ruim. Eu não achei ruim. Não é ruim estas coisas, mas não é bom também. Não é ruim que nem o povo fala não."

> "Eu acho que parto não é a coisa que todo mundo fala que é horrível ter nenê, que parece bicho de sete cabeças... Não é tudo isso que várias mulheres fala. Porque se fosse tão horrível que nem elas fala, muitas não tinha assim esse monte de filhos."

Nos partos subsequentes, a avaliação é feita a partir de pontos de referência próprios, através da comparação com experiências anteriores.

> "O segundo foi mais rápido que o primeiro, eu não fiquei o dia todo internada, e só senti dor naquela hora."

O esquema de referências, no que se refere às características universais do processo e às características individuais das pessoas, ficou implícito na avaliação da assistência recebida. Uma das informantes, logo no início da entrevista, fez uma afirmação que me chamou a atenção:

> "Os médicos sabem porque estudaram medicina. E eu sei porque sou dona do meu corpo."

Nesta afirmação, ficou claro que os médicos sabem do parto em si, mas não conhecem ou não consideram a natureza individual das pessoas. Normalmente, a assistência é avaliada como boa, mas muitas críticas seguem-se a esta avaliação. Geralmente, referem-se ao descaso de profissionais com relação às sensações, ao conhecimento e à capacidade de discernimento das mulheres, conforme segue:

> "Lá no hospital me atenderam muito bem. Só que eu não gostei foi que eles cortaram embaixo. Eles me cortaram e não fizeram anestesia, porque o bebê estava nascendo e não deu tempo. Cortaram assim como corta bife. Doeu muito quando foram fazer a anestesia depois."

> "Quando eu cheguei lá, conversei com ela, aí, na hora ela falou — a gente vai ter de fazer outro ultrassom. Aí eu perguntei — Por que doutora? Porque eu acho que você errou nas contas. Você não está ainda de 9 meses. Aí eu falei. Oh! doutora, tudo bem, eu entendo

> que a senhora é uma médica, certo. Mas eu sei muito bem qual o dia da minha última menstruação, não tenho dúvida disso. Aí ela falou: Tem certeza?."
>
> "Fora o que me aconteceu [natimorto] Foi tudo ótimo sabe, me atenderam bem. Eu gostei sim. Só que em parte não né? Dá prá entender?."

Seguindo este raciocínio, podemos supor que a avaliação da assistência é feita em dois níveis. O primeiro abrangendo o processo de parto, e o segundo incluindo a individualidade das pessoas e a capacidade de julgamento que cada um adquiriu ao longo da experiência, tanto em vivências anteriores quanto pelas crenças que incorporou ao longo desse processo. Inicialmente, nos discursos, estas informações sobre a avaliação pareciam contraditórias e foram sendo esclarecidas aos poucos. No entanto, esta questão merece aprofundamento, para que se verifique como se processou a comunicação entre médico e parturiente, já que se dispõe, apenas, da percepção da mulher no pós-parto. De qualquer forma, posso afirmar que houve falta de compreensão de esclarecimentos feitos durante o parto.

> "Mãe de verdade é aquela que sente dor."

Neste estudo, uma das sensações mais frequentemente citada foi a dor. Esteve presente em todos os momentos do parto e assumiu características e denominações diversas. Ela foi descrita em termos de localização, frequência, intensidade e duração, como qualquer dor, além de inúmeros outros adjetivos que foram utilizados para diferenciá-la de outra dor qualquer e identificá-la por sua singularidade:

> "A dor de parto é diferente de todas as outras. É uma dor meio forçada e vai apertando. Vai forçando mais. É uma dor que vai acontecer alguma coisa. Como a pessoa tá grávida, ela acha que vai ter nenê."
>
> "A dor de parto é uma dor na barriga como se fosse empurrando tudo prá baixo. Sempre essa dor. Ela começa devagar, daqui a pouco, ela vem mais forte. Vai aumentando. Quando aumenta mesmo é hora."
>
> "Dor de parto é a dor de nascer. Cada mulher tem uma visão diferente. É uma dor muito forte, horrível, porém uma dor gostosa. É gostosa de sentir. Porque quanto mais dói mais perto do fim está. É uma dor que toda mulher que é mãe vai passar por ela. Não tem por onde escapar."

Nas falas verifiquei que dos vários nomes utilizados para expressar a dor de parto, os mais comumente utilizados, eram cólica e contração. Estes termos foram validados com as informantes-chave e definidos por elas da seguinte forma:

> "Cólica é dor não dá no parto. Cólica só dá depois do parto. Eu aprendi quando eu tive no hospital que o útero, a mãe do corpo, tá fora do lugar e fica procurando o lugar certo, então dá cólica."
>
> "Contração e dor de parto é a mesma coisa. A barriga fica dura, e aí dá dor. Prá mim é a mesma coisa, só que é mais forte que cólica. Parece que vai abrindo por dentro e a perna trava. Conforme a gente fica deitada dá prá ver."
>
> "A gente que não é estudado aprendeu com os mais velhos da gente que é dor de parto, não contração."
>
> "Contração é o nome que se usa prá dor quando a mulher vai ganhar nenê. É só quando usa. Só que a contração dá dor. Mas toda dor não é contração."

Como podemos observar, a sensação dolorosa está presente nas expressões citadas, qualquer que seja a denominação utilizada.

Uma das coisas que me chamou a atenção foi o fato de que, num determinado momento da pesquisa, tive dúvidas com relação à compreensão das mulheres a respeito do significado do termo parto, mais precisamente com relação ao seu início e término. Geralmente, começavam a descrever a experiência desde a suspeita do início do trabalho de parto até o retorno à casa, após a alta do hospital. Retornando às informantes, pude notar que o parto, na compreensão delas, corresponde ao período de dor, conforme é ilustrado nas falas que se seguem:

> "Parto começa quando dá dor, às vezes dá sinal. Quando tá na hora do bebê nascer. Termina quando o bebê nasce."
>
> "Parto é do começo até o fim. Dá a primeira dor, quando a criança nasce termina o parto. Prá mim, começava a dor já era parto. Ela começava, ia apertando e já nascia."
>
> "Parto em si é quando a criança nasce, mas tudo é um trabalho. Já começou a sentir dor já é parto, quer dizer, trabalho de parto."
>
> "Quando eu começo a sentir dor sei que logo em seguida a criança vai nascer, pelo menos nas 24 horas. Eu nunca comecei a sentir dor 3 ou 4 dias antes. Meus parto eu comecei a sentir dor, dali 12 ou 14

horas, no máximo, a criança já nasce. O parto termina depois que nasceu a criança. Nasceu pronto. Acabou a dor, acabou o parto."

No entanto, foram citadas algumas situações em que as mulheres têm dificuldade em identificar a dor do parto. Geralmente, estas mulheres, por algum motivo, experimentam dor no final da gestação, não conseguindo precisar, exatamente, as características da dor e o momento de procurar assistência:

> "A fulana tinha dores no fim da gravidez. O nenê dela tava torto na barriga, tava sentado e uma perna tava torta e isso fazia ela sentir dor. Ela foi duas vezes no hospital e não era hora de ganhar nenê. E olha que era o 5º filho."

Em outros casos, a falta de conhecimento é que leva as mulheres a procurarem o hospital muito cedo, causando muitas idas e vindas além de, outras vezes, um longo período de internação:

> "Muita gente falava. Deu sinal, começou a dar dorzinha você vai pro hospital que tá na hora da criança nascer. Eu fui por isso. Se eu tivesse mais informação naquela época, eu ia já na hora que tava nascendo. Eu cheguei lá 8 horas da manhã. Eu nem tinha tomado café. Ele veio nascer as 7h45min da noite. Fiquei o dia todinho internada, deitada numa cama, sentindo dor. Por isso que eu falo que este parto foi demorado. Mas quando estourou a bolsa, a segunda força já nasceu. Foi rápido, mas eu fiquei o dia todo praticamente internada."

Isto é absolutamente compreensível do ponto de vista da assistência obstétrica, pois, no período que antecede o início do trabalho de parto, denominado período premonitório do trabalho de parto, modificações ocorrem no organismo materno, causando desconforto e dor, o que é percebido de modo peculiar por cada mulher.

Outro aspecto relevante, descrito pelas mulheres e que se relaciona com o tema anterior, diz respeito à natureza do parto e à tolerância da mulher em suportar a dor.

> "Parto normal é uma coisa natural. Deus que deixou mesmo. Se Deus deixou que as mulher ganhava bebê deste jeito, tem que aguentar porque é coisa de Deus. Porque é uma coisa que ela pode passar, pode aguentar. Porque a minha mãe me teve. É uma dor muito dolorida, mas vale a pena."

Nesta afirmativa está explícito que a mulher é capaz de aguentar a dor do parto e implícito que ela deve aguentar, pois assim tem sido através dos tempos por uma "determinação divina". Isto fica muito mais claro na seguinte afirmativa:

> "Mulher que ganha filhos normal ela é mais corajosa, que a que ganha cesariana. Mãe que tem parto normal faz aquela força danada... Ela tem que dar tudo dela, ela tem que dar aquela força, tem que dar tudo, porque se não fazer força, morre ela e a criança. Eu acho que mãe mesmo é aquela que sente dor, que derrama aquele suor."
>
> "Na cesariana não. Chega no hospital o médico corta a barriga tira o nenê, depois costura, não sentiu nada. Eu acho que mãe é aquela que sente dor."

Desta forma, fica evidente que a dor é um componente essencial da maternidade. Embora a dor represente sofrimento, é necessário que seja experimentada para que se torne mãe. Além disso, do ponto de vista da feminilidade, as mulheres expressam desejo de passar pela experiência.

> "Toda mulher quer ter um filho, quer passar pela experiência. Ela quer ver como é o parto. Ela quer saber. E eu acho que vale a pena conhecer. Tem o lado bom e o lado ruim, porque tem muitas dificuldades. Depois de tudo, eu fico emocionada na hora que o bebê nasce. A experiência é muito gostosa."

Neste sentido, as intervenções obstétricas, principalmente a cesárea, de certa forma privam a mulher de ter a experiência de um parto natural, de sentir dor. E algumas mulheres, que foram submetidas à cesárea e passaram pelo trabalho de parto, expressam orgulho por isso, apesar de expressarem frustração por não terem tido parto normal.

> "Eu fiquei chateada né, eu queria normal... Eu num tive parto normal. Mas a dor que eu senti era a dor que as mulher quando tem normal fala. Eu senti, só não senti que o nenê saiu."

Mas, geralmente, as mulheres que foram submetidas à cesárea não expressam sentirem-se menos mães porque não tiveram parto normal. Foram elas, geralmente, que enumeraram as desvantagens da cesárea, principalmente as que tiveram também a experiência de parto normal. Neste caso, o resultado da experiência e a recuperação é que foram considerados para a avaliação. No entanto, a aceitação da cesárea fica condicionada a um motivo que justifique a sua necessidade:

> "Minha sogra falava — Fulana, mulher nenhuma ganha criança sem sentir dor. Ela ficou abismada, achou uma coisa ridícula eu ir

pro hospital sem sentir dor e ganhar nenê. Eu tentei me segurar, o máximo que eu pude prá ter normal. Mas tem mulher que não tem condições de ter normal."

Neste caso, o que ocorreu foi que o bebê estava passando da data de nascer, e o bem-estar do bebê estava sendo colocado em risco.

Outra informante expressa desta forma:

> "Eu não acho nada de terrível, de anormal numa cesariana, porque pra mim foi uma cesariana ótima. O médico falou que precisava, porque ela já estava ficando roxa dentro de mim."

Pude notar que o que dificulta essas mulheres a aceitarem a cesárea é o desconhecimento da sua indicação, quer seja por falta de informação, quer seja por falta de capacidade de compreensão:

> "Eu sintia a dor, parece que o nenê tá saindo. Parecia que o bebê tava empurrando. A mulher do lado disse que via o bebê empurrar. Agora porque que eu não tenho normal eu não sei!... Eu acho que não deu porque do outro era cesárea há pouco tempo e era perigoso. Se desse aquele soro acho que teria nascido normal. O outro, a parteira falou que eu dilatei bastante, mas não dava pra nascer normal porque estava sentado. Sei lá viu! Esse, ela falou que a bacia era estreita. Mas como era estreita se a outra médica falou que eu tava dilatando!"

> "Eu mesma depois que a nenê nasceu eu falei: Oh que quer saber de uma? Eu não vou esquentar minha cabeça. Não vou ficar pensando senão eu vou ficar louca. Primeiro eu tiro ultrassom, vejo o nenê de cabeça pra baixo. Eu vi. Pode ser que eu não tenha entendido direito. Eu sei que aquela hora tava com a cabeça prá baixo e as perninha cruzada. Em seguida, vou ter nenê e o médico fala que a nenê tá sentada. Eu não entendo mais nada, sabe? Quem fala certo e quem fala errado nesta história toda."

É muito importante para essas mulheres ter conhecimento e a compreensão do ocorrido durante a cesárea. Muitas delas, durante as entrevistas, traziam papéis do hospital para que eu pudesse interpretar o que estava escrito. Em alguns casos houve possibilidade de esclarecimento, em outros não. Algumas que não iam ter mais filho, devido à laqueadura, queriam saber por necessidade própria. Já outras, que pretendiam engravidar novamente, preocupavam-se com os futuros partos. Uma delas, com duas cesáreas, tinha muita expectativa de vir a ter um parto normal, o que é inviável de acordo com a conduta obstétrica atual.

Na população estudada, não encontrei mulheres que fizeram cesárea por livre opção, que podem ter uma visão diferente com relação ao parto natural e a maternidade. Estas observações, portanto, foram válidas para as mulheres que tiveram cesárea por impossibilidade de ter um parto normal.

Assim, a avaliação da experiência e da assistência recebida está, de certa forma, condicionada à forma de sentir dor e à compreensão dos motivos da cesárea.

"O bebê quer nascer."

Dois aspectos importantes são sintetizados neste tema. Um deles se refere à natureza do processo de parto, já tratado em tema anterior, e outro à participação do bebê neste processo, principalmente no que diz respeito ao determinismo do parto.

Com relação à natureza, no desencadeamento do trabalho de parto, uma das informantes se expressa da seguinte forma:

> "O que faz o bebê nascer no tempo certo é a própria natureza. Acho que desde o começo do mundo já ficou estipulado, 9 meses e disso não passa, só um dia, dois, mas muito tempo não."

Assim sendo, nesta perspectiva, a natureza humana é que determina o movimento exato do nascimento. Nove meses, aproximadamente, é considerado o tempo necessário para que o bebê esteja pronto para nascer.

Outras informantes são mais específicas em suas afirmações e conferem ao bebê a responsabilidade do nascimento:

> "Eu já parei e fiquei pensando, a gente gerar uma criança 9 meses. No dia certinho ela sabe que tem que sair de lá de dentro."

Outra mulher afirma:

> "Quando chega a hora do nenê nascer ele não quer nem saber. Quer sair prá fora."

Uma das mulheres disse que não se preocupava em ficar fazendo contas ou calculando precisamente a data do parto:

> "Eu não marcava data, começava a dor eu falava: é hoje! Não me interessava de quanto tempo era. E eu tive todos os parto bom. Nunca tive problemas."

Nas falas pude constatar também que, na visão delas, o bebê tem participação ativa no processo de nascimento:

"Se a criança estiver morta, a mulher não tem contração. Não tem aquela força. Eu falo por caso que eu já conheço."

"A mulher já estava com a criança morta na barriga. Os partos dela foram normal, ela tinha dilatação, mas não tinha dor, contração. Porque quando a criança tá viva ela ajuda empurrar, ajuda fazer força para nascer. Quando morta, praticamente não vai se mexer."

"O nenê fazia assim aquela força, sabe, porque ela nascia e fazia a força, eu sentia que ela empurrava, e dava impressão que tava saindo."

Estas afirmações e a frequência alta de ocorrência de partos prematuros entre as informantes levaram-me a questionar o nascimento do bebê antes do tempo. Uma das informantes respondeu:

"Eu sei que nenê prematuro é arriscado. Melhor ficar lá dentro, né, eu sei lá. Mas se quer nascer alguma coisa tá pedindo que nasça, não tá pedindo prá ficar lá dentro. É uma coisa assim que eu acho, não sei explicar direito."

Esta afirmação levou-me a investigar mais profundamente as causas do parto prematuro. Várias foram citadas:

"Pode ser que a mulher fique doente durante a gravidez, pode nascer antes do tempo. Depende da saúde da mulher, problema emocional. Acho que é algum problema, alguma fraqueza, anemia, mulheres que não se alimenta direito."

Além das causas relacionadas à saúde da mulher, fatores relacionados ao próprio organismo da mulher foram mencionados:

"Nasce prematuro por diversas causas, pelo modo da pessoa viver, a convivência da pessoa, se a pessoa carregou muito peso, o mais que podia na época da geração. Isto prejudica. Mas tem mulher que tem organismo fraco. Então quando ela tá esperando, ela precisa fazer repouso, repouso. Aqui teve uma mulher que tem dois filhos bonito, maravilhoso. Todos os dois ela precisou fazer repouso, muito repouso. Todas as duas crianças. Ela chega quase perder. Até perdeu um."

Isto me levou a questionar sobre os bebês que "passavam da data de nascer". Todas afirmaram que achavam perigoso "quando passa da hora de nascer" e que a criança pode morrer:

"Acho que a maioria das crianças quando passa da hora de nascer nasce roxinho, já de tanto ficá lá dentro, eu acho isso. Fica roxo, com falta de ar, uma coisa assim."

"Acho que quando passa da data a criança nasce preta, sem força, sem fala."

Alguns motivos foram citados para o "passar da data":

"Minha filha que passou da data, acho que foi porque tomei uns remédios que o médico passou prá mim. Quando eu fiquei grávida, eu pensei que tava chegando a idade crítica. Aí ele deu uns comprimidos prá idade crítica."

Na maioria das vezes, o prolongamento da gestação é explicado pela ausência de contrações que promovem a dilatação, o que é característica do processo do parto.

"Quando a mulher tem 9 meses, tem aquela dorzinha, mas não a contração, a dor forte, não tem dilatação, deve procurar o médico."

"Se passar do tempo a criança pode morrer. Se passar do tempo tem que fazer cesariana, ou em muitos casos a criança já nasce morta. Não pode passar do tempo. A mulher sente aquela dor, se não dá pra ser normal tem que operar. As mulheres sentem dor mas é pouca, talvez não tenha dilatação. Aí elas devem ir logo ao hospital para ver o que está acontecendo."

Estas afirmações explicam, de certa forma, a apreensão da mulher em relação ao desencadeamento do trabalho de parto e ocasiona uma preocupação com o bem-estar do bebê nas proximidades da "data provável" do parto. De acordo com a sua visão, a natureza encarrega-se de iniciar o processo de parto através de indicativos do bebê com relação a sua "prontidão". No entanto, as pessoas têm conhecimento de que certos fatores relativos ao organismo e à saúde da mulher, bem como os relacionados ao próprio processo do parto, podem interferir e colocar em risco a vida do bebê. Neste momento, julgam necessário que a mulher procure assistência médica para salvaguardar o bem-estar do filho, e isto foi trazido pela expressão da necessidade de intervenção.

Nestes casos, quando a vida do bebê está em risco, a intervenção cirúrgica é muito bem aceita e, de modo geral, a avaliação da experiência é boa:

"Eu não acho nada de anormal, nada de terrível numa cesariana, porque para mim foi uma cesariana ótima."

> "Eu achava que era uma coisa feia e perigosa. Mas num é dessas coisas assim. O médico falou que precisava porque ela estava ficando roxa dentro de mim. Eu não tive contração e nem dor e estava passando da hora."

No entanto, a avaliação da assistência recebida foi muito criticada quando a conduta médica foi contrária à crença de que a criança estava "querendo nascer":

> "Tudo bem eu me conformo que ele não foi, porque não era prá ser meu. Tudo bem eu me conformo. Mas eu não me conformo de... Prá mim teve erro médico. Porque aquele médico lá falou que era prá segurar, porque era prematuro, eu acho que teve erro dele. Tudo bem, ele queria que nascesse uma criança forte e tal, né? Mas meu marido falou que deu autorização dele fazer o parto. A criança tava querendo nascer, porque ele não fez. É isso que eu não me conformo."

Pedi para que se aprofundasse um pouco mais nessas considerações, levando em conta o seu modo de pensar e os motivos da conduta médica. Ela fez a seguinte afirmação:

> "Acho que quando o bebê quer nascer, quer nascer e pronto. Eu acho que se deu dor, deu sinal e é prematuro, se der remédio prá segurar, se segurou, passou a dor, tudo bem! Mas ficar quatro dias, como eu fiquei dela, é muito. Eu acho que aí tem que fazer o parto rapidinho."

Refletindo sobre afirmações anteriores, ficou claro que no processo de parto duas vidas estão em risco: a da mãe e a do filho, como se havia verificado anteriormente. Julgam que aspectos relativos ao processo do parto em si, na perspectiva da mulher, devam ser considerados, muito embora, sob quaisquer circunstâncias, deva ser priorizado o bem-estar do bebê, em todos os momentos:

> "Eu tinha medo de perder ela. Por causa do outro que eu perdi. Medo do parto eu não tinha. Eu tava doida prá ter ela. Eu falei pro médico: faz qualquer tipo de parto, contanto que o nenê nasça com vida e com saúde, mesmo que seja novinho."

Lendo nas linhas e entrelinhas

Neste momento, há necessidade de se fazer uma reflexão sobre o significado ou o conteúdo dos achados deste estudo e situá-los em termos das conceituações que foram utilizadas para nortear a pesquisa.

Neste sentido, buscou-se nesta pesquisa retratar o conhecimento que as mulheres possuem e verbalizam, tanto quanto o modo pelo qual usam este conhecimento para avaliar a experiência do parto.

Nestes termos, pode-se afirmar que os temas apresentados representam uma tentativa de sintetizar parte do conhecimento das mulheres, que fizeram parte deste estudo, no que se refere à experiência parto. A preocupação neste estudo foi conhecer o sistema de significados diretamente expressos na linguagem das mulheres, que representam sua cultura, nos aspectos relacionados ao foco da pesquisa.

Leininger (1988) define cultura como sendo crenças, valores, normas de comportamento e práticas relacionadas ao estilo de vida, aprendidas, compartilhadas e transmitidas por um grupo específico, que orientam o pensamento, as decisões e as ações de modo padronizado dos elementos pertencentes ao grupo.

Com base na teoria do cuidado cultural de Leininger (1988), procurou-se obter uma visão compreensiva do conhecimento cultural das mulheres relacionado à experiência do parto, o que é específico da cultura estudada. Portanto, o significado atribuído a essa experiência pelas mulheres e o resultado do contato dessas mulheres com o sistema profissional de saúde possui um corpo de conhecimentos próprio e, muitas vezes, que se contrapõe aos seus valores culturais.

Assim sendo, os achados aqui apresentados representam aquilo que foi captado, interpretado e organizado a partir dos relatos de um grupo de mulheres que vivem num certo contexto cultural, o seu conhecimento sobre o parto. Eles expressam as crenças, valores e práticas culturais que orientam as ações e decisões deste grupo, nos aspectos contemplados pelo tema estudado e que têm a natureza e a experiência como foco central.

Na perspectiva das mulheres, a natureza é o elemento central e unificador de todo o processo de nascimento. Ela é sinônimo de processo fisiológico, de corpo. A natureza se manifesta no parto enquanto processo universal e nas peculiaridades de cada pessoa. Assim, o parto tem um aspecto universal que é sua fisiologia, embora em cada situação seja um evento único, e se depara com as características individuais, de cada corpo, gerando uma experiência singular. A conceituação de parto é de um evento normal na vida das mulheres. Para muitas, Deus é quem tem o poder de controlar a natureza, mas estilos de vida e circunstâncias, assim como doenças interferem na natureza do parto e do corpo. Cada qual enfrenta com sua bagagem, construída a partir de narrativas de outras pessoas quando é a primeira experiência e, nas demais, com as experiências vividas. E assim constroem um sistema de referências que as permite avaliar a própria experiência de parto e a experiência do encontro com o sistema de saúde. Consideram prerrogativa de cada mulher conhecer a própria natureza, ou seja, o seu corpo e o seu processo fisiológico de parto, a sua dor. Aos médicos, cabe conhecer os aspectos universais do ser humano e a fisiologia do parto.

De acordo com a definição teórica de orientação da teoria do cuidado cultural, o sistema profissional de saúde engloba instituições e serviços especializados no cuidado e cura oferecidos por pessoas que foram, formalmente, preparadas para esta atividade. Desse sistema, faz parte a enfermagem, como subsistema. Ambos possuem valores culturais específicos e, em muitos aspectos, desenvolvidos a partir do conhecimento técnico-científico provenientes, predominantemente, das ciências naturais, centrando a assistência no modelo médico.

O sistema profissional tem seu modo de explicar os conceitos abordados nos temas culturais. Ele está embasado na anatomia e fisiologia e, de certa forma, é influenciado pelos aspectos psicossocioculturais e está articulado ao desenvolvimento técnico-científico, que, nos dias atuais, tem-se processado de modo rápido em decorrência do avanço tecnológico.

Por conta disto, foram citadas várias situações de conflito com profissionais, que resultaram numa avaliação negativa da experiência e assistência ao parto hospitalar. Ficou evidente que, em termos de assistência relacionada aos processos fisiológicos, a assistência preencheu as expectativas, embora em termos de respeito aos valores culturais e à capacidade de decisão baseada no conhecimento e experiência da mulher, deixou-se muito a desejar.

Muitas mulheres revelaram que, após experiências negativas anteriores, procuraram superar estas dificuldades com seus próprios meios, optando por permanecer em casa no momento do parto, apesar de reconhecerem que o hospital dispõe de mais recursos. Aliam-se a este fato as dificuldades de origem socioeconômica.

Os dados demonstram, também, que houve deficiência na comunicação mantida entre as mulheres e os profissionais, o que resultou na discordância e na não aceitação das informações a elas oferecidas. Quando a deficiência de comunicação resultou na falta de compreensão, por parte das mulheres, criaram-se dificuldades em vários momentos do parto.

Os dados permitem afirmar que não houve, na maioria das vezes, a compreensão da mulher em seu todo, da sua visão de mundo, seu modo de pensar, sentir e agir. Nas questões nas quais foram constatadas divergências de concepção entre o conhecimento profissional e o conhecimento popular, prevaleceu sempre o poder profissional, em detrimento da qualidade da experiência vivida pelas mulheres, revelando-se assim a imposição cultural, o etnocentrismo e a "cegueira cultural".

Um dos aspectos importantes e que precisa ser salientado é que na teoria do cuidado cultural não se utiliza os termos intervenção e problemas de enfermagem. O primeiro deles não é empregado por estar embebido de ideologia própria da enfermagem e subtender interferência cultural e práticas impositivas sem fundamentação no conhecimento cultural, o que, muitas vezes, são incongruentes com as normas e valores específicos da cultura. O mesmo ocorre com o problema de enfermagem, pois o cliente pode não caracterizar como problema o que foi identificado como tal pela enfermeira, ou não é visto como relevante pelas pessoas como o é para a enfermeira. A identificação dos problemas, bem como suas soluções só pode ser feita de maneira conjunta entre profissionais e pessoas envolvidas no cuidado. Desta forma, um dos componentes que permeiam de modo implícito e explícito as ações e decisões de enfermagem é a comunicação. É por meio dela que a compreensão pode ocorrer e mudanças de comportamento em benefício da saúde do cliente podem se processar. Por conseguinte, a enfermeira, o cliente e a comunicação formam um tripé para que o cuidado de enfermagem se torne realidade em toda a sua plenitude e de forma humanitária (STEFANELLI, 1992).

Por outro lado, ao rever livros especializados na área relacionados aos temas levantados a partir dos conceitos populares, pude constatar que existem muitas lacunas e divergências no que se refere ao parto. Assim sendo, o termo utilizado para denominar o processo de parto é bem diversificado. Alguns chamam de parto, parturição, nascimento e trabalho de parto. Os períodos que englobam o processo são feitos de várias maneiras. Alguns julgam que o parto termina após a expulsão dos anexos fetais; outros afirmam que ele termina após o quarto período do parto.

O mecanismo que desencadeia o início do parto é desconhecido. Há muitas teorias, mas nenhuma delas é inteiramente satisfatória. Entre as existentes, estão aquelas que invocam a modificação do mecanismo regulatório da contratilidade uterina, através do volume uterino, sistema nervoso autônomo, balanço endócrino e fatores fetais.

Nenhum conceito único, entretanto, foi desenvolvido para satisfazer todos os fatores a eles relacionados. A transição do parto é gradativa. Na maioria das nulíparas e em muitas multíparas existe um estágio prodrômico precedente ao parto que inclui sinais prodrômicos, tais como: uterina, falsas dores, presença de corrimento mucoso misturado com sangue e rotura de bolsa. Estes sinais podem aparecer antes do parto sem que indiquem sua evolução, o que torna difícil precisar o exato momento do seu início. Em condições normais, o parto não deveria ocorrer, senão quando estivesse ultimada a vida intrauterina. Se o feto nasce antes disso, trata-se de parto prematuro. Geralmente, ele começa e termina sem que se encontre alguma explicação. O que se tem observado é a frequência com que certos fatores obstétricos e a prematuridade associam-se. Em razão disto, alguns fatores são considerados predisponentes ou mesmo desencadeantes.

O parto pós-termo ou pós-data indica que o mesmo ocorre duas semanas ou mais após a data provável do parto. Esta situação é difícil de ser avaliada, uma vez que não é fácil uma estimativa exata do termo (ALVES FILHO; CORREA, 1990; OXORN, 1989; REZENDE, 1987).

Como se pode observar, faltam muitas explicações para substanciar a conduta obstétrica durante o parto, apesar do inegável valor das práticas diagnósticas. Isto coloca a natureza no centro do processo, muito embora seja difícil para os profissionais admitir tal fato e as possibilidades de conduta sejam analisadas em função dos recursos tecnológicos disponíveis. Ao profissional fica a responsabilidade de tomar decisões com base no conhecimento profissional adquirido, na sua experiência e de acordo com o seu critério de valores que foi, culturalmente, transmitido. A tomada de decisão, muitas vezes, entra em choque com o saber popular, que assume a natureza como centro do processo, cujo conhecimento advém da informação da rede de apoio e da experiência vivida.

Diante deste quadro, quando os familiares e amigos têm experiência e oferecem ajuda, constituem-se em importante fonte de informações e de apoio durante o processo de parto, ensinando sinais e sintomas de parto, momento oportuno da hospitalização e cuidados no pós-parto. Como fonte de apoio, aquelas pessoas são importantes na medida em que se prontificam a levar a mulher ao hospital, assumem atividades da casa e dos outros filhos e, no parto domiciliar, permanecem e ajudam no momento do nascimento. Houve também um aspecto negativo, quando a informação daquelas pessoas foi a causa do medo relacionado ao parto.

As avaliações feitas possibilitaram a elaboração de uma síntese da expectativa das mulheres em relação ao cuidado cultural. Assim, o cuidar foi definido como: examinar, ficar por perto, não deixar a mulher "largada", dizer como está indo o parto, informar sobre o bebê e, acima de tudo, ouvir e respeitar o conhecimento sobre a natureza e sobre o seu parto.

Outro aspecto salientado foi a "invisibilidade" da enfermeira. Esta, pouco aparece e, quando é citada, surge em situações pouco significativas: a descrição das atividades leva a crer que seja outro profissional da enfermagem. Isto não quer dizer que ela não esteja presente no contexto da rede básica e hospitalar, mas não foi "identificada" nem mencionada, como tendo contribuído para a assistência à parturiente.

Os dados evidenciaram ainda que, em termos de acesso ao serviço de saúde, este grupo tem sido bastante prejudicado. Algumas mulheres experimentaram a dificuldade de chegar ao hospital e não encontrar vagas, ter de ser transferida para hospital distante para obter assistência, ter de procurar vários hospitais em busca de atendimento, além de outros citados, que surgiram em decorrência da situação econômica dessas mulheres. Isto revela que os princípios e diretrizes da legislação vigente não vêm sendo cumpridos e que o SUS não tem sido capaz de responder nem quantitativa e nem qualitativamente às necessidades de saúde dessas mulheres, ferindo assim seu direito à cidadania.

Ao terminar o estudo, algumas considerações teórico-metodológicas puderam ser traçadas:

- a metodologia qualitativa fundamentada na abordagem naturalística possibilitou, no processo de pesquisa, a convivência com as mulheres no seu ambiente natural, viabilizando o conhecimento das dimensões culturais do nascimento na subcultura estudada.

- as interações e as observações permitiram a compreensão do significado, das formas de expressão, dos padrões e modalidades de ação de cuidado cultural durante o nascimento.

- foram relatadas as formas em que se processam as relações das mulheres e das famílias com os profissionais e com o sistema de saúde. Ficou evidente o conflito existente entre eles.

O contexto e pobreza onde vivem as mulheres condicionam a falta de possibilidade de opção e propiciam a condição de exclusão do sistema de saúde.

Finalmente, o conhecimento adquirido oferece elementos que subsidiam o cuidado cultural, que, segundo Leininger, significa um despertar consciente, um esforço deliberado de usar crenças valores e estilos de vida de indivíduos, famílias e grupos na assistência significativa a pessoas que de fato necessitam de ajuda.

Referências bibliográficas

ALVES FILHO, N.; CORREA, M. D. **Manual de perinatologia**. Rio de Janeiro: Médico Científica, 1990.

GUALDA, D. M. R. **Eu conheço minha natureza**: um estudo etnográfico da vivência do parto. São Paulo. Tese (Doutorado) Escola de Enfermagem, Universidade de São Paulo, 1993.

KITZINGER, S. **Mães**: um estudo antropológico da maternidade. Lisboa: Presença, 1978.

LEININGER, M. M. Caring: a central focus in nursing and health care services. **Nurs Health Care**, v. 1, n. 3, p. 135-43, 1980.

______. **Culture care diversity and universality**: a theory of nursing. New York, National League for Nursing, 1991. cap. 1: The theory of culture care diversity and universality.

______. Ethnographic and ethnonursing: models and modes of qualitative data analysis. In: **Qualitative research methods in nursing**. Detroit: Grune & Stratton, 1985. cap. 3.

______. Ethnomethods: the philosophic and epistemic bases to explicate transcultural nursing Knowledge. **J. Transcult. Nurs.**, v. 1, n. 2, p. 40-51, 1990.

______. Leininger's theory of nursing: cultural care diversity and universality. **Nursing Sci**, v. 1, n. 4, p. 152-60, 1988.

______. The phenomenon of caring: importance, research questions and theoretical considerations. In: NATIONAL CARING CONFERENCE, 3, Grove Road, 1981. **Proceedings**, Grove Road, Charles B. Slack, 1981.

______. Transcultural care diversity and universality: a theory of nursing. **Nurs Health Care**, v. 6, n. 4, p. 209-12, 1985.

______. Transcultural nursing theories and research approach. In: **Transcultural nursing**: concepts, theories and practice. New York: John Wileys & Sons, 1978. Cap. 2.

OXORN, H. **Trabalho de parto**. São Paulo: Rocca, 1989.

REEDER, S. *et al.* Culture, society and maternal care. In: **Maternity nursing**. Philadelphia, Lippincott, 1983. cap. 5.

REZENDE, J. O parto, estudo clínico e assistência. In: **Obstetrícia.** 5. ed. Rio de Janeiro: Guanabara Koogan, 1987.

SPRADLEY, J. **The ethnographic interview**. New York: Holt Renehart and Winston, 1979.

______. **Participant observation**. New York: Holt Renehart and Winston, 1980.

STEFANELLI, M. C. **Comunicação com o paciente**: teoria e ensino. São Paulo: Robe, 1993.

WILSON, S. The use of etnographic techniques in educational research. **Rev. Educ. Res.**, v. 47, n. 1, p. 245-65, 1977.

Capítulo 8

Vivendo o Parto: Diferentes Realidades, Diferentes Contextos

Natália Rejane Salim
Glauce Cristine Ferreira Soares
Dulce Maria Rosa Gualda

Introdução

O processo de "dar à luz" é marcado dinamicamente por interações. A cena do parto revela constantes trocas entre os atores sociais envolvidos nesse processo. Ouvir e aprender com as experiências de parto através das vozes das mulheres e de profissionais permite uma melhor compreensão dos sentimentos e interações que emergem das práticas de cuidado que ocorrem durante este evento.

Ao longo da história e nas diferentes culturas as práticas e os costumes que envolvem o nascimento e o parto têm variado (MOTT, 2002). Recentemente podemos perceber que, junto com a nossa forma de ver o corpo, a saúde e a doença, o parto também tornou-se domínio da biomedicina. A ideologia disseminada através da revolução Cartesiana levou o corpo a ser considerado como uma máquina, e, portanto, para uma análise fragmentada do ser humano (CAPRA, 2006, p. 116). Assim, os eventos da vida, tais como o parto, tornaram-se sujeitos predominantemente ao domínio e poder médico[(10)].

(10) Ver Illich, 1976.

Este capítulo tem como objetivo problematizar o que é parto, através de um caminhar por três contextos de nascimento específicos localizados em uma das periferias da cidade de São Paulo. Utilizamos aqui o conceito de contexto partindo do pressuposto que os locais são construídos dinamicamente, tecidos através das relações entre os atores e as materialidades que os compõe. Sendo assim os locais são vivos, se reconstroem em constantes movimentos de trocas através das interações. O corpo vive nos locais as experiências que por sua vez inscrevem memórias como em um intercâmbio entre passado e presente. Em cada contexto a mulher vive o parto, e o corpo assume um local diferente, o corpo[(11)] que é constituído de natureza e cultura simultaneamente.

Parto ou *partos*? O parto entendido através de uma abordagem ontológica[(12)]

Seguindo o pensamento ontológico e a compreensão da realidade como múltipla, conforme Annemarie Mol[(13)], podemos entender o parto como um processo construído através de uma rede de interações entre atores, artefatos, teorias e subjetividades[(14)]. Essa rede complexa se reflete nas práticas e

---

(11) Para o antropólogo Thomas Csordas o corpo é um lugar de conhecimento que reconhece que somos capazes de objetivar e dar sentido às experiências nele vividas através da atividade intelectual. A consciência se mostra como um processo integral para o relacionamento entre humanos e seus ambientes. Assim, a experiência física é carregada de relações por meio das inter-relações entre mentes e corpos nos diferentes ambientes. Atores, instrumentos materiais que compõem os locais estão presentes na experiência do parto e são capazes de revelar diferentes sentidos, sensações, olhares, práticas e desta forma diferentes realidades.

(12) Pode-se dizer que o conceito de Ontologia diz respeito ao estudo da realidade, das diferentes realidades e mundos que os seres estão imersos. Ver Souza (ANPOCS, 2012).

(13) Mol investigou as formas de tensão entre fontes e estilo de conhecimento na forma que estes são manipulados dentro do cotidiano da medicina alopática. Seu foco não esteve nas interações entre médico e paciente, mas sim conhecer suas normas. Seu foco não esteve também nas diferentes perspectivas dos atores, mas na forma que os saberes e objetos são manipulados na prática e se diferem de uma prática para outra o que a faz definir a realidade como múltipla. Os conhecimentos aqui não são compreendidos como modos de referência e sim como uma manipulação. O foco está no conhecimento da prática e como os objetos não são os mesmos de um lugar para o outro. Assim existem diferentes versões de um mesmo objeto, possuidores de um mesmo nome, que ora divergem em confronto, ora são interdependentes. A realidade como parte da prática é um ato, uma intervenção. Isso sucede nos diferentes estilos disponíveis para descrever as práticas. Ao apontar a realidade como múltipla ela também é um ato, a realidade não precede a prática, mas é parte dela. As realidades são sociomateriais, diferentes ontologias informam sobre os nossos corpos, a organização do nosso sistema de saúde, o ritmo e dores das nossas doenças e o formato das nossas tecnologias. Todos estes estão entrelaçados em tensões. Se a realidade é múltipla ela também é política.

(14) Conforme Spink (2010): Referir-se à realidade como múltipla requer uma série diferente de metáforas. Não mais perspectivas ou construção, mas intervenção e performances. Multiplicidade sugere que a realidade é feita e performada (*done and enacted*) por meio de várias

revela a realidade do parto em cada contexto e isso se dá de forma dinâmica à medida que interações, olhares e ações na cena do nascimento mostram diferentes realidades. Para compreender a realidade como múltipla, é necessário "escapar" da simplificação como define Spink (2010) dentro do campo da Psicologia social:

> Simplificação implica domesticar a diversidade por meio de definições e versões de histórias que objetivam argumentar a favor da especificidade da Psicologia frente aos diversos outros campos de conhecimento que têm a sociabilidade como seu foco. Trata-se de ordenar o conhecimento em compartimentos dentro das diversas instituições contemporâneas que atuam como guardiães do conhecimento legítimo.

As diversas fontes de conhecimentos e subjetividades permitem diferentes atribuições de significados, análises e configurações para as práticas e assim para os sentidos envolvidos no parto. Como a composição de uma melodia que mistura diferentes ritmos, acordes e notas, essa construção não se dá de forma linear, podendo se transformar e mudar à medida que diferentes atores com suas histórias e instrumentos entram em cena para executar o seu trecho da peça. Isso leva à compreensão da realidade do parto como histórica, cultural e material. Em cada contexto diferentes realidades do parto entram em *performance* e assim diferentes significados são dados ao nascimento e às práticas que o envolvem. Tensões e conflitos refletem diferentes modos de pensar e agir dentro dos cenários da assistência obstétrica e revelam os significados e motivos que levam a realização das práticas que ali ocorrem. Assim, existem diferentes modelos e sentidos por detrás das práticas e relações. Destas reflexões surgem algumas questões: *Como é viver o parto na prática? O que é o parto nos diferentes locais construídos e organizados para a assistência obstétrica?*

O parto é feito de eventos, as mulheres interpretam seus corpos à medida que vivem o parto em seus corpos. A dor, a contração tem um sentido até que essa mulher adentre pelas portas da instituição, é ali que essa dor ganhará novos significados e que o itinerário de cada mulher vai ser decidido. Em meio

---

ferramentas no curso de uma diversidade de práticas, ao invés de ser observada a partir de uma pluralidade de pontos de vista, enquanto permanece intacta. Nesse sentido, multiplicidade nos fala de coexistência de versões, e é preciso descobrir maneiras de lidar com isso em nossos textos e pesquisas. Essas formas distintas de pensamento e ação acerca dos problemas de saúde não são práticas sociais ensimesmadas — elas interferem umas com as outras, revelam conexões parciais, de modo que poderíamos conceber complexidade justamente como o ponto de encontro de vários ordenamentos simplificadores.

a cadeiras, mesas, maca, sonar, banqueta, bola, chuveiro, comida, soro... o parto ganha forma, o parto que nunca está sozinho. Performado através de uma rede de materialidades, tempos e lugares são capazes de nos mostrar diferentes realidades de partos. Assim, as práticas tornam o parto audível, visível, tangível, conhecido; práticas diferentes que convergem em um objeto comum: *o parto que acontece no corpo.* Nessa dinâmica não falamos em perspectivas, mas sim em saberes, diferentes saberes impressos nas diferentes práticas e assim ingredientes heterogêneos tomam a cena: palavras, mãos, tecnologias, organizações. Estamos diante de diferentes contextos, estamos diante de diferentes partos, partos singulares, profissionais singulares e mulheres singulares. Estamos diante da realidade do parto, realidade esta que é múltipla e complexa.

Fragmentos de partos: as mulheres, meus olhares e os contextos

Decidir estudar o parto e entender como as mulheres o vivem, o que o faz ser o que é... essa vontade não surgiu de um dia, de uma ideia, teoria ou documento. Essa escolha surgiu de experiências da vida real, das memórias das vivências na prática que passaram a perturbar a primeira autora deste capítulo durante o último ano da graduação em Obstetrícia. Como Minayo (2007) afirma, um tema de pesquisa nasce de uma experiência social, da vida, do cotidiano. Destacamos aqui um desses dias, uma dessas cenas dentro das diferentes cenas de parto que a primeira autora deste capítulo viu e viveu durante o seu último ano de graduação e que a impulsionaram para a busca em compreender o parto:

> Paula, uma jovem de pele morena e longos cabelos negros, estava em trabalho de parto. O estágio havia terminado, a jovem olhou para mim e para a Bianca (minha amiga do grupo de estágio e da vida!), e disse: "Vocês podem ficar comigo?" Durante um longo período a jovem ficou sentada na banqueta de parto e aos poucos reclinou o corpo sobre os meus braços e adormeceu. A Bianca apagou a luz do quarto e assim ficamos durante um bom tempo. Entretanto, o plantão havia mudado, novos atores entraram em cena. E dentro deste elenco um que não concordou nada com aquele cenário. A luz foi acesa e a pergunta foi feita: "O que está acontecendo aqui?". Na ingenuidade, acreditamos que poderíamos ser ouvidas: "Ela só está descansando um pouco, está com oito cm de dilatação e o batimento cardíaco do bebê está ótimo." Porém, uma fala que não compunha o nosso *script* foi dita: "Não, ela tem que ir para a cama agora!" e assim a ação começou. No toque, a

> jovem gritava e as falas agora eram: "Força, força, empurra o meu dedo, não grita, faça força aqui embaixo." Ela pediu para que os artefatos entrassem em cena: caixa de parto, campos e material para a episiotomia. Todos os instrumentos estavam presentes, mas faltava um ator que surgiu no cenário através de um pedido: "Por favor, chama o doutor para mim." Quando o doutor chegou, pediu um outro instrumento para atuar: uma pequena escada e, ao subir nela, com seu braço começou a empurrar o ventre da Paula. A cor da jovem se transformou, a cada empurrada a sua cabeça movia-se para trás, o suor escorria. Eu segurava uma de suas mãos diante da minha impotência, acovardada pelos moldes e movimentos da cena. Um bebê nascido ou arrancado é entregue a outro ator, neonato. A jovem sem reação só olhava para o teto. Sem palavras, saímos do local, pegamos o trem, a Bianca me deu o ombro dela para descansar enquanto com tristeza tentávamos entender a cena, pensando o porquê estivemos tão caladas, sem papel, sem voz. Refletíamos sobre o lugar da Paula na vivência do seu próprio parto, nos efeitos deste ato em seu corpo e vida, pensávamos nas Paulas que todos os dias procuram locais-atores que as acolham na hora de dar à luz (*Relato de Estágio em Centro de Parto Normal,* 2008).

Em tempos em que o conceito de humanização aparece presente em cartazes, bolas, banheiras, banquinhos, paredes, conversas de corredor, aulas e eventos, qual é a realidade do parto no contexto atual? Como profissionais e mulheres têm vivenciado o parto em tempos de humanização? A realidade do parto no Brasil se mostra de forma complexa. Assim, este estudo nasceu com o objetivo de compreender um pouco desta realidade em diferentes contextos de nascimento.

Caminho metodológico

Utilizamos a metodologia qualitativa de abordagem etnográfica, na busca por conhecer os contextos, os sentidos do parto e as práticas na assistência obstétrica. Desta forma, entendemos que a metodologia qualitativa nos leva à compreensão dos sentidos e valores presentes nas perspectivas das mulheres e dos profissionais em relação ao parto dentro de cada contexto. A etnografia pode ser conceituada como o estudo descritivo de uma comunidade ou de algum grupo e de seus aspectos fundamentais, diante de sua compreensão global (BATZAN, 1995; GUALDA, 1993), permitindo entender a forma própria como os indivíduos veem a si mesmos e suas experiências, como parte constituinte do mundo que os cerca (ANDRÉ, 1995). Sendo assim, a etnografia é parte inerente do fazer e pensar antropológico.

Segundo Campos (2013), a área da saúde se constitui como um local privilegiado para a reflexão antropológica, à medida que é desenvolvida por meio dos modos de vida e práticas de diferentes grupos sociais e se constrói a partir da complexidade que envolve os diferentes valores e estilos de vida. O campo da saúde é repleto por fenômenos complexos que integram aspectos biológicos, econômicos, políticos e socioculturais. Assim, o método etnográfico se faz um importante instrumento na compreensão da forma como estes aspectos estão envolvidos nas práticas de saúde. Conforme Cordeiro (2004), estudos qualitativos de abordagem etnográfica são processos tecidos através dos encontros que ocorrem no campo. Esses encontros são marcados por trocas intersubjetivas, uma vez que no campo o pesquisador nunca é neutro. Assim, a pesquisa é construída através de processos dialógicos entre o pesquisador e os participantes que, ao se posicionarem, negociam e compartilham as suas visões de mundo.

Neste estudo optou-se por adotar o termo "sentido", considerando que a temática do parto e da assistência está em transição, passando por mudanças desde o âmbito político até a forma como as pessoas entendem e vivenciam este processo.

Assim, para este estudo adotamos o conceito de sentido proposto por Spink (2010, p. 34):

> "O sentido é uma construção social, um empreendimento coletivo mais precisamente interativo, por meio do qual as pessoas, na dinâmica das relações sociais, historicamente datadas e culturalmente localizadas, constroem os termos a partir dos quais compreendem e lidam com as situações e fenômenos a sua volta."

Estar no campo e estar em contato com o outro se dá como um processo carregado de diferentes sentidos e reflexões. O pesquisador se transforma durante o processo, à medida que se vê frente a frente com diferentes situações, histórias, linguagens e por meio dos encontros nesse processo.

Durante a trajetória da pesquisa, a participação em conferências, as conversas com colegas, professores, familiares e pessoas do meio acadêmico, fizeram parte do percurso nas reflexões sobre o tema. O conceito de campo torna-se ampliado; conforme Spink (2008, p. 71), pesquisar é se perceber no cotidiano de forma a dar atenção aos múltiplos espaços e situações que nos rodeiam:

> "Os microlugares e seus diferentes horizontes são produtos e produtores de vários processos sociais e identitários: nós, eles, os temas a serem debatidos, com quem conversamos, como e onde vivemos. Denso, o cotidiano se compõe de milhares de micro lugares; não é um contexto eventual ou um ambiente visto como pano de fundo. Os microlugares, tal como os lugares, somos nós; somos nós que os construímos e continuamos fazendo numa tarefa coletiva permanente e sem fim."

Como estratégia de coleta de dados, neste estudo utilizamos a entrevista semiestruturada, a observação participante com registros em diário de campo. Em cada contexto de nascimento foram entrevistados profissionais da assistência obstétrica, enfermeira obstétrica, médicos incluindo gestores tanto da equipe de enfermagem como médica e mulheres que vivenciaram o nascimento nesses locais. Participaram do estudo treze profissionais e dezoito mulheres.

Cenários do estudo

A cidade de São Paulo é composta por 31 subprefeituras que englobam 96 distritos. Segundo o IBGE, o número da população estimada no ano de 2013 era de 11.821.873 habitantes. Esse grande número de habitantes já dá indícios da diversidade cultural e peculiaridades socioeconômicas específicas nas diferentes áreas que constituem essa cidade.

São Paulo possui a maior rede hospitalar do Brasil. O número total de estabelecimentos de saúde no município é de 1.234, sendo que 531 deles se destinam à atenção ao pré-natal e ao parto.

Os três contextos em questão neste estudo, Centro Obstétrico, Centro de Parto Normal e Casa de Parto localizam-se na zona sul da cidade de São Paulo. As motivações que levaram à escolha destes locais para a realização do estudo relacionam-se ao fato de a região abarcar os três modelos diferentes de atenção ao parto, à facilidade de acesso à coordenação das instituições e à realidade social onde os locais situam-se, região da cidade marcada por disparidades sociais.

Os contextos: partos e vivências

Apresentamos aqui uma síntese de cada contexto com suas especificidades, faremos em seguida uma correlação aos recursos biossociais propostos pela antropóloga Brigitte Jordan[15], caminhando pela discussão dos resultados. Destaque especial será dado ao recurso: *participantes e sistemas de suporte*, em que Jordan conceitua o parto como um evento interacional, de maneira que os modos como as relações acontecem nos contextos refletem diretamente na forma como este evento é vivido e nos sentidos que o parto tem para os atores sociais participantes do processo. Essas relações que tecem os contextos de parto se correlacionam com uma rede que envolve: composições físicas, materiais e organizacionais; a realidade local em que estão inseridas; o momento histórico; as políticas; e a especialidade dos atores que estão na assistência com suas teorias, práticas e modos de atuar. Desta forma mostram os valores socioculturais e os sentidos que envolvem o nascimento.

No Centro Obstétrico, a forma como o ambiente físico está organizado é considerada como uma barreira para propostas de humanização da assistência obstétrica. O local nasceu e foi construído tendo como base concepções biomédicas, que se mostram nas materialidades, padrões de práticas e formas de organização dos serviços.

> "O ambiente é uma limitação aqui, esse prédio foi construído em 1958, foram construídos alguns prédios anexos interligados por rampas de madeira, o espaço físico e a qualidade não são adequados para a medicina de hoje, para os modelos de Centro de Parto Normal, então hoje nós estamos fora disso porque essa estrutura não permite, então é necessária uma adequação." (Médico Obstetra 1, CO)

A forma burocrática de organização é apontada como a razão para que mudanças não aconteçam de forma rápida. Pode-se perceber que a responsabilidade pelas mudanças é atribuída àqueles que ocupam os cargos de coordenação na instituição e isso, por sua vez, mostra a falta de coparticipação e espaço para o envolvimento de diferentes atores quanto às decisões.

> "São coisas que dificultam a assistência, você ter que falar para o acompanhante que ele não pode entrar. Por quê? Se é uma lei, não é? E é a enfermeira que está aqui que deve convencer a pessoa que ele não pode entrar com a paciente. Nesse caso a coisa tem que vir lá de cima, chefia e direção do hospital, falar para os seus coordenadores de área: 'Vai ser assim porque é a lei'. O que cada setor precisa fazer para se adequar a isso, a enfermagem precisa

(15) Renomada antropóloga na área do nascimento, considerada a *parteira da antropologia do nascimento*.

melhorar espaço físico, precisa das cortinas, mas parece que isso é coisa de outro mundo, a coisa está indo de baixo para cima. Não pode, eu acho que não pode." (Enfermeira Obstétrica 1, CO)

A forma de trabalho no serviço público e a necessidade de atenção e cuidado ao profissional da saúde são apontadas como desafios para a mudança da assistência, à medida que refletem em uma atenção mecanizada e fragmentada, não permitindo continuidade do cuidado e resultando na falta de congruência no modo como a assistência ocorre. Podemos perceber através dos relatos a falta de interação e comunicação entre as equipes médica e de enfermagem e o seu reflexo na assistência às mulheres.

> "Faz tempo que estamos tentando implantar humanização na sala de parto, no atendimento, no pré-parto, na assistência ao parto, mas está difícil porque são muitas pessoas envolvidas e nem todo mundo tem a mesma disponibilidade, abertura e visão que você tem, então fica difícil trabalhar." (Enfermeira Obstétrica 2, CO)

A falta de espaço e a impossibilidade de atuação da enfermeira obstétrica e da obstetriz diretamente na assistência ao parto se mostram como um desafio.

> "Tem algumas dificuldades, ao longo desses 21 anos tiveram alterações, falando como profissional; todos os recursos necessários: equipe médica, material, cardiotocografia, tudo isso está disponível, mas o modelo não é de centro de parto então não temos enfermeira obstétrica, obstetriz que acompanhe os trabalhos de parto e eu falo assim como médico, todos os recursos necessários a gente tem." (Médico Obstetra 1, CO)

> "(...) eu me vejo em situações onde eu quero ficar no cuidado, mas parece que me tomam para resolver coisas administrativas e eu sinto falta de fazer essa conversa um pouco melhor." (Enfermeira Obstétrica 3, CO)

Desta forma, o poder de decisão, bem como as condutas e práticas neste contexto, estão centralizadas na equipe médica. As mudanças ambientais se mostram também alicerçadas às exigências das políticas atuais e à necessidade de adequação física para que a assistência humanizada ocorra. As formas de avaliação do acompanhamento do trabalho de parto e o seguimento de protocolos mostram o padrão da assistência focado na detecção de intercorrências.

> "(...) Você avalia a mulher a cada uma hora, conversa com ela a cada uma hora, faz cardiotoco, avalia a necessidade de aumentar ou não ocitocina." (Enfermeira Obstétrica 3, CO)

> "O ideal é você fazer a assistência ao parto que é isso, você estar de hora em hora examinando as pacientes, fazendo toque, ver como a paciente está evoluindo, se está evoluindo, se não está evoluindo, como está evoluindo. Às vezes só dela olhar para você já passa uma tranquilidade, uma segurança, e ela sente que está assistida, você entrou no pré-parto, ela não ficou largada, o médico entrava de hora em hora lá... estar sempre um segundo após a ocorrência, poder prestar um socorro imediato, adequado e não trazer grandes consequências." (Médico obstetra 2, CO)

A relação entre as mulheres e os profissionais mostra pouco espaço para trocas, para as possibilidades de escolhas e formas de expressão, o que reflete na falta de autonomia das mulheres e nas relações assimétricas. Por outro lado, também aparecem nos relatos outras formas de interação através da conversa e da presença.

> "A enfermeira que chegou durante o dia não foi tão atenciosa assim, mas a enfermeira da noite ficou lá, me ajudou bastante, conversou comigo e os médicos vinham ver com quanto eu estava de dilatação." (Giulia)

> "A enfermeira falou que não podia chorar, que se eu chorasse ia sufocar o bebê, ela me disse: 'Evita de fazer isso porque não faz bem pro bebê, ele sufoca'. Não tem como fazer o que as enfermeiras estão pedindo, é difícil ficar com dor e ficar quieto, quando você está com dor não tem como ficar quieta, a gente não grita porque quer, chora porque quer. A médica falou que tinha combinado comigo para eu não incomodar as outras pacientes e quando eu começava elas já vinham: 'Não chora!' e eu comecei a ficar irritada, fora que a médica entrava na sala e falava 'Hoje eu quero estourar uma bolsa' e eu só pensava: 'Tomara que não seja a minha'. Eu não queria porque dói e eles pensam que assim, só porque a pessoa está sentindo dor, eles podem chegar e estourar a bolsa. Graças a Deus a minha estourou sozinha." (Vanda)

> "Na hora que eles colocam a gente naquela maca eu acho que eles tinham que ter mais cuidado, porque só faltou eu me jogar de lá e eu estava com nove centímetros. Aquela maca é pequena, fina, se é uma pessoa que está com mais dor dá um pulo e cai no chão. A enfermeira falava: 'Você vai machucar o bebê se você ficar assim' e eu respondia 'Mas eu estou com dor, quer que eu fique como?'" (Vanda)

"Eu não sei que força é essa se é parto normal, quem faz a força é o bebê. Ele encaixa, depois a mulher que faz a força. Eu achei um absurdo eles mandarem eu fazer força antes do bebê encaixar. Eu não queria ficar deitada, eu queria levantar e elas falavam 'Não pode levantar!', 'Não pode chorar!', 'Não pode gritar!', 'Não pode fazer isso ou aquilo', 'Faz força, faz força!" (Vanda)

"A médica enfiou o braço pra puxar ela, foi muita dor, muita dor e um monte de médico empurrando você, empurrando a sua cabeça para baixo. Chegou um médico e falou: 'Ela vai nascer agora', empurrou minha barriga com o cotovelo, ela nasceu e me deixaram toda machucada, toda doída, eu sentia tanta dor, tanta dor depois que a enfermeira da maternidade não acreditava que eu tinha tido normal porque as minhas pernas ficaram travadas, fiquei doente e fiquei assim uns 15 dias." (Ada)

"Acho que o corte foi enorme, não tive coragem de ver. Fizeram um corte enorme, perguntei quantos pontos e a médica não falou. Eu achava que parto normal era mais tranquilo, mas o meu pareceu cesárea. Estava um corte horrível, que nem uma cesariana, fiquei mancando quando voltei para casa." (Vanda)

Essas contradições e ambiguidades se mostram nas dicotomias presentes nos relatos dos profissionais e nas vivências das mulheres. Colocar em prática os sentidos da humanização e não ter a concepção de parto como um evento mecânico se revela como um grande desafio no cotidiano da assistência obstétrica neste contexto, levando em conta a forma como o serviço está organizado, a demanda da população, os modos de trabalho no serviço público e as tensões entre os atores oriundas das relações que acontecem nas práticas de cuidado.

O Centro de parto normal nasce junto com a proposta do único hospital da região, vinda de uma demanda social dos moradores. O ambiente é considerado para os profissionais, em suas composições materiais, como aquele que permite o parto humanizado com aporte tecnológico e equipe médica para situações de emergência e risco.

"Nós temos um ambiente físico propício para o parto humanizado. Equipamos as salas de parto com tudo aquilo que achávamos necessário para a realização de um parto normal, humanizado." (Médico Obstetra 1, CPN)

"Há uns anos atrás a gente não tinha nenhum recurso como bola, cavalinho, não era possível realizar o parto em diferentes posições

> e agora a gente já está colocando isso no ambiente hospitalar." (Enfermeira Obstétrica 1, CPN)

Diferentes propostas e possibilidades de práticas são oferecidas através do uso dos artefatos. Entretanto, a forma como a assistência está organizada mostra seguir padrões através de protocolos.

> "De hora em hora a gente passa em cada PPP e encaminhamos as nossas condutas, banho, cavalinho, bola. Eu avalio a paciente, faço primeiro uma dinâmica, ver se existe indicação ou não para colocar ocitocina, encaminho ao banho terapêutico, massagem, se tiver indicação faz um analgésico, isto depende da indicação de cada uma (...)." (Ilma)

> "Eu acho que a prática de realizar o parto em posições diferentes tem sido importante porque você vê que uma posição lateral deixa a paciente mais tranquila, uma posição de cócoras deixa a paciente mais relaxada, como se ela estivesse em outro local e não em um ambiente hospitalar." (Wilma)

A atuação da enfermeira obstétrica mostra a descentralização da figura do médico, ficando demarcado que o parto considerado como de baixo risco é de competência das enfermeiras. Entretanto, revela traços de centralidade, à medida que a equipe médica mostra ser responsável pela possibilidade de a enfermeira obstétrica atuar, tendo seu trabalho visto como facilitador da atuação da equipe médica.

> "(...) Nós temos as enfermeiras obstétricas fazendo os partos normais sem distocia, fazendo as consultas na entrada da paciente, então a gente vê direto que está faltando plantonista, então temos que achar modelos alternativos como estamos implementando aqui." (Médico obstetra 1, CPN)

> "A grande dificuldade que nós temos para lidar com a população é essa, eu tenho uma formação muito intervencionista, eu venho de uma escola tradicional de medicina. Então, também foi um pouco difícil para mim no começo, mas como eu gosto de tentar fazer diferente, de tentar melhorar, abracei essa causa. Eu tinha alguns médicos antes de abrir a maternidade, quando eles souberam do nosso desejo de fazer parto humanizado, pediram demissão por não concordar com isso, é assim, bastante difícil em relação à equipe médica concordar com esse modelo porque acaba não tendo tudo na mão deles. Parte da assistência está nas mãos das enfermeiras

obstetras, obstetrizes, então alguns médicos não suportaram a ideia e saíram." (Médico obstetra 1, CPN)

Tensões se revelam nesta questão, como aponta o médico em seu discurso sobre os desafios enfrentados com médicos que pediram demissão por não aceitarem compartilhar a assistência com a equipe de enfermagem obstétrica e não reconhecerem a sua atuação e papel na assistência ao parto. Os profissionais, ao compartilharem os desafios do cotidiano da assistência, descrevem a fragmentação do cuidado e a falta de vínculo e comunicação entre a Unidade Básica de Saúde e a instituição. Como relata o gestor, as mulheres confiam mais no profissional que viram várias vezes durante o pré-natal na UBS do que na equipe que ela encontrará apenas no momento do parto. As condutas se mostram diferentes, gerando problemas na relação. A imagem do hospital na região não é boa, o que é reconhecido pelos próprios profissionais. Para eles, este fato está diretamente ligado à mídia e à disseminação de informações de casos considerados exceções, mas noticiados como se fizessem parte do cotidiano do local, gerando concepções na população de não haver um bom atendimento no local.

> "Da parte da população ainda tem grande resistência a esse modelo. A questão do parto normal demanda uma educação da paciente estar muito alinhada com isso. Porque é demorado mesmo, é doloroso. A gente procura de todas as formas manipular essa questão de dor aqui no pré-parto. Então ela chega aqui com nove meses e fala: 'Eu estou com dor.' O médico não interna porque ela não está em trabalho de parto. Então, ela passa aqui diariamente, testando várias equipes e tem isso como uma percepção de mau atendimento, a questão dela não ser internada para a resolução da gravidez, e isso dificulta, existe um conflito grande." (Médico obstetra 1, CPN)

> "Aqui a população se conhece muito, apesar de ter muitas pessoas é um bairro, a comunicação interpessoal é muito grande, então às vezes um caso que acontece e a gente tenta buscar a causa, é uma exceção, a literatura médica internacional infelizmente vê como passível de ocorrer, mas a pessoa pega aquele caso e transforma como se fosse a rotina, a imprensa, forças políticas locais usam aquele caso que é 0,1% do nosso universo como rotina, como uma imagem do serviço. Isso dificulta muito o nosso convívio com a população, elas têm medo de vir para o hospital. Elas falam 'Eu tinha medo de vir para o hospital' (...) Para ela, aquele caso que contaram, o boca a boca, que acaba a deixando ansiosa e dificulta

essa evolução do parto normal no nosso pré-parto, porque elas estão sempre com o 'pé atrás' achando que o que está sendo feito não é o melhor." (Médico obstetra 1, CPN)

"Mesmo sendo um hospital de ponta, a gente não consegue fazer uma medicina de ponta, a gente precisaria de uns cinco hospitais desse porque é quase um milhão de pessoas na região para um hospital. A demanda é enorme, ou seja, você não consegue fazer uma medicina de ponta em um hospital como esse." (Médico obstetra 2, CPN)

Esses fatos aparecem nos relatos das mulheres ao contarem sobre o medo de ir para o local, ligado às informações que ouviram de pessoas de sua rede social e na mídia.

"Antes eu ouvia falar horrores desse hospital, coisas, até a enfermeira brincou comigo e falou assim: 'Aqui não é matadouro'. Eu tinha pavor de lá, falavam que era um açougue, que lá aconteciam as piores coisas, eu tive quatro pessoas bem próximas a mim que tiveram bebê lá. Dessas, só uma teve problema, mas de resto todas disseram 'Vai pra lá, é bom'. Antes era horrível, as pessoas falavam: 'Você vai para lá? Você é doida'." (Luana)

Contradições e ambiguidades se mostram presentes nas falas dos profissionais e aparecem nos conflitos quanto à ideologia do local e nas experiências que as mulheres relatam. Isso reflete nas vivências das mulheres nas diferentes formas de práticas e relações durante o parto.

"Eu acho que a moça estava muito estressada, não sei se é porque ela estava lá desde manhã, ela falou: 'Eu nem estou com paciência, mas, vamos ver se ela ganha bebê logo com o soro e manda pro banho'. Ela me deixou uma hora no chuveiro para eu ter dilatação, ela falou 'Já está total aqui, nove dedos, agora é só você fazer força'." (Rita)

"Na hora que ela estava nascendo eu gritei mesmo porque não sabia de onde ia tirar força, mas foi muito bom, eu conto pra todo mundo como foi especial o dia que ela nasceu, de nada eu esqueço, das dores, das pessoas, está tudo guardado como se fosse um filme." (Luana)

"A mulher que apertava minha barriga era a mesma coisa que nada, era um terror, mais machucava, a mulher deitou em cima de mim e apertou, sabe quando aperta? E eu não sei porque fez isso. Eu sofri, fora que eu levei ponto da frente até atrás e para ir ao banheiro eu sofri, aí ela colocou anestesia para dar os pontos, mas não pegou e ela costurou assim, eu gritei de dor, quando ela costurava eu gritava e ela me deu duas anestesias, não sei porque não pegaram. A minha cunhada viu tudo. Agora quando você está fazendo força elas empurravam e me seguravam com uma força, eu vim embora toda roxa e eu falava: 'Moça, não precisa segurar, eu já tive uma filha, eu sei como é que é'. Ela falava: 'Faz força como se você fosse fazer cocô'. Mas a mulher que estava fazendo o parto já estava um pouco sem paciência, ela falava 'Faz força direitinho, colabora com a gente', mas era isso que eu falava: 'Não sou eu que não consigo, é meu corpo que não vai'. A médica falou 'Você tem que fazer força, colocar o bebê para fora', mas a dor de colocar o bebê para fora não vinha, eu não sentia essa dor. Eu fiz uma última força e saiu a cabeça, aí eu travei a perna, na hora que saiu a cabeça, quase que eu machuco o bebê sem saber porque a dor veio forte. Ela falou: 'Você quase machucou seu bebê, viu mãezinha?'. Você sai dali só o bagaço, costurada." (Rita)

A história da **Casa de Parto** mostra estar completamente envolvida com a história da parteira da comunidade, que teve grande influência no local. A forma de organização do serviço na Casa de Parto se mostra não burocrática, com maior maleabilidade e flexibilidade para mudanças. Isto também está ligado ao fato de ser um serviço autônomo.

> "A Casa de Parto está se moldando, está sendo possível pensar em todos os aspectos, pensar o modelo que se quer para a Casa de Parto, então tem a possibilidade de fazer coisas novas e criar esse modelo. É você construir um trabalho, se você chega em um local que tudo já está pronto fica mais difícil de mudar. Estar aqui é fazer parte de uma causa, de um modelo diferente." (Enfermeira Obstétrica 1, CP)

> "Para mim o que mais expressa o cuidado da Casa de Parto com palavras é ter práticas que foquem nas necessidades da mulher e do bebê que está nascendo, em segundo lugar da família e comunidade que está em volta. Para mim isso tem que acontecer de uma forma muito radical." (Médica Obstetra, CP)

Neste contexto, a baixa demanda e o número reduzido de pessoas na equipe demonstram permitir uma relação próxima e pessoal com as mulheres. A organização do serviço permite contato próximo das mulheres com a equipe antes do parto e a continuidade do cuidado, tanto em relação ao pré-natal como no pós-parto. A Casa de Parto já nasce em sua constituição e como o local próprio de atuação das enfermeiras obstétricas e obstetrizes.

> "Eu vinha do ambiente hospitalar, a gente conhecia a mulher quando ela chegava lá com uma queixa, em trabalho de parto ou gestação. Você a conhecia naquele momento e prestava a melhor assistência possível enquanto estava ali com ela, depois ela tinha alta e raramente você a via de novo. Não tinha aquele vínculo estabelecido como tem aqui na CP, e eu reparei isso desde os primeiros dias que eu estava aqui, percebi que as mulheres vinham passear aqui na CP, não vinham aqui só para o atendimento, elas vinham aqui ficavam sentadas traziam os bebês, as grávidas vinham e ficavam o dia inteiro aqui na CP, na hora das refeições elas sentavam junto na mesa, então isso pra mim foi muito diferente, esse tipo de vínculo." (Enfermeira Obstétrica, CP)

> "Na pós-graduação a gente falava muito desse modelo CP, esse seria o modelo ideal para que uma enfermeira obstétrica e obstetriz pudessem atuar." (Enfermeira Obstétrica 1, CP)

> "(...) A parteira que foca sempre o fisiológico e o médico o patológico, porque na formação médica nós somos formados para reverter o patológico. A CP, assistência ao parto de baixo risco, na minha opinião deveria ser sempre conduzida por enfermeiras obstétricas, obstetrizes." (Médica Obstetra, CP)

Tensões e conflitos se mostram presentes na inserção da Casa de Parto no Sistema de Saúde. Este conflito fez com que o local organizasse um novo modelo de atenção de forma autossustentável. Os modos e práticas de cuidado mostram-se individualizados e com possibilidades de práticas alternativas. Existe grande valorização quanto à preparação para o parto, que se mostra como um princípio do contexto. Vivenciar o parto na Casa de Parto mostra partir de uma escolha das mulheres.

> "As meninas (equipe) ficaram o tempo todo comigo, dando toda aquela atenção e todo o carinho, eu me senti muito acolhida. Elas não saíam da sala, você se sente bem acolhida e isso te dá mais força para a hora do parto." (Sara)

> "Elas cantaram na hora do meu parto, na hora que ela estava nascendo e isso foi muito legal, cantavam para ela vir, elas falavam pra eu cantar para sentir a bebê, eu colocava a mão na cabecinha dela, no cabelinho, então isso que é legal, você participar do seu parto, eu participei, eu trabalhei também." (Carla)

> "Acho que as CPs são individuais, você olha e não vê alguém doente ou um paciente todo ensanguentado, a CP é um lugar de vida, acho que tinha sempre que ser separado dos grandes hospitais, tem que ter todo o aparato que tem que ter, mas é diferente." (Júlia)

Levando em conta que os locais são construídos dinamicamente pelas relações que ocorrem entre os atores, entendemos que a forma de organização dos serviços e suas estruturas consideram aspectos históricos e próprios dos indivíduos que constituem os contextos. Segundo Maia (2008), uma organização tem o objetivo de fornecer à sociedade bens e serviços e se configura como uma arena onde concorrem poderes, interesses e valores. Nas organizações, a tomada de decisão se regula entre interesses, experiências, regras e valores de natureza simbólica.

Neste estudo, foram relatados nas experiências de mulheres e profissionais os processos e organização de serviços que ocorrem, algumas vezes, de maneira padronizada, com característica de seguimento de rotinas e protocolos, e outras vezes individualizada, com foco na relação. Essas oposições não podem ser descritas de forma fixa/estática em cada contexto, pois dependem de uma série de fatores — em especial, da subjetividade dos atores sociais na cena do parto —, mas podemos considerar que fazem parte de racionalidades e formas de pensar a atenção à mulher durante o processo de parto. O que vemos são dois paradigmas de atenção que transitam e constituem tensões no espaço e nas possibilidades da assistência obstétrica. Destacamos aqui os paradigmas humanístico e tecnocrático conceituados por Davis-Floyd (1992, 2001), levando em conta que traços destes paradigmas estão presentes na nossa realidade. Para que o paradigma humanístico esteja presente na assistência, Rios e Schraiber (2012) apontam a necessidade da presença da intersubjetividade na esfera do cuidado, que se torna reduzido quando a relação se acomoda apenas nos procedimentos e uso de tecnologia. Para as autoras, os elementos que compõem a humanização do atendimento são: a escuta, a comunicação, a construção de vínculos, a compreensão do outro e a elaboração de planos terapêuticos na perspectiva do cuidado. As autoras observaram que muitas vezes esses recursos não são levados em conta nas práticas de saúde.

Esses recursos podem ser ligados à noção de tecnologias leves na relação entre profissional da saúde e paciente, como propõe Merhy (2000). As tecnologias leves estão presentes no espaço relacional, no encontro de profissionais de saúde e usuários dos serviços, gerando espaço para a criação de processos produtivos em saúde que só podem ser criados na ação entre sujeitos que se encontram. Existe falta de espaço para o uso de tecnologias leves quando as tecnologias duras são priorizadas. A importância de componentes do paradigma humanístico pode ser vista nos relatos das mulheres deste estudo, que demonstram construir uma relação de confiança com os profissionais quando esses elementos estão presentes. Os profissionais também falam sobre o uso de tecnologias leves para assistir às mulheres. A conversa é uma das práticas utilizadas pelos profissionais, mas que mostra ter diferentes sentidos. Aparece como um recurso importante para reconhecer as demandas das mulheres, como forma de facilitar a adesão às condutas e para prevenir o profissional de reclamações posteriores. Rios e Schraiber (2012) observaram que a conversa pode ser utilizada como recurso técnico para diagnóstico e tratamento e como política de boas maneiras e defesa, de forma a facilitar o fato de lidar com problemas nas relações entre médico profissional e família. Com relação à Ecologia do Parto, o ambiente físico dos contextos como parte da organização dos serviços apresenta diferentes configurações e mostra peculiaridades. No CO, o ambiente físico é um desafio tanto para as mulheres como para os profissionais e mostra girar em torno do conflito do não cumprimento da lei do acompanhante. O CPH e a CP mostram que foram arquitetados com base nas propostas de humanização, já nascendo com a garantia da presença do acompanhante e da privacidade. A questão do acompanhante também é levada em conta dentro deste conceito: defende que não basta garantir a entrada do acompanhante, sendo necessária a disponibilização de um espaço físico capaz de acolhê-lo. Neste estudo, observamos também que é necessário refletir sobre o sentido da presença do acompanhante nos locais: se, por um lado, o seu papel seria para dar apoio para as mulheres que desejam ter o acompanhante, por outro, aparece quase como uma "exigência" no local, à medida que são orientados e solicitados a cumprir um papel que muitas vezes não é contemplado pela equipe, que é o de não deixar a mulher se sentir sozinha.

O conceito de ambiência na saúde segundo a Politica Nacional de Humanização (2010) é o tratamento dado ao espaço físico, considerado também o espaço social onde ocorrem relações interpessoais. Assim, a proposta é que os locais de saúde devem ser construídos não apenas com base em suas composições técnicas, mas também considerando o tempo e o espaço, de forma a respeitar os valores culturais dos grupos sociais. Esse conceito possui três eixos: o espaço que visa a confortabilidade e diz respeito aos elementos materiais dos ambientes com os quais as pessoas interagem, garantindo o conforto para os usuários dos serviços e profissionais; o espaço que possibilita a produção de subjetividades e diz respeito ao encontro entre os sujeitos por meio das ações e processos de trabalho, o que implica na necessidade de conhecer os valores culturais da comunidade nos espaços de saúde; o espaço como ferramenta facilitadora no processo de trabalho, visando à otimização de recursos combinada ao atendimento humanizado e resolutivo. Pode-se ver, assim, a necessidade de reflexão para além das composições estruturais e ambientais dos locais de nascimento.

Os participantes e sistemas de suporte são aspectos fundamentais para compreender o contexto do parto. Assim, a formação dos atores que atuam diretamente na assistência ao parto também se mostra associada à organização dos serviços e reflete nas formas como a assistência ocorre. Rios e Schraiber (2012) problematizam a formação médica, sua configuração e seus reflexos na relação entre médicos e pacientes. As autoras observaram que existe uma estreita interdependência entre a cultura médica e a cultura do tempo atual.

> "A colonização do espaço público pelo eu e a cultura narcísica dos tempos atuais encontram expressão em caracteres que participam da construção da identidade médica: o sentimento de especial singularidade e superioridade, o individualismo, a competitividade e o isolamento. Na esfera relacional, essa configuração subjetiva pode se manifestar na forma de difícil aceitação da alteridade como sujeito, movimento em consonância ao que se observa na sociedade a propósito da violência." (RIOS; SCHARAIBER, 2012, p. 241)

As políticas públicas de humanização do parto e nascimento têm proposto a descentralização da assistência obstétrica da equipe médica, abrindo espaço para a atuação de enfermeiras obstétricas e obstetrizes na assistência ao parto considerado de baixo risco. Os Centros de Parto e Casas de Parto, como vimos desde a década de 1990, vêm sendo contemplados nas políticas como locais privilegiados para a atuação da equipe de enfermagem obstétrica e obstetrizes. A definição do evento parto ocorre de forma diferente em cada contexto. Na Casa de Parto, através dos discursos dos profissionais, o parto se revela como um evento que envolve diferentes dimensões do que é o ser humano. A biografia das mulheres, suas experiências de vida são vistas como parte do processo de nascimento que integra diferentes esferas da vida. Os sentidos que as mulheres dão para a experiência vivida durante o processo de nascimento mostram estar integrados a essa perspectiva. O parto mostra ser visto como um evento do curso da vida, voltado para a saúde. O sentido dado para a Casa de Parto é como um local de vida, o que se relaciona ao processo de escolha de vivenciar o parto no local. Entretanto, discursos sobre os riscos aparecem nessa questão. O parto visto como um evento de risco se mostra em tensão quanto ao processo de escolha de vivenciar o parto no local. As mulheres contam sobre as dificuldades que tiveram com os familiares por conta da decisão de escolher a Casa de Parto. Para algumas mulheres, decidir-se pela Casa de Parto como local de parto se deu como um processo. Uma das mulheres conta que decidir ter o parto fora do hospital foi um processo que envolveu coragem.

No Centro de Parto Normal, o parto mostra ser para os profissionais um evento normal, mas que fica à margem da necessidade de intervenção e não intervenção. Dois tipos de definição de evento parecem concorrer no cenário do nascimento neste local, uma em que o nascimento é tido como um evento da vida das mulheres, onde são levadas em conta as suas questões emocionais e é dada grande ênfase aos métodos não farmacológicos; outra em que as questões emocionais das mulheres são desconsideradas, sendo dada maior ênfase para a intervenção. Os métodos não farmacológicos são utilizados e incentivados constantemente no trabalho de parto. Entretanto, os relatos das mulheres apontam para a utilização de intervenções e um relacionamento distante entre mulheres e profissionais. Assim, existem tensões entre a ideologia do local e aquilo que acontece na prática. É interessante pensar que, para as mulheres, a razão de não querer ir para o local está ligada à morte, a fatos que aconteceram ali. Ao mesmo tempo, o nascimento é visto como morte e sofrimento, o que é evidenciado pelas dores.

No Centro Obstétrico, o parto tem maior abordagem de risco, sendo definido como um evento que necessita de vigilância. Esta abordagem parece também concorrer com perspectivas diferentes. Os próprios gestores falam sobre a busca de não ter uma assistência mecanizada. Para as mulheres, o parto é um evento de dor e sofrimento que se transforma em alegria e alívio.

Os sentidos que o parto tem para as mulheres e suas vivências em relação à dor e ao cuidado recebido mostram a importância de se conhecer todos os fatores que estão envolvidos no parto por completo, não só como um evento biológico, mas envolvendo aspectos socioculturais. Levam também em conta as dimensões histórica, cultural e afetiva que envolvem o processo de nascimento, além da esfera biológica (PAIM, 1998).

Além disso, a rede social da qual as mulheres fazem parte, com seus discursos, valores e crenças, permeiam as experiências de parto e a relação com dor. O parto apresenta diferentes sentidos: o parto que é dor e o parto que é vida. Isso aparece de formas diferentes nos relatos e mostram estar associados aos repertórios, discursos e experiências prévias vivenciadas pelas mulheres. Nessa rede, multifatores, histórias do repertório familiar, da mídia e dos sentidos, se mostram envolvidos diretamente na experiência. Sensações corporais e manifestações da dor ganham sentido na experiência de parto.

A tecnologia do parto e as práticas mostram refletir tanto em vivências de forma física como na esfera psicossocial. Os sentidos da experiência do parto se revelam no modo em que ocorrem as práticas associadas às relações. Um dos exemplos para pensar essa questão indissociável entre prática e relação é a possibilidade de escolha e a utilização das práticas típicas das propostas de humanização[16] do parto. Através da incorporação dessas práticas, por meio de evidências científicas, e sua associação com o parto humanizado, esses artefatos passam a fazer parte do cenário com comprovados benefícios, como a diminuição da dor relatada pelas mulheres e/ou diminuição do tempo de trabalho de parto (DAVIM *et al.*, 2009). Porém, quando não ocorrem os encontros terapêuticos (AYRES, 2004), essas práticas passam a ser implementadas no cuidado com a mulher em trabalho de parto como parte de protocolos institucionais.

As materialidades se mostram evidentes nas relações e são vinculadas ao acontecimento do parto: o balanço pélvico, bola suíça, o chuveiro aparecem como instrumentos que possibilitam o parto humanizado, como também amniótomo, sonar, aparelho de cardiotocografia. O encontro entre mulheres e profissionais se mostra deslocado quando a centralidade é colocada nos artefatos.

Nos contextos estudados, ora os artefatos aparecem como possibilidade de escolha das mulheres, ora aparecem como norma, com tempo de duração previamente definido e caráter "obrigatório", para que o parto humanizado ocorra. Dessa forma, podemos compreender que o uso dessas práticas e artefatos funciona como um ritual para o parto humanizado, conforme teoria apresentada por Davis-Floyd em seu livro *Birth as American Rite of Passage* (1992, 2001). Além disso, muitas dessas práticas se mostraram focalizadas somente nos resultados que poderiam promover no corpo biológico, o que reduz a mulher novamente à sua biologia e ao corpo passível de controle e manipulação.

A autora (DAVIS-FLOYD, 1992, 2003) também considera como um ritual o ato de a mulher se desfazer de todos os seus pertences quando entra no serviço de saúde para dar à luz, o que tem como consequência a despersonalização da mulher. Para Russo (2006), quando o indivíduo adentra uma instituição de saúde, muitas vezes é despido do que o singulariza enquanto pessoa, culminando no seu corpo sendo visto como um objeto, destituído de pessoa. A lógica dualista da medicina ocidental reflete nos modos do fazer médico que implicam na manipulação, tratamento e exame do corpo. Quando separado da pessoa, as terapêuticas sobre o corpo são baseadas em termos bioquímicos e materiais, de modo que não levam em conta a dimensão moral das práticas de cuidado.

---

(16) Entende-se por práticas típicas da humanização os recursos que compõem as formas não farmacológicas de alívio da dor, como a bola, o cavalinho, o banho de chuveiro, de banheira e a deambulação.

No século XVIII o poder sobre a vida passou a envolver dois polos de desenvolvimento acoplados em um conjunto por intermédio das relações. Um desses polos aparece centrado no corpo como uma máquina, de forma a disciplinar, otimizar suas capacidades, a extorquir suas forças, fazendo-o dócil através de sistemas de controle assegurados pelo procedimento de poder, dando origem a uma anátomo-política do corpo humano. O segundo polo foca no corpo como espécie, imbuído com mecanismos de vida e servindo como base nos processos fisiológicos, como nascimento e morte. Assim, foi introduzida uma série de intervenções e controle regulatório. A organização de poder foi implantada sobre as disciplinas do corpo e regulação da população. Ao longo da era clássica se deu a criação da tecnologia anatômica e biológica, individualizando e especificando, dirigindo-se para as performances do corpo com atenção para o processo da vida. O Estado, através de instituições de poder, garante a manutenção da produção de relações anátomo-biopolíticas. No século XVIII, técnicas de poder foram criadas em todos os níveis do corpo social, utilizadas em diversas instituições, como a escola, a família, a medicina. Tais técnicas sustentavam-se na esfera de processo econômico, agindo como fatores de segregação social e hierarquização, exercendo sua influência sobre forças, garantindo relação de dominação e efeitos de homogenia (FOUCAULT, 1998).

Relações de poder ocorrem dentro das instituições e demarcam controle sobre os corpos. O corpo — como parte constituinte da vida dos indivíduos e dos ambientes, não simplesmente o corpo fisiológico que passa por regulações do cotidiano — não pode ser isolado ou fragmentado, pelo que faz parte de um todo simbólico. O que vemos na biomedicina são padrões desenvolvidos por meio de controle sobre o corpo, prescrevendo rituais de dominação. A autonomia não é considerada e, sem a consideração da autonomia, sem a possibilidade de participação e consciência nas escolhas que envolvem a vida dos indivíduos como um todo, instauram-se os quadros de violência. Segundo Aguiar *et al.* (2013), as situações mais difíceis de serem percebidas pelos sujeitos envolvidos, como quadro de violência, se encontram no campo das relações entre profissionais e pacientes, por mais que, de forma clara, mostrem a anulação da autonomia e discriminação por diferença de classe, raça ou gênero. Conforme as autoras, formas de violência no campo das relações entre profissionais e pacientes se manifestam em falas grosseiras, discriminatórias e na desatenção quanto às necessidades físicas. Também podem aparecer por meio de agressões físicas ou sexuais. Nos relatos das mulheres deste estudo podem ser vistas cenas de desrespeito nas relações assimétricas entre mulheres e profissionais e, assim, violação dos direitos das mulheres. A forma como essas relações acontecem reflete diretamente na experiência vivida.

Tanto os discursos das mulheres como dos profissionais mostram pontos de conflitos nas interações que ocorrem durante a assistência ao parto, envolvendo as práticas de cuidado e o modo como ocorrem. A falta de esclarecimento quanto às práticas e aos procedimentos realizados no corpo das mulheres demonstra as deficiências na comunicação entre os profissionais e as mulheres. A relação aparece muitas vezes padronizada, assim como o seguimento de protocolos de hora em hora aparece como o único momento de contato entre as mulheres e profissionais, com conversa presente ou ausente, atravessada pelas práticas de acompanhamento da evolução do trabalho de parto e verificação da vitalidade fetal, que muitas vezes parecem acontecer destituídas de interação. Esses fatos se mostram de forma mais clara nas práticas dos contextos hospitalares.

Podemos concluir que, em cada contexto, diferentes realidades do parto se manifestam e, assim, diferentes sentidos são dados ao nascimento e às práticas que o envolvem. Tensões e conflitos refletem em diferentes modos de pensar e agir dentro dos cenários da assistência obstétrica e revelam os sentidos do parto e motivos que levam à realização das práticas de cuidado. Dessa forma, os contextos de nascimento mostram estar envolvidos por uma rede de interação entre diferentes fatores que por sua vez refletem no processo de nascimento, conforme mostra o esquema a seguir:

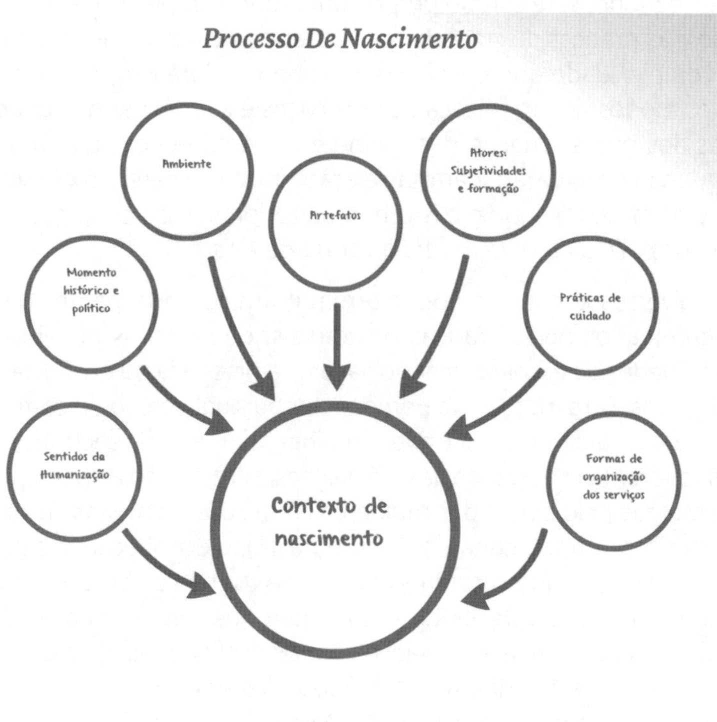

Figura 1 — Esquema Contexto de Nascimento

Considerações finais

Este estudo possibilitou compreender que o contexto do parto é complexo, à medida que teorias, práticas, políticas públicas, relações de gênero e sentidos constroem diferentes partos em uma realidade múltipla, com dimensões práticas e, ao mesmo tempo, políticas. Os contextos planejados para o parto na sociedade brasileira, como o Centro Obstétrico, o Centro de Parto Normal e a Casa de Parto, são constituídos por diferentes práticas de cuidado em uma dinâmica rede de relações entre todos os envolvidos: mulheres, profissionais, gestores, famílias; materialidades, como chuveiro, banheiras, bolas, medicamentos, sonar (artefatos que compõem os contextos de nascimento). Os modos de organização dos serviços envolvem diferentes protocolos, normas e hierarquias, que por sua vez revelam diferentes modos de lidar com o nascimento. Ficou evidente também que há uma diversidade de saberes e modelos que são apropriados e rearranjados no cotidiano de cada um desses serviços, de modo a possibilitar, explicar e justificar as ações. Diferentes saberes informam sobre os corpos, a organização do sistema de saúde e os modelos de parto que existem e coexistem em nossa sociedade.

Desse modo, este estudo propõe uma forma ampliada de ver o contexto do parto e as práticas de cuidado na assistência obstétrica, levando em conta toda a complexidade que envolve o nascimento. Para isso, é necessário considerar os modos de organização dos serviços e as práticas de cuidado, ouvir as vozes dos profissionais e das mulheres e compreender que a assistência envolve uma continua e dinâmica relação entre mulheres, profissionais, formação e artefatos tecnológicos e humanizadores. Esse conjunto de fatores constitui *os partos em sua múltipla forma de existir.*

Os diversos encontros que ocorrem entre os participantes da cena do parto, permeados pelas práticas obstétricas, denotam as possibilidades ou impossibilidades de escolhas e negociações, a presença ou ausência de trocas intersubjetivas. Da sensação da primeira dor ou sinal percebido como trabalho de parto até a saída do local onde a mulher "deu à luz", encontros e desencontros refletem em experiências, sensações, sentimentos e percepções, que deixam marcas pelo corpo das mulheres e em suas memórias. Trazer as mulheres para o centro da cena do parto é ouvi-las, reconhecer os seus saberes e perspectivas para que o cuidado ocorra de forma colaborativa e por meio de trocas significativas. Os relatos das mulheres permitiram compreender que a rede de relações que se estabelece com os profissionais de saúde, e assim, com os contextos, estão diretamente associadas ao ritmo, às dores, às alegrias vivenciadas ao longo do processo de parto. Suas experiências mostram os diferentes sentidos do parto dentro de cada um desses contextos.

As vozes dos profissionais mostram os desafios encontrados no cotidiano da assistência, da luta para mudar o ambiente físico, da luta por estar mais presente na assistência, da luta para manter as portas abertas e conseguir conquistar a população local. Dificuldades, contradições, ambiguidades, cansaço e coragem se mostram em jogo nas realidades dos contextos. Entre teorias e conceitos de humanização, colocar em prática e problematizar os múltiplos sentidos da humanização no cotidiano da assistência obstétrica tem se mostrado como um grande desafio.

Na cena do parto estão, em constante contato, mulheres que possuem histórias de vida, que são mães, que são filhas, que trabalham, que sonham em estudar, que cuidam da família, da casa, que cozinham, que vão à igreja, que choram de dor e de alegria, que trazem para o parto as suas vidas, e profissionais que também possuem as suas histórias, que lutaram para estudar, que lutam para trabalhar, que possuem família, que choram e se alegram. Encontro entre alteridades.

Assim, devemos promover contextos de parto que abram possibilidades de encontros significativos, nos quais as mulheres possam compartilhar os seus medos e os sentidos que envolvem o parto que estão além da esfera biológica, com respeito e reconhecimento de seus valores e culturas. Contextos onde os direitos das mulheres sejam garantidos. Para isso, são necessárias reconfigurações que vão além do ambiente físico e das técnicas, que considerem a sensibilização dos profissionais e mudanças sociais e do sistema de atenção obstétrica, que possam alterar essa complexa engrenagem do contexto do parto para contemplar mudanças que vão ao encontro dos princípios da humanização e que levem em conta a necessidade de problematizar a *humanização* nas esferas teórica, política e prática.

No âmbito da prática dos profissionais da saúde, torna-se importante que, em sua formação e na educação permanente[17], haja possibilidade de refletir sobre a multiplicidade de fatores que estão relacionados ao processo de nascimento, considerando a importância da relação, tanto entre os diferentes profissionais quanto entre os profissionais e as mulheres. É importante que os profissionais problematizem a atenção ao parto para além do senso comum, visando a uma prática mais reflexiva que leve em conta os **direitos humanos e os direitos sexuais e reprodutivos das mulheres.**

---

(17) Conceito proposto por Ricardo Ceccim (2005): "A Educação Permanente em Saúde constitui estratégia fundamental às transformações do trabalho no setor para que venha a ser lugar de atuação crítica, reflexiva, propositiva, compromissada e tecnicamente competente". Disponível em: <http://www.scielosp.org/scielo.php?script=sci_arttext&pid=S1413-81232005000400020&lng=pt>.

Desse modo, torna-se essencial no cotidiano dos contextos da assistência obstétrica, para os gestores e equipe multiprofissional, romper com a lógica paternalista e com as dicotomias entre teoria e prática da humanização, possibilitando e disseminando formas de cuidado para além da assistência pautada na biomedicina, e na forma fragmentada das práticas de cuidado.

Cada contexto se manifesta como um caleidoscópio de práticas de saúde, que se movimentam e rearranjam dinamicamente formando diferentes cenas. Trazer as mulheres para o centro da cena do nascimento é reconhecer os sentidos que constituem esse evento, de forma a considerar as dimensões biopsicossociais do parto. Torna-se essencial no cenário atual da assistência obstétrica reconhecer e agir em prol para que o nascimento como evento vital seja empoderador para as mulheres.

Referências bibliográficas

AGUIAR, J. M. D.; D'OLIVEIRA, A. F. P. L.; SCHRAIBER, L. B. Violência institucional, autoridade médica e poder nas maternidades sob a ótica dos profissionais de saúde. **Cad. Saúde Pública**, v. 29, n. 11, p. 2287-96, 2013.

AYRES, J. R. C. M. Care and reconstruction in healthcare practices. **Interface Comunic, Saúde, Educ**, v. 8, n. 14, p. 73-92, 2004.

CAPRA, A. **O modelo biomédico**. **O ponto de mutação**. 26. reimp. São Paulo: Cultrix; 2006.

DAVIM, R. M. B.; TORRES, G. V.; DANTAS, J. C. Efetividade de estratégias não farmacológicas no alívio da dor de parturientes no trabalho de parto. **Rev. Esc. Enferm. USP,** v. n. 43, n. 2, p. 438-45, 2009.

DAVIS-FLOYD, R. **Birth as an American rite of passage**. California: University of California, 1992.

FOUCAULT, M. **O nascimento do hospital**. **Microfísica do poder**. 7. reimp. Rio de Janeiro: Graal; 1998.

JORDAN, B. The crosscultural comparison of birthing systems toward a biosocial analysis. In: **Birth in four cultures**, 4., 1993, USA: Illinois: Waveland; **prospect heights,** 1993.

______. The achievement of authoritative knowledge in an American Hospital Birth. In: **Birth in four cultures**, 4., 1993, USA: Illinois: Waveland; **prospect heights,** 1993.

MAIA, M. B. **Humanização do parto:** política pública, comportamento organizacional e ethos profissional na rede pública e privada de Belo Horizonte [dissertação]. Belo Horizonte: Pontifícia Universidade Católica de Minas Gerais; 2008.

MERHY, E. E. Um ensaio sobre o médico e suas valises tecnológicas: contribuições para compreender as reestruturações produtivas do setor saúde. **Interface — Comunic. Saúde, Educ.,** v. 4, n. 6, p. 109-16, 2000.

MERHY, E. E.; QUEIROZ, M. S. Saúde pública, rede básica e o sistema de saúde brasileiro. **Cad. Saúde Pública,** v. 9, n. 2, p. 177-84, 1993.

MOL, A. **The body multiple:** ontology of medical practice. Durham: Duke University, 2002.

MOTT, M. L. As parteiras e a assistência ao parto em São Paulo nas primeiras décadas do século XX. **Rev. Instituto Histórico Geográfico Brasileiro,** v. 163, n. 415, p. 67-84, 2002.

______. The Assistência ao parto: do domicílio ao hospital (1830-1960). **Projeto História,** v. 25, p. 197-219, 2002.

PAIM, H. H. S. Marcas no corpo: gravidez e maternidade em grupos populares. In: DUARTE, L. F. D.; LEAL, O. F. (org.). **Doença, sofrimento, perturbação:** perspectivas etnográficas. Rio de Janeiro: Fiocruz, 1998.

RIOS, I. C.; SCHRAIBER, L. B. **Humanização e humanidades em medicina**. São Paulo: UNESP; 2012.

______. The A formação de médicos na cultura contemporânea-Desafios. In: **Humanização e humanidades em medicina**. São Paulo: UNESP; 2012.

RUSSO, J. Do corpo-objeto ao corpo-pessoa: desnaturalização de um pressuposto médico. In: SOUZA, N. A.; PITANGY, J. (org.). **Saúde, corpo e sociedade.** Rio de Janeiro: UFRJ, 2006.

SPINK, M. J. As origens históricas da obstetrícia moderna. In: **Psicologia social e saúde:** práticas, saberes e sentidos. Petrópolis: Vozes; 2003.

______. The **linguagem e produção de sentidos no cotidiano**. Rio de Janeiro: Biblioteca Virtual de Ciências Humanas do Centro Edelstein de Pesquisas Sociais, 2010.

SPINK, P. K. O pesquisador conversador no cotidiano. **Psicologia & Sociedade**, v. 20, n. esp., 2008.

Capítulo 9

O Papel do Acompanhante no Processo do Nascimento

Silvana Regina Rossi Kissula Souza
Dulce Maria Rosa Gualda

Introdução

Na pré-história, em algumas sociedades as mulheres recebiam ajuda de seus companheiros no momento do parto. Isto faz parte de uma lenda da ilha de Bornéo, em que seus primeiros colonos, os Dayoks, durante suas caçadas na floresta, observavam o comportamento dos macacos. Tal lenda conta que um homem chamado Kelile, durante uma de suas caçadas, observou uma macaca que estava parindo em posição de cócoras, em meio a gritos e gemidos e que o macho estava próximo a ela durante o parto. Como Kelile tinha uma companheira que estava grávida neste período, reproduziu o papel do macho quando chegou à hora do parto de sua mulher. Então ele pode imitar o macaco e ficou próximo a ela proporcionando conforto (BRODSKY, 2008).

Posteriormente, os partos nas maiorias das culturas tornaram-se um ritual de mulheres, e a maior parte dos registros históricos dos partos datam do século XVI, em que as mulheres eram acompanhadas por outras mulheres ou parteiras que acumulavam experiência em partejar. Acredita-se que as questões relativas ao patriarcado e à religião, bem como os aspectos sociais da industrialização do trabalho, foram provavelmente responsáveis pelo distanciamento dos homens da cena do parto (ROHDEN, 2006).

No entanto, a introdução da figura masculina no cenário de parto ocorre no século XVIII, em que os cirurgiões barbeiros ampliam sua atuação, mas isso normalmente amedrontava as mulheres, pois a presença deles indicava que havia dificuldades nestes partos e que a situação não era nada boa. A utilização de instrumentos e posteriormente a institucionalização do parto foram retirando definitivamente as parteiras do processo de nascimento e distanciando as mulheres ainda mais da presença de familiares (ROHDEN, 2006).

A mudança de cenário do parto, dos lares para os hospitais, foi realizada no sentido de buscar um atendimento ao parto pautado no uso de tecnologias visando uma melhor qualidade nos resultados maternos e perinatais. Entretanto, esta melhor qualidade não aconteceu nas proporções esperadas, devido principalmente às infecções puerperais (MOTT, 2002).

Somente mais tarde, com os avanços na descoberta dos micro-organismos e das técnicas assépticas, é que houve melhoras nos resultados perinatais. Porém a qualidade da experiência de partos das mulheres foi modificada, pois com a introdução de instrumentos e medicamentos, bem como a retirada das mulheres de seu ambiente doméstico e do convívio de seus familiares, fez com que elas se sentissem isoladas e despersonalizadas (BRASIL, 2001; LEAVITT, 2009).

No Brasil, somente no século XX, a partir de 1930 é que os partos foram sendo estimulados a migrarem para os hospitais. Pois se acreditava que o hospital era um lugar seguro para as mulheres terem seus filhos. Já em meados do século XX, os partos eram quase que exclusivamente realizados nos hospitais (MOTT, 2002).

Entretanto, percebeu-se que o ambiente hospitalar não estava sendo benéfico às mulheres e têm ocorrido movimentos pelo resgate de ações que tornem o parto um evento natural e com menos intervenções e que promovam o protagonismo das mulheres no processo de nascimento, bem como a presença de alguém de sua escolha que possa lhe trazer mais segurança e apoio em um ambiente normalmente desconhecido e institucionalizado (DIAS; DESLANDES, 2006).

Uma recomendação da Organização Mundial de Saúde (OMS) e uma das ações preconizadas pelo Ministério da Saúde (MS) na perspectiva do parto humanizado é a presença de um acompanhante de escolha da mulher no processo de nascimento. Esta prática permite que a mulher escolha alguém de seu convívio ou com laços familiares para acompanhá-la durante o nascimento de seu filho, para que ela não se sinta sozinha neste momento (WHO, 1996).

Desde 1999, a presença de um acompanhante no parto em âmbito dos estados de São Paulo e Santa Catarina já era assegurando aos usuários do sistema público de saúde. Em 2005 foi sancionada a Lei Federal nº 11.108, que passou a garantir em todo o território nacional a presença de um acompanhante de escolha da mulher para o processo de nascimento (BRASIL 2005).

A Lei nº 11.108/2005, também conhecida como a Lei do Acompanhante de Parto, foi regulamentada pela Portaria nº 2.418/2005, do Ministério da Saúde, passando a assegurar às gestantes atendidas pelo Sistema Único de Saúde (SUS), o direito a um acompanhante durante o trabalho de parto, parto e pós-parto imediato, objetivando a melhoria da qualidade de atenção obstétrica e neonatal no país (BRASIL, 2005).

> "Os serviços de saúde do Sistema Único de Saúde — SUS, da rede própria ou conveniada, ficam obrigados a permitir a presença, junto à parturiente, de um acompanhante durante todo o período de trabalho, parto e pós-parto imediato. [...] O acompanhante será indicado pela parturiente."

O acompanhante no processo de parturição

Ao analisarmos estudos realizados em vários países verificam-se dados sobre as divergências e convergências na opinião das mulheres relativas à participação do acompanhante no processo de nascimento. Estas pesquisas apresentam as nuances das diversas culturas envolvidas e experiências familiares que são fatores primordiais na aceitação ou não aceitação de pessoas de seu convívio durante o processo de parto.

No entanto, estudos realizados ao redor do mundo comprovaram que mulheres em trabalho de parto que receberam suporte contínuo durante o processo de parto por profissionais da assistência obstétrica ou doulas, tiveram redução do uso de fármacos para o alívio da dor e a redução no índice de cesarianas e episiotomias; ao mesmo tempo, os bebês receberam melhores índices de Apgar. Também foram constatadas melhores avaliações sobre a experiência de parto e a diminuição da tensão do trabalho de parto. Por fim, as mulheres referiram também que o trabalho de parto foi melhor do que o esperado (ENKIN *et al.*, 2000).

Em uma maternidade do estado de São Paulo, estudo realizado por Bruggerman *et al.* (2010) apontou que as parturientes que receberam apoio de acompanhante de sua escolha tiveram maior satisfação global com a experiência do processo parturitivo, quando comparado a um grupo de mulheres que foi privada da presença de pessoa de seu convívio no processo de parto (BRUGGERMAN *et al.*, 2010).

A solidão nas salas de parto e a proibição da entrada de familiares no momento do nascimento têm sido relatados pelas mulheres como fatos deflagradores de sentimento de medo, que em conjunto com a ansiedade de um ambiente desconhecido, e mesmo atitudes negativas de alguns profissionais de saúde, podem levar à alteração de mecanismos fisiológicos do parto (SANTOS *et al.*, 2011).

O sentimento de solidão das mulheres durante a permanência no hospital foi relatado no estudo de Hodnett e Osborn, em 1989, o que confirmou o fato, que mesmo que as mulheres fossem atendidas por até 16 profissionais de saúde e acadêmicos durante seis horas que estiveram em trabalho de parto, mesmo assim sentiram-se sozinhas. Confirmando que a participação dos familiares ou pessoa de seu convívio social foi referida como fundamental no sentido de impedir tal sentimento (ENKIN *et al.*, 2000).

Este texto apresenta dados de uma pesquisa qualitativa, baseada na história oral temática. A história oral temática é a narrativa de uma variante do fato que está sendo contado, um momento na vida das pessoas que resulta em experiências. (MEIHY; RIBEIRO, 2011). Na perspectiva da antropologia cultural, o estudo com foco na experiência do nascimento apresenta a vivência das pessoas envolvidas neste processo, em um determinado contexto sócio cultural. Esta pesquisa foi realizada no período de 2012/2013, em uma maternidade que atende parturientes em risco habitual da capital do estado do Paraná. Na maternidade em que o estudo foi realizado a população atendida participava de oficinas de preparo para o parto acompanhado. Assim, convidaram-se os participantes destas oficinas para participar de entrevista após a experiência do processo de parto com acompanhante.

Participaram das entrevistas 11 mulheres e seus respectivos acompanhantes. As entrevistas foram realizadas no domicílio das mulheres e de seus acompanhantes que estiveram presentes durante todo o processo de nascimento. O estudo teve o objetivo de conhecer a experiência da mulher e de seu acompanhante de escolha naquele momento. Assim, no decorrer deste texto, apresentam-se algumas narrativas das mulheres e seus acompanhantes, relativas à experiência da participação no processo de parto.

As mulheres apresentam vários motivos para desejarem ter um acompanhante no processo de parto, predominando a necessidade de a mulher sentir segurança, apoio e tranquilidade. A presença do acompanhante lhes proporcionou segurança e proteção, o que foi afirmado na fala:

"Eu escolhi o acompanhante para me sentir mais segura, mais protegida, ter alguém perto que goste de mim... Ter uma pessoa mais próxima deixou-me mais segura." (Mulher 8)

Outro motivo mencionado pelas mulheres foi o fato de poderem contar com o apoio de alguém familiar, o que foi considerado por elas como fundamental para o momento, conforme narrativas:

"O motivo de querer um acompanhante foi o apoio. É importante ter o apoio da pessoa que você gosta." (Mulher 5)

"É um momento único, em que é muito importante ter alguém ao lado apoiando e ajudando. Eu quis ter um acompanhante para ter esse aconchego." (Mulher 11)

Um marido decidiu acompanhar a esposa para poder apoiá-la e também para presenciar o nascimento da filha. Ele considerou fundamental esta ajuda para ambas.

"Eu quis acompanhar para ver milha filha nascer e também para dar apoio para ela. Eu acho que é fundamental o apoio do companheiro, tanto para a esposa, como para a filha." (Acompanhante 5)

A presença do acompanhante possibilitou maior tranquilidade às mulheres, principalmente quando se tratava do pai da criança, conforme o relato:

"A participação do meu esposo (pai da criança) *foi muito importante. Ele é muito calmo, e me trouxe essa tranquilidade."* (M8)

O apoio, segurança e tranquilidade encontrados pela presença de algum ente querido que zelasse por essas mulheres proporcionou calma e fez toda a diferença no decorrer do processo de parto.

Os acompanhantes e as mulheres em trabalho de parto afirmaram que mesmo que a maternidade ofereça o suporte dos profissionais de saúde como médicos, enfermeiros e técnicos de enfermagem, a atenção dispensada pelo acompanhante de escolha é diferente da prestada pelos profissionais conforme seguem:

"Vem o médico, vem a enfermeira... sempre tem uma pessoa do lado, que está zelando pela gestante. Eu acho que isto traz bastante segurança. Ter um acompanhante, como o marido traz mais segurança ainda." (Acompanhante 2)

"Apesar de que aqui as enfermeiras não nos deixarem sozinha, elas ficavam sempre perto, perguntando e ajudando, mas é bom ver o parceiro ali do lado, ver que ele está ajudando do jeito que pode. Isto dá mais segurança... Isso me acalmou bastante." (Mulher 4)

No estudo realizado por Florentino (2003) sobre a participação do acompanhante no processo de nascimento, na perspectiva de humanização do parto, citou-se, dentre as vantagens encontradas, além da minimização do estresse, que as parturientes referiram diminuição da solidão e conforto emocional por terem alguém de confiança durante o parto que não seja o profissional que presta assistência (FLORENTINO, 2003).

O papel do acompanhante no trabalho de parto foi mencionado pelas mulheres que tiveram seus filhos e puderam apropriar-se do auxílio dispensado por seus acompanhantes de escolha de forma positiva, o que foi narrado nas seguintes falas:

> "[...] *foi ativa a participação dele. Porque ele me apoiava, me dava força. Ele estava ali comigo. Me massageava nas horas que eu pedia. Me incentivava com palavras... foi bem legal."* (Mulher 2)

> "Foi essencial. Porque é uma coisa que eu nunca tinha feito. Eu não sabia o que esperar. Não sabia que grau de dor eu ia sentir, não sabia o que ia acontecer. Ele ficou do meu lado o tempo todo." (Mulher 7)

> "Eu acho que se eu estivesse sozinha, eu não suportaria tudo o que suportei. Porque eu acho que ficaria mais nervosa do que fiquei; e ter ele junto comigo me ajudou bastante na hora do parto." (Mulher 9)

Os acompanhantes puderam desempenhar papéis no processo de parto que foram relatados pelas mulheres e acompanhantes, sendo citadas atitudes dos acompanhantes que foram consideradas positivas como: acalmar, estar presente, distrair, encorajar e transmitir força.

O fato dos acompanhantes poderem acalmar as mulheres neste processo foi destacado por elas próprias e pelos acompanhantes, conforme narrativas:

> "Teve uma hora que ele ficou cantando para me acalmar, e me chamou para cantar junto com ele; então foi uma coisa bem legal." (Mulher 3)

> "Na hora que ela dava uma gemida, eu falava para ela ter calma e respirar." (Acompanhante 7)

Outra maneira curiosa encontrada por um dos acompanhantes para transmitir calma à parceira foi adiantar o relógio, para que a mulher pensasse que o momento do parto se aproximava. A estratégia deu certo, conforme a narrativa:

> "Além de conversarmos sempre, a médica falou que o parto seria por volta das 15 horas, então sempre que a dor apertava um pouco eu adiantava o horário. Então ela se acalmava mais." (Acompanhante 4)

Em geral, as mulheres não queriam que os acompanhantes saíssem de perto delas, nem mesmo por alguns instantes, pois julgavam que ter alguém próximo era muito melhor do que ficar sozinha e preferiam a presença constante:

> "Ela não me deixava sair de perto dela. Eu falava que ia buscar um copo d'água e ela dizia que não era para eu sair e eu tinha que pedir para outra pessoa." (Acompanhante 3)

> "Nesse tempo todo, minha mãe ficou comigo. O bom é que se você precisa alguma coisa, pede para o acompanhante. Você não está sozinha. Ter alguém ao lado é melhor." (Mulher 11)

Outro papel importante desempenhado pelos companheiros foi o de encorajar as mulheres e transmitir força, para que elas se sentissem capazes de promover o nascimento do próprio filho, conforme o relato:

> "Ele ficou o tempo inteiro comigo; encorajava-me falando: você vai ter força, você vai conseguir. Ele segurava minha mão e andava comigo." (Mulher 10)

Os acompanhantes consideraram importante o fato de terem transmitido calma e conversado a todo o momento com as mulheres, bem como o fato de as terem estimulado a fazerem força durante o período expulsivo. Eles disseram que neste momento a mulher pode ficar desorientada e, portanto, precisa muito de apoio, conforme os relatos:

> "Eu acho que o acompanhante tem que ser bem calmo e passar toda a força que ele tem; toda a calma para a mulher. Em minha opinião a mulher fica bem desorientada nessa hora. Ela só pensa em fazer força e acabar logo com aquilo. Então eu achei que como companheiro eu deveria falar com ela a todo o momento; conversar com ela e pedir para fazer força na hora do bebê nascer. Nessa hora eu falei: vai, vai, que está saindo!" (Acompanhante 8)

> "Ao acompanhá-la eu pude dar força para ela. Eu sempre perguntava se ela precisava de alguma coisa; falava com a enfermeira para

ver a dilatação como estava; perguntava sobre o soro, quando não estava pingando. Levava ela para o chuveiro, e para a banheira. E falava para ela fazer bastante força." (Acompanhante 10)

Um casal relatou que o acompanhante pode colaborar distraindo a mulher durante as contrações:

> "Tentei conversar, bater um papo para dar uma distraída e não ficar pensando só naquilo." (Acompanhante 1)
>
> "Ele tentava fazer alguma coisa para me distrair, como dar uma risada." (Mulher 1)

As mulheres e acompanhantes referiram como positivo o apoio proporcionado pela presença de alguém de seu relacionamento durante o trabalho de parto e parto.

Esse apoio foi mencionado tanto no aspecto físico, ao suprir as necessidades físicas, como no aspecto emocional, ao oferecer palavras que fortalecessem as mulheres emocionalmente.

A massagem foi uma das formas de apoio físico mencionadas com frequência conforme os relatos:

> "O acompanhante me ajudou com massagem, com exercício, com tudo. Ele foi nota dez." (Mulher 3)
>
> "O meu acompanhante estava do meu lado e me ajudou bastante... Ele fez massagem nas minhas costas." (Mulher 9)

O fato dos acompanhantes oferecerem a mão para as parturientes segurarem e se apoiarem nos momentos de contração foi outra maneira de prestar apoio físico segundo relatado nas falas:

> "Eu sou um pouquinho mais agitada que ele, então eu achei fundamental ele estar perto de mim, mesmo que fosse só para segurar a mão... para eu apertar a mão dele [...] Quando ele chegava perto de mim parecia que era só para eu poder apertar, mas no fundo, no fundo, foi muito importante ter ele perto de mim." (Mulher 8)
>
> "Quando eu precisei, ela meu deu a mão, me apoiou... Minha mãe chamou as enfermeiras e ficou segurando minha mão — eu quase quebrei a mão dela, porque apertei demais." (Mulher 11)

Os companheiros também disseram que no momento das contrações as mulheres se apoiavam neles, e alguns tinham até que fazer bastante força para não cair; também foram citados casos de mordidas e apertões por parte das parceiras, conforme as narrativas:

> "Quando ela estava tendo contração, deitava e me puxava; ficava pendurada em mim — o meu braço ficou dormente e dolorido e as costas também; ela ficava puxando, e eu firmando para não cair." (Acompanhante 3)

> "Eu dava a mão, o braço, para ela apertar e morder. Nessa hora o acompanhante tem que aguentar... Fiquei ajudando ela, jogando água na barriga dela, quando vinham as contrações." (Acompanhante 5)

O carinho, o apoio e a ajuda transmitidos pelo acompanhante foram percebidos pelas mulheres durante a experiência e narrados nas falas:

> "Ele fazia carinho, passava a mão na minha barriga e jogava água." (Mulher 5)

> "Foi bom ter alguém ao meu lado, apoiando e ajudando." (Mulher 11)

Uma mãe que estava acompanhando a filha explicou como fazia para ajudá-la neste momento:

> "Eu ficava segurando a mão dela, confortando, passando a mão no cabelo dela, na barriga, dando aquela força para ela." (Acompanhante 11)

O auxílio do acompanhante no momento do período expulsivo do parto, fazendo o suporte na posição adotada para o nascimento do bebê, também foi relatado como importante, tanto por Maria como por sua irmã:

> "Eu fiz o parto de cócoras e ela me sustentou na posição." (Mulher 6)

> "Ela teve o parto de cócoras e eu a amparei atrás dela; fiquei nas costas." (Acompanhante 6)

O apoio emocional proporcionado pelos acompanhantes foi relatado pelas mulheres como uma experiência que as auxiliou a ter força. Estar junto dando suporte necessário, auxiliando a mulher a se acalmar e utilizando palavras de incentivo, e mesmo o fato de ter paciência neste processo, são atitudes positivas do acompanhante, conforme os relatos:

> "A presença dele proporcionou apoio, principalmente apoio emocional. Ele foi bem legal e ativo; apoiou-me e me deu força, pois estava ali comigo praticamente o tempo todo; incentivou-me com palavras." (Mulher 2)

> "Ela que me apoiou em todos os sentidos, tanto físico como emocional." (Mulher 6)

Estas narrativas apresentam o apoio físico e sustento emocional que o acompanhante pode proporcionar à mulher em um momento novo no qual desconheciam o que iriam enfrentar e isto trouxe tranquilidade. O fato das mulheres se imaginarem sozinhas neste momento dificultaria suportar as aflições encontradas no processo, mas a presença do acompanhante foi fundamental dando o apoio que elas julgavam necessário.

As mulheres posteriormente ao parto referem que o apoio dos acompanhantes, tanto físico como emocional foram importantes no momento de fase ativa do parto em que se percebiam incapazes de levar o trabalho de parto até o final. E este encorajamento dos acompanhantes foi fundamental para que a experiência do processo de nascimento fosse completa como relatado:

> *"Ele me ajudou bastante. Ele me acalmava. Dizia 'calma, daqui a pouco ela (o bebê) está chegando'. Fazia carinho, passava a mão na barriga, jogava água na barriga ... isso me tranquilizou."* (Mulher 5)

> *"E chegou uma hora que eu pensei que ia desistir... pois não aguentava vê-la sentir esta dor, porque era uma dor muito intensa. Eu a vi se torcendo e berrando... pensei em desistir... mas pensei: eu trabalhei isto na minha mente, sempre quis isso; eu vou continuar aqui, vou ficar aqui; é o que eu quero; quero ver minha filha nascendo; eu quero acompanhar ela (a mãe)."* (Acompanhante 5)

Em um estudo realizado no Ceará, em 2008, com mulheres que tiveram parto anterior sem acompanhante e posterior com acompanhante encontrou que as atitudes apresentadas pelos acompanhantes frente a sua participação no processo de parto foram: presença constante, toque, palavras de encorajamento e massagens. Além disso, o estudo concluiu que a maioria das entrevistadas considerou a presença do acompanhante um fator muito importante neste momento (TELES *et al.*, 2010).

No estado do Paraná, em 2009, uma pesquisa que teve como objetivo conhecer a percepção da mulher sobre o processo de parto acompanhado resultou em sentimentos positivos e negativos conforme narrativa dos participantes. Dentre os sentimentos positivos citados foram segurança, tranquilidade, apoio físico, gratidão e emoção. Já os sentimentos negativos foram relatados como solidão e medo em alguns momentos, devido ao acompanhante não estar presente de forma contínua em todo o processo de parto. Também foi referido o sentimento de pressão — decorrente de excesso de incentivo — no momento do parto por verbalização do acompanhante para que a mulher fizesse força no período expulsivo do parto (PALINSKI *et al.*, 2012).

Em estudo realizado na capital do Rio Grande do Sul, em 2009, os companheiros relataram preocupação com a solidão das mulheres e acreditam que caso não estivessem presentes as mulheres poderiam sentir-se abandonadas e solitárias, e isto contribuiria de forma negativa na experiência de parturição. E a presença do pai do bebê poderia intervir de forma benéfica, deixando as mulheres mais calmas e tranquilas (PERDOMINI; BONILHA, 2011).

Os pais também relataram os benefícios do suporte para as mulheres durante o nascimento de seus filhos, reforçando o conforto e a tranquilidade proporcionada à parturiente. Foi informada, também, a vivência de sentimentos e de emoções singulares que, acredita-se, possa fortalecer os vínculos entre pais e filhos (TOMELERI *et al.*, 2007).

Em pesquisa realizada em maternidade do interior da Bahia, em 2008, as mulheres apontaram a segurança e o encorajamento proporcionado por acompanhante de escolha delas no processo de parto. O mesmo estudo mostrou que as mulheres referiram medo de estarem sozinhas no momento do nascimento de seus filhos, enquanto a presença do acompanhante foi apontada por elas como contribuição para que o momento do parto fosse menos estressante (SANTOS *et al.*, 2011).

Estudo realizado no Paraná sobre a percepção do acompanhante no processo de nascimento mostrou que os relatos dos sentimentos vividos foram intensos e variados. Os acompanhantes referiram sentirem-se importantes por poderem oferecer apoio e incentivo neste momento do processo parturitivo, e afirmaram também um sentimento de satisfação com o papel desempenhado, pois proporcionaram apoio para que a parturiente ficasse mais tranquila e confiante, e relataram ainda o fortalecimento dos vínculos familiares (GONZALEZ *et al.*, 2012).

Acredita-se que principalmente a presença do pai no processo de parto possa fortalecer o vínculo familiar o que se verificou nas narrativas dos acompanhantes e das mulheres que vivenciaram este momento e que foi relatado como:

> *"foi minha primeira filha. E acompanhar a mãe faz com que a filha sinta firmeza de que a gente está junto e que vamos sempre estar juntos..."* (Acompanhante 10)
>
> *"Acho que é importante ele estar junto naquela hora. Passar por um pouquinho do que a gente passa, ver como é. Acho bom*

para o relacionamento também. É importante estar participando e mostrando interesse..." (Mulher 4)

A valorização do papel feminino e a coparticipação no cuidado com os filhos, bem como o reconhecimento da mulher como capaz de parir, como corajosa e uma visão da importância do companheirismo e solidariedade na criação dos filhos é reforçada nas questões de gênero que se seguem:

> *"Enquanto está todo mundo maquiado, perfumado é uma coisa; é fácil ver... mas na hora em que você está ali, descabelada, gritando de dor, naquela posição (ginecológica) mais horrível do mundo... o cara (parceiro) estar ali do lado é porque ama mesmo..."* (Mulher 7)
>
> *"porque a gente (marido) acaba dando um pouquinho mais de valor para a mulher diante da dor que ela está sentindo."* (Acompanhante 1)
>
> *"Ela foi bem forte, bem guerreira. Eu achava que ela não fosse conseguir ter um parto normal, mas ela se mostrou totalmente diferente; foi lá e batalhou."* (Acompanhante 8)

Durante a gestação as mulheres escolhem a pessoa que irá acompanhá-las no momento do trabalho de parto e parto. Estas escolhas são as mais variadas e incluem a mãe, irmã, cunhada, uma amiga, o marido e ou companheiro (JARDIM; PENNA, 2012).

Seja quem for o acompanhante de escolha é importante ressaltar que não requer nenhum preparo técnico anterior, pois representa apenas alguém com quem a gestante irá compartilhar seus temores, que auxiliará a minimizar sua ansiedade e encorajará a parturiente nas dificuldades peculiares ao momento do trabalho de parto e parto (BRASIL, 2001).

Porém, a realização de um pré-natal em que sejam feitas orientações pertinentes ao processo de parto pode colaborar no sentido de minimizar o estresse, orientando os acompanhantes para promoverem uma atenção mais voltada à necessidade da mulher, como medida de conforto físico e apoio emocional (SANTOS *et al.*, 2011).

Nesse contexto, o casal necessita de orientação e apoio de profissionais de saúde para manter o controle emocional. Assim, os cursos de preparo para o parto proporcionam conhecimentos que podem auxiliar a preparar o casal física e psicologicamente para o processo de parto, propiciando o desenvolvimento de competências que facilitem o andamento da gestação e do nascimento, ajudando, assim, a família a ultrapassar desconfortos e dificuldades, e a adquirir confiança para o momento (PEDRAS, 2007).

Os acompanhantes que participaram de oficinas de preparo para o parto demonstraram que as orientações recebidas foram fundamentais para minimizar a ansiedade e proporcionar segurança tanto para a mulher como para si próprios (GONZALEZ *et al.*, 2012).

A participação dos acompanhantes em cursos de preparo para o parto é reforçada como positiva para auxiliar na vivência do trabalho de parto, principalmente pelo sentimento de impotência apresentado diante da dor da parturiente que é inerente ao processo, conforme foi expresso nas falas dos acompanhantes e mulheres:

> *"Eu tentei fazer algumas coisas que foram ensinadas na palestra. Por exemplo, em casa mesmo, eu já comecei a fazer massagem nas costas dela."* (Acompanhante 5)
>
> *"Como ele fez o curso, foi fundamental; porque ele sabia o que fazer. Ele sabia como me acalmar. Ele sabia como me ajudar nos exercícios que eu devia fazer, como eu deveria fazer os exercícios."* (Mulher 3)

A presença do acompanhante está relacionada também à proteção de mulheres que apresentaram complicações graves no parto ou puerpério, quadro configurado como *near miss*; estas mulheres sobreviveram devido ao acompanhante ter reconhecido prontamente o agravamento do estado de saúde apresentado por elas e buscado auxílio junto aos profissionais de saúde (DINIZ; 2009).

O sentimento de medo de que alguma coisa de ruim lhes acontecesse ou mesmo aos seus filhos, por estarem privadas da presença de alguém de seu convívio social, foi relatado por mulheres. Este medo, muitas vezes, está relacionado à caracterização do parto como um evento de sofrimento, que é normalmente vinculado pela mídia, e até mesmo por informações negativas sobre o processo de parto que são transmitidas nos relatos de experiência de outras mulheres (SANTOS *et al.*, 2011).

Em estudo realizado por Enkin *et al.* (2000), a presença do acompanhante durante o exame obstétrico inicial trouxe alívio e foi julgado pelas mulheres como prazeroso. Já as mulheres que não puderam ter este acompanhante referiram desapontamento com esta privação, quaisquer que fossem os motivos: seja por impedimento de trabalho do parceiro, ou devido ao cuidado com os outros filhos, ou mesmo por rotinas hospitalares que negaram tal presença (ENKIN *et al.*, 2000).

Em algumas maternidades, os acompanhantes são impedidos de permanecerem junto a gestante em algum período do processo de parto. Na maternidade referida neste capítulo os acompanhantes são privados de entrarem na sala de triagem para a avaliação inicial. Os acompanhantes são levados para ficarem junto à parturiente somente quando já estão preparadas para serem internadas no centro obstétrico conforme as narrativas:

> *"No momento da internação, na consulta inicial não foi permitido a presença dele. Ele só entrou para pegar as minhas roupas."* (Mulher 10)

> *"No começo eu não pude ir lá para dentro, quando ela entrou para verem com quanto ela estava de dilatação; para ver se ela ia ficar ou não."* (Acompanhante 5)

Entretanto, apesar dos benefícios da presença do acompanhante apontados nos estudos, ainda muitas instituições de saúde não permitem que o acompanhante permaneça junto à mulher no processo de parto. As justificativas para a negação deste direito se pautam na necessidade de adequação do ambiente e da sensibilização dos profissionais de saúde (BRUGGEMANN *et al.*, 2010).

Somente uma minoria de mulheres não deseja efetivamente ter um acompanhante no processo de parto (ENKIN *et al.*, 2000). Esta decisão pode estar relacionada ao fato de se acreditar que a presença de algum conhecido possa deixar a mulher mais apreensiva (SANTOS *et al.*, 2011). O importante é que o desejo de cada mulher seja respeitado.

Neste sentido, o MS salienta ainda que o parto precisa ser redescoberto como o momento do nascimento e que os seus significados devem ser acatados e a mulher deve ter seu direito de mãe assegurado com humanidade e segurança (SANTOS *et al.*, 2011).

Mesmo frente aos benefícios apresentados, algumas instituições públicas e privadas ainda têm restringido a mulher e sua família de vivenciar este momento de forma plena, desrespeitando o direito assegurado pela Lei nº 11.108/2005 (BRASIL, 2005). Muitas vezes a falta de conhecimento do dispositivo legal também tem contribuído para que muitas mulheres não usufruam deste direito, o que têm levado as mesmas a irem desacompanhadas às maternidades.

Somente após a promulgação da Lei Federal nº 11.108 é que algumas instituições hospitalares passaram a favorecer o cumprimento da lei, porém de uma forma ainda muito lenta e restrita, apesar da presença do acompanhante estar prevista na legislação, esta ainda não vem sendo cumprida na maioria dos hospitais públicos (FLORENTINO; GUALDA, 2007).

CONSIDERAÇÕES

Apesar da assistência ao parto ter sofrido considerável transformação nas últimas décadas, ainda percebe-se o quanto se faz lenta a inserção do acompanhante de escolha da mulher para o processo de parto.

Os relatos das pesquisas têm apontado o importante papel dos acompanhantes no processo de nascimento. Foram apresentados relatos de sentimento de segurança, bem como a diminuição do medo e o apoio emocional e físico proporcionado por acompanhantes de escolha, o que tem sido apresentado como benéfico por muitas mulheres que puderam ter esta experiência.

O isolamento de parturientes ainda é uma realidade em muitas instituições hospitalares, devido ao não cumprimento da lei. Estudos recentes apontam que mesmo frente à promulgação da lei do acompanhante são colocados empecilhos para que os acompanhantes não possam participar desse momento, sob a alegação de falta de espaço físico e de prejuízo à privacidade de outras pacientes e da própria parturiente.

Entretanto, há instituições hospitalares que têm introduzido o cuidado humanizado na assistência ao parto e mesmo com atitudes simples e espaço físico adaptado, têm assegurado a presença do acompanhante e proporcionado uma procura por parte de algumas mulheres pelo parto que pode impactar na diminuição dos índices de cesarianas.

Faz-se necessária conscientização dos profissionais de saúde responsáveis pelo atendimento ao parto nas instituições hospitalares para permitirem a inserção do acompanhante como benefício para as mulheres no andamento do processo de parto, assegurando o cumprimento da lei e resguardando a saúde da mulher e do bebê.

REFERÊNCIAS BIBLIOGRÁFICAS

BRASIL. **Lei nº 11.108**, de 7.4.2005. Altera a Lei nº 8.080, de 19.9.1990, para garantir às parturientes o direito à presença de acompanhante durante o trabalho de parto, parto e pós-parto imediato, no âmbito do Sistema Único de Saúde — SUS. Disponível em: <http://www.planalto.gov.br/ccivil_03/_Ato20042006/2005/Lei/L11108.htm>. Acesso em: 25 fev. 2011.

BRODSKY, P. L. **The control of childbirth:** women versus medicine through the age. McFarland, 2008.

BRUGGEMANN, O. M.; PARPINELLI, M. A.; OSIS, M. J. D.; CECATTI, J. G.; NETO, A. S. C. Apoio à parturiente por acompanhante de sua escolha em maternidade brasileira: ensaio clínico controlado randomizado. **Ver, Tempus Actas Saúde Col**., p. 155-9, 2010.

DIAS, M. A. B.; DESLANDES, S. F. Humanização da assistência ao parto no serviço público: reflexão sobre desafios profissionais nos caminhos de sua implementação. In: DESLANDES, S. F. **Humanização dos cuidados em Saúde. Conceitos, dilemas e práticas**. Rio de Janeiro, Fiocruz, 2006.

DINIZ, S. G. Gênero, saúde materna e o paradoxo perinatal. **Rev. Bras. Crescimento Desenvolvimento Humano**, São Paulo, v. 19, n. 2, ago. 2009. Disponível em: <http://www.revistasusp.sibi.usp.br/scielo.php>. Acesso em: 1º jun. 2011.

ENKIN, M. *et al.* **A guide to effective care in pregmancy and childbirth**. 30. ed. New York: Oxford University, 2000.

FLORENTINO, L. C.; GUALDA, D. M. R. A participação do acompanhante no processo de nascimento na perspectiva de humanização. **Revista Nursing**, v. 10, n. 110, p. 319-23, 2007.

FLORENTINO, L. C. **A participação do acompanhante no processo de nascimento na perspectiva da humanização**. Tese (doutorado). Escola de Enfermagem, Universidade de São Paulo, São Paulo, 2003.

GONZALEZ, A. D.; FERNANDEZ, E. S.; SILVA, E. F.; RABELO, M.; SOUZA, S. R. R. K. Percepção do acompanhante no processo do nascimento. **Cogitare Enferm.,** v. 17, n. 2, p. 310-4, 2012. Disponível em: <http://www.ser.ufpr.br/cogitare>.

JARDIM, D. M. B.; PENNA, C. M. M. Pai-acompanhante e sua compreensão sobre o processo de nascimento do filho. **Rev. Min. Enferm**., v. 16, n. 3, p. 373-381, 2012.

LEAVITT, J. W. **Make room for daddy:** the journey from waiting room to birthing room. The University of North Carolina, 2009.

MEIHY, J. C. S. B.; RIBEIRO, S. L. S. **Guia prático de história oral:** para empresas, universidades, comunidades, famílias. São Paulo: Contexto; 2011.

MINISTÉRIO DA SAÚDE (BR). **Programa de humanização do parto:** humanização no pré-natal e nascimento. Brasília, 2002.

MINISTÉRIO DA SAÚDE (BR). Secretaria de Políticas de Saúde. Área Técnica de Saúde da Mulher. **Parto, aborto e puerpério:** assistência humanizada à mulher. Brasília: Ministério da Saúde, 2001.

MOTT, M. L. Assistência ao parto: do domicílio ao hospital (1830-1960). **Proj. História**, n. 25, 2002.

PALINSKI, J. R.; SOUZA, S. R. R. K.; GUALDA, D. M. R.; SILVEIRA, J. T. P.; SALIM, N. R. Women's perception of the process of labor coaching: study descriptive. **Braz. J. Nurs** [periodic *online*], v. 11, n. 2, p. 274-88, 2012 Aug [cited 2012 sep 03]. Available from: <http://www.objnursing.uff.br/index.php/nursing/article/view/3603/HTML>.

PEDRAS, C. R. N. Preparação para a parentalidade. **Servir.**, v. 55, n. 45, p. 166-9, 2007.

PERDOMINI, F. R. I.; BONILHA, A. L. L. A participação do pai como acompanhante da mulher no parto. **Texto Contexto Enferm**., v. 20, n. 3, p. 245-52, 2011.

ROHDEN, F. Sexualidade e gênero na medicina. In: SOUZA, N. A.; PITANGUI, J. (org). **Saúde, corpo e sociedade**. Rio de Janeiro: UFRJ, 2006.

SANTOS, L. M.; BARBOSA, T. S.; PAIVA, M. S.; SOUZA, A. G.; SANTANA, C. B.; LOPES, D. M. Percepção da puérpera sobre a participação do acompanhante no processo parturitivo. **Rev. enferm. UFPE** *on line*, v. 5, n. 5, p. 1105-111, 2011.

TELES, L. M. R.; PITOMBEIRA, H. C. dos S.; OLIVEIRA, A. S. de O.; FREITAS, L. V.; MOURA, E. R. F.; DAMASCENO, A. K. de C. Parto com acompanhante e sem acompanhante: a opinião das puérperas. **Cogitare Enferm.,** v. 15, n. 4, p. 688-94, 2010.

TOMELERI, K. R.; PIERI, F. M.; VIOLIN, M. R.; SERAFIM, D.; MARCON, S. S. Eu vi meu filho nascer: vivência dos pais na sala de parto. **Rev. Gaúcha Enferm.,** v. 28, n. 4, p. 497-504, 2007.

WORLD HEALTH ORGANIZATION (WHO). **Care in normal birth:** a practical guide. Maternal and newborn health — safe motherhood unit. Geneva: WHO, 1996.

Capítulo 10

Nascimento Bororo na Fronteira: Entre os Saberes Tradicionais e os Saberes Biomédicos

Renata Marien Knupp Medeiros
Beleni Saléte Grando

Introdução

A partir de nossa pesquisa qualitativa em nível de mestrado, que nasce da observação de um grande número de gestantes Bororo que atualmente acessam os serviços médicos junto a uma maternidade pública na cidade de Rondonópolis, buscamos identificar quais são os saberes e fazeres que tecem o corpo da mulher Bororo, compreendendo o nascimento nessa sociedade indígena em Mato Grosso (MT).

Este estudo visou compreender os processos de educação tradicional inscritos no corpo Bororo, no que se refere à concepção, gestação, parto e pós-parto, e os processos de enfrentamento dessa educação diante dos saberes e fazeres biomédicos que se impõem no momento do atendimento à mulher gestante, quando adentram o hospital para dar à luz.

Nesse contexto, observa-se que, na lógica hegemônica de funcionamento do sistema médico hospitalar, a atenção oferecida ao parto e nascimento contrasta com as práticas tradicionais indígenas e com a forma como os corpos são percebidos e construídos nas diferentes culturas.

As relações estabelecidas no campo da saúde, impregnadas de valores do modelo tecnocrático, que faz separação entre corpo e mente, opõem-se à visão holística de saúde presente na cultura indígena,

> [...] cujo princípio é a harmonia de indivíduos, famílias e comunidades com o universo que os rodeia. As práticas de cura respondem a uma lógica interna de cada comunidade indígena e são o produto de sua relação particular com o mundo espiritual e os seres do ambiente em que vivem. (FUNASA, 2002, p. 17)

Deste modo, compreendemos o hospital como um local de "fronteira interétnica" por se tratar de "[...] espaços de trânsito, articulação e troca de conhecimentos, assim como espaços de incompreensões e de redefinições identitárias dos grupos envolvidos nesse processo, índios e não índios" (TASSINARI, 2001, p. 50).

A fronteira a que fazemos referência não se restringe a uma delimitação geográfica, mas abrange os espaços que possibilitam o encontro de sociedades e culturas diferentes entre si, como, por exemplo, a sociedade indígena e a sociedade dita "civilizada" (MARTINS, 1997).

Segundo Martins (1997), a fronteira tem sido o lugar da busca de oportunidades, mas, também, um lugar de redução aos valores, concepções e modos de viver da sociedade dominante. Logo, o que há de sociologicamente mais relevante para caracterizar e definir a fronteira no Brasil é, justamente, a situação de conflito social, frequentemente negligenciada por diversas publicações.

Portanto, assim como em outros espaços de fronteira, observa-se que a interação indígena e não indígena no ambiente hospitalar "ocorre numa conjuntura de conflito, na qual os conhecimentos indígenas são considerados menos valiosos que os da biomedicina e concebidos como obstáculo ao 'desenvolvimento'" (PEREIRA, 2012, p. 531); deste modo, nega-se a possibilidade do indígena contribuir com a melhoria de sua saúde.

Os conflitos sociais, especialmente entre indígenas e não indígenas, podem ser explicados pelo comportamento etnocêntrico, que consiste na tendência que o ser humano possui de enxergar o outro através da sua cultura e considerar lógico apenas o seu próprio sistema, atribuindo aos demais um alto grau de irracionalismo (LARAIA, 1997).

Para melhor compreendermos estes conflitos e em especial, a perspectiva de nascimento do povo Bororo, recorremos à antropologia e etnografias de sociedades indígenas brasileiras a fim de (re)conhecer nas especificidades culturais do "outro" as possibilidades de práticas de atendimento à saúde pautadas nos princípios da interculturalidade e alteridade.

O presente estudo buscou compreender os aspectos biossociais do nascimento, indo além de uma simples investigação biomédica, ao oportunizar uma visão mais abrangente desse evento numa concepção holística do cuidado.

No entanto, ao refletirmos sobre o crescente processo de medicalização do corpo Bororo que vivencia o parto hospitalar, não estamos desconsiderando o direito de acesso aos serviços de saúde biomédicos que os povos indígenas possuem enquanto cidadãos.

Caminhos metodológicos

Essa pesquisa, de abordagem antropológica, se pautou no trabalho etnográfico mediado por um pesquisador Bororo que acompanhou todo o processo e possibilitou um diálogo intercultural fundamental para a coleta de dados com as pessoas da comunidade de Córrego Grande, terra indígena Tereza Cristina, localizada no município de Santo Antônio do Leverger, Mato Grosso.

No estado, atualmente, vivem 42.525 indígenas pertencentes a 43 diferentes povos, espalhados em diversos municípios. Desse contingente, o Povo Bororo soma 2.348 indivíduos e compreende a terceira maior população, com seus territórios localizados em cinco Terras Indígenas já demarcadas (BRASIL, 2012). A língua falada é o Bororo, do tronco linguístico Macro-Jê, e sua autodenominação é "Boe", que tem por significado: gente, pessoa humana.

Segundo a literatura, originalmente são caçadores e coletores, e o contato com a sociedade envolvente acarretou outras formas de relações sociais e econômicas, tais como a possibilidade de trabalho assalariado, a comercialização de artesanatos, a agricultura e os benefícios governamentais (SOUZA; PAGLIARO; SANTOS, 2009). Quanto à alimentação, é comum aos Bororo da região pantaneira, onde pesquisamos, a apreciação do peixe como um dos pratos favoritos.

A opção metodológica se refere ao reconhecimento de que a etnografia nos permite estudar pessoas no sentido coletivo da palavra e não individualmente:

> Assim sendo, é uma maneira de estudar pessoas em grupos organizados, duradouros, que podem ser chamados de comunidades ou sociedades. O modo de vida peculiar que caracteriza um grupo

é entendido como a sua cultura. Estudar a cultura envolve um exame dos comportamentos, costumes e crenças aprendidos e compartilhados do grupo. (ANGROSINO, 2009, p. 16)

Tal abordagem foi a mais oportuna, por realçar as subjetividades da sociedade estudada e dar evidência a alguns aspectos necessários à compreensão dos elementos culturais que configuram as expectativas relacionadas aos cuidados dispensados ao nascimento, para, então, compreendermos um pouco mais sobre a relação da sociedade Bororo com o sistema de saúde oficial.

A realização da pesquisa foi precedida de uma consulta à comunidade e autorização formal das lideranças indígenas de Córrego Grande. Após aceitação consensual, formalizada com a assinatura do cacique, o projeto foi encaminhado para os trâmites institucionais, conforme estabelece o Conselho Nacional de Saúde, através da Resolução nº 466, de 2012 (BRASIL, 2012).

A coleta de dados foi realizada durante os meses de janeiro e fevereiro de 2014, e os contatos realizados dentro da comunidade possibilitaram a indicação de mulheres que vivenciaram/vivenciavam a gestação e o parto, bem como dos sábios anciãos e anciãs, responsáveis por repassar os valores tradicionais e seus significados às futuras gerações, para que possam dar continuidade à cultura Bororo.

A pesquisa contou com a participação de 13 informantes principais, sendo dez do sexo feminino e três do sexo masculino. A idade(18) das mulheres variou entre 24 e 70 anos, e dos homens entre 54 e 60 anos. Todos os homens são anciãos e pais. Com exceção de uma única participante, todas as mulheres são mães e o número de filhos entre elas variou de um a sete.

Dentre as mulheres, uma delas encontrava-se no terceiro trimestre gestacional, uma no 10º dia pós-parto, duas delas atuaram como parteiras tradicionais na comunidade, duas são anciãs, uma auxiliar de serviços gerais no Posto de Saúde Indígena (PSI) e uma professora.

Considerando que os sujeitos deste estudo são anciãos, anciãs e demais autoridades no tema de estudo, após a devida autorização dos entrevistados, mantivemos seus nomes a fim de reconhecermos a importância de seus saberes junto à comunidade. Assim como fizemos com os estudiosos reconhecidos na academia, os autores do pensamento Bororo também serão referenciados e identificados pelo primeiro nome, forma pela qual são reconhecidos na comunidade.

(18) Muitos informaram uma idade aproximada, visto não se lembrar com exatidão.

Além da observação participante, cujos registros foram realizados no diário de campo, a entrevista também foi utilizada como importante instrumento metodológico para a coleta de dados da pesquisa. A entrevista etnográfica é de natureza aberta e deve ser conduzida como uma conversa, na qual um membro bem informado do grupo ajuda o pesquisador a ir formulando as questões, enquanto ela se desenrola. Não se trata de uma mera versão oral de um questionário, visto que seu objetivo é sondar significados e explorar nuances que possam capturar áreas obscuras. Para tanto, lançamos mão de questões investigativas destinadas a manter a entrevista fluindo em direções produtivas (ANGROSINO, 2009).

As entrevistas tiveram a duração média de 60 minutos e ocorreram dentro da comunidade indígena, sendo a maioria delas realizada na casa dos sujeitos participantes. O trabalho de campo foi finalizado com a recorrência aos dados. Tal critério refere-se ao conhecimento formado pelo pesquisador de que conseguiu entender a lógica interna do grupo investigado, obtendo-se, assim, as informações desejadas (MINAYO, 2010).

Em posse dos dados coletados, recorremos a Fonseca (1999) para nos orientar quanto à passagem entre o trabalho de campo e as interpretações analíticas, baseadas no método etnográfico que se desdobra em cinco etapas:

1. estranhamento (dos acontecimentos no campo);
2. esquematização (dos dados empíricos);
3. desconstrução (dos estereótipos preconcebidos);
4. comparação[19] (com exemplos retirados da literatura antropológica);
5. sistematização (do material em modelos alternativos).

Resultados e discussão

No sistema nativo de atenção à gestação e parto, após a descoberta da gravidez, as mulheres Bororo eram acompanhadas por parteiras. Du-

(19) Nessa etapa, optamos por realizar o cotejo, que pode ser entendido como o ato de colocar junto sem a intenção de comparar, ou buscar atingir uma unidade. Nesse processo, objetivamos estabelecer melhor as diferenças, reconhecendo assim a diversidade.

rante as entrevistas foram feitas muitas referências positivas às parteiras que atuaram na comunidade em um passado recente, demonstrando grande confiança e reconhecimento no trabalho de coragem, calma e paciência por elas realizado.

Era muito comum a presença de parteiras dentro das famílias, isso porque os assuntos relacionados à gestação e parto sempre foram muito corriqueiros entre as mulheres, o que fazia com que as mais experientes, seja pelo fato de já serem mães ou por terem assistido vários nascimentos, se apresentassem para esse ofício muito prestigiado.

Conforme algumas informantes, a posição escolhida para dar à luz era preferencialmente a sentada, mais conhecida como cócoras, e o ambiente do parto era silencioso e exclusivamente feminino. Além da parteira, a mãe da gestante e algumas mulheres da família poderiam ficar no local, contudo, o pai do bebê só era autorizado a adentrar no recinto após o nascimento e os detalhes do parto não poderiam ser revelados aos homens.

A placenta, conhecida entre os Bororo como o "companheiro da criança", não se tornava um dejeto após o nascimento, e era cuidadosamente enterrada pelo pai da criança na soleira da porta da casa, a fim de garantir proteção ao recém-nascido.

Apesar de a mulher Bororo ter sido culturalmente preparada para dar à luz aos seus filhos em casa, em ambiente privado, acompanhada de uma parteira e/ou familiares, esse modelo de atendimento começou a mudar em Córrego Grande a partir do contato com a sociedade não indígena e com a instalação do Posto de Saúde Indígena (PSI) na aldeia, quando o acompanhamento das gestantes pelo sistema médico oficial foi gradativamente ganhando espaço na comunidade.

O contato com saberes e práticas até então desconhecidos pelo povo Bororo suscitou dúvidas com relação à segurança do parto na aldeia:

> *O pessoal da saúde falou que é um perigo ganhar criança* (na aldeia)... *Que hoje tem médico, enfermeira, carro para levar para a cidade... Antigamente mulher morria com barriga, agora tem que ir pra lá, esperar sentir dor lá... Agora é tudo na cidade...* (Moema)

Conforme Jordan (1993), os países em desenvolvimento e com cultura ocidental tendem a adotar o modelo patológico de nascimento com enfoque no "alto risco", fazendo com que a população se torne cada vez mais dependente da alta tecnologia oferecida pelas instituições hospitalares.

Desse modo, entendemos, tal como se refere o escritor e médico obstetra Ricardo Jones[20], que a partir do surgimento da assistência médico-hospitalar, a instauração do medo do parto tornou-se necessária para o sucesso deste modelo, uma vez que, quanto maior o medo apresentado pelas mulheres em relação ao processo fisiológico e natural, mais facilmente elas se sujeitariam à assistência hospitalar medicalizada, aceitando passivamente os processos de intervenção em seus corpos. Assim, assistimos nas últimas décadas uma diminuição gradual e constante da autoconfiança das mulheres na sua capacidade de gestar e parir. A ideia de que o mecanismo de parto é defeituoso, mal elaborado e de que a intervenção de um componente masculino é necessária, foi sendo progressivamente introduzida e acolhida pela sociedade ocidental, tornando as mulheres cada vez mais inseguras para lidar com o evento.

Com a ampliação da cobertura e facilidade do acesso aos serviços de saúde biomédicos, o nascimento Bororo, antes administrado no próprio ambiente familiar e comunitário com técnicas de cuidado autóctones, se tornou uma necessidade médica. A preferência por este modelo de assistência foi sendo construída nas relações estabelecidas entre os profissionais de saúde e a população de Córrego Grande.

Atualmente, 100% dos partos acontecem em hospital público, referência para o atendimento obstétrico de algumas populações indígenas, que, em sua maioria, pertencem à etnia Bororo. A equipe de saúde indígena informa que, quando muito raramente ocorre algum parto na aldeia, não é resultado de uma escolha da mulher ou de sua família, mas, sim, da dificuldade de acesso rápido ao atendimento hospitalar.

Com relação aos partos, as informantes acima dos 24 anos relatam vivências mistas, uma vez que seus primeiros filhos nasceram com parteiras, na própria comunidade, e, os mais novos, no hospital. A maioria das mulheres acima de 50 anos não teve experiência com o sistema médico oficial durante a gravidez. De forma contrária, as mais jovens não possuem experiência de parto assistido por parteira.

Dorinha, filha de parteira tradicional, conta que teve seus dois primeiros filhos na aldeia, aparados por sua mãe, contudo, afirma que:

> *Desde que criou esse caminho para cidade, pra mulher ganhar bebê lá, não confiam mais ficar aqui* (na aldeia), *acham que lá é melhor do que aqui...* (Dorinha)

(20) Reflexão realizada pelo médico obstetra Ricardo Jones durante sua palestra: *O Papel da Mulher e do Homem, os Medos no Parto e a Sexualidade Feminina* no Congresso *online* de nascimento natural e humanizado "*Nascer Melhor*" em 20.3.2015.

O cenário do nascimento não sofreu alteração apenas para algumas populações indígenas, uma vez que o parto domiciliar sem intervenções foi uma prática que predominou por um longo período na sociedade ocidental. Contudo, a partir do século XX, com o advento da medicina, o parto passou a não ser mais visto como um evento fisiológico e natural, mas sim patológico, portanto, dependente de intervenções medicamentosas e/ou cirúrgicas. Nesse contexto, o domicílio não se enquadrava mais como local adequado para a maioria dos nascimentos, que passou a acontecer nos hospitais, por serem considerados ambientes mais seguros[21] (CRIZÓSTOMO; NERY; LUZ, 2007).

Brigitte Jordan (1993) afirma que a obstetrícia se consolidou de forma imperiosa, desautorizando outras formas de conhecimento. Assim, as práticas relacionadas com os saberes populares foram gradativamente sendo destituídas de legitimidade e, consequentemente, as figuras prestadoras de cuidado, relativas a tais atividades, foram proibidas do exercício da profissão — como no caso das parteiras.

Após a institucionalização do parto, países de Terceiro Mundo passaram a adotar a importação de tecnologia obstétrica como estratégia de desenvolvimento. Muitos dos sistemas de parto caracterizam-se por atendimentos hospitalares farmacologicamente geridos, utilização de ultrassonografias e monitoramento fetal eletrônico, indução do trabalho de parto com hormônios sintéticos, instrumental e parto cirúrgico, além do cuidado aos recém-nascidos prematuros em unidades de terapia intensiva. É evidente que esse tipo de instalação contribuiu para a diminuição da morbimortalidade materna e neonatal, contudo, não se questionou os efeitos negativos decorrentes da importação dessa tecnologia (JORDAN, 1993).

Segundo Jordan (1993), o indiscutível espaço de superioridade ocupado pela biomedicina leva a uma desvalorização generalizada dos conhecimentos referentes ao sistema de parto indígena. O valor simbólico da sofisticada tecnologia representa modernização e progresso, enquanto as formas tradicionais simbolizam a "ignorância" e o atraso que os programas de desenvolvimento tanto se empenham em erradicar, e por isso descartam a baixa tecnologia tradicional, independentemente da eficácia que a mesma possa apresentar.

(21) No sistema obstétrico contemporâneo, apesar da hegemonia do parto hospitalar medicalizado, existe um crescente movimento de humanização que propõe uma atenção diferenciada ao parto e nascimento. Esse modelo de assistência conta com a participação de parteiras profissionais e pode acontecer em ambientes extra-hospitalares, como o domicílio ou casas de parto.

Assim, é comum nestes países a existência de dois diferentes sistemas de parto: o tradicional e o biomédico. A integração do sistema moderno com os métodos tradicionais de cuidados em saúde tem sido repetidamente defendida, contudo, observa-se que os sistemas tradicionais têm absorvido muito mais os elementos da medicina ocidental biomédica, do que o contrário. Segundo Jordan (1993), os sistemas de parto tradicionais estão passando por profundas mudanças com a influência da medicina ocidental e é o alto prestígio do modelo médico que fornece o padrão para a mudança.

A autora afirma que as recentes críticas a esse modelo hegemônico têm feito surgir em alguns locais da Europa Ocidental e Estados Unidos da América alternativas que incentivem partos domiciliares acompanhados por parteiras profissionais, na tentativa de minimizar o uso desenfreado da alta tecnologia invasiva no nascimento.

Mesmo com os avanços da medicina:

> "[...] estamos assistindo hoje a uma profunda crise da assistência médica na Europa e na América do Norte. Muitas razões são apontadas para o descontentamento generalizado com as instituições médicas — inacessibilidade de serviços, ausência de simpatia e solicitude, imperícia ou negligência —, mas o tema central de todas as críticas é a impressionante desproporção entre o custo e a eficácia da medicina moderna. Apesar do considerável aumento nos gastos com saúde nas últimas três décadas, e em meio aos pronunciamentos dos médicos acerca do valor da ciência e da tecnologia, a saúde da população não parece ter apresentado uma melhora significativa." (CAPRA, 1982, p. 114)

O que vemos nos países mais pobres, cuja influência do sistema econômico impõe-se, dificultando o acesso aos bens sociais que qualificam a vida coletiva, é a manutenção de uma cultura de dependência das indústrias da doença, e um número cada vez maior de pessoas buscando assegurarem o acesso ao modelo de nascimento medicalizado, cada vez mais tecnológico.

Capra (1982) acredita que a prática médica sempre se baseará em alguma forma de intervenção, contudo, não é necessário que ela seja tão excessiva e fragmentária, como tem acontecido, na assistência contemporânea à saúde. As terapias praticadas por curandeiros, por exemplo, baseiam-se num profundo respeito pela autocura, na noção de que o indivíduo é responsável e pode iniciar, por si próprio, um processo que o leve a ficar bem. Tal atitude contrasta com o enfoque biomédico, que delega toda a autoridade e responsabilidade ao médico (1982, p. 138).

Apesar de reconhecerem os benefícios do parto realizado na aldeia, principalmente pela garantia do nascimento pela via vaginal, ambiente privado, acolhimento familiar e melhor recuperação pós-parto, atualmente, ter um parto hospitalar é desejo unânime entre as mulheres de Córrego Grande. A principal razão de tal escolha é o medo da ocorrência de complicações durante o parto, que venham a colocar em risco a vida da parturiente e/ou da criança. Corroboram com o medo as histórias relacionadas à morte materna associada ao parto que ocorreram na aldeia, ou em outras comunidades Bororo:

> *"Eu acho que é bom eu ter na cidade mesmo... Porque aqui na aldeia minha mãe não sabe se eu estou com a pressão alta, se estou com a pressão baixa... Muitos índios quase faleceram com isso... Em Perigara* [aldeia indígena Bororo] *teve uma menina que morreu com a criança que demorou para nascer, aí morreu com o bebê na barriga... Às vezes o bebê nasce bem, mas o sangue coalha e não desce, aí a mulher morre..."* (Ivone)

Não se pretende negar os riscos de morbimortalidade materna e fetal durante o parto, independente do local onde ele aconteça, contudo, é preciso considerar que no passado ele não era visto como impedimento para que os partos fossem conduzidos na aldeia. Assim, o medo de possíveis desfechos trágicos relacionados a esse cenário surge em um passado recente, juntamente com a ênfase na segurança do parto hospitalar:

> *"Depois que não tinha mais parteira na aldeia aí eu fui para cidade... Hoje acho que é um risco ganhar na aldeia, né? Porque se acontecer alguma coisa... Longe da cidade... Eu fico pensando que as mães faziam parto na aldeia e era um risco né? Mas eu nunca vi acontecer nada..."* (Cleide)

Conforme Illich (1975), o dispendioso ritual da medicina alimenta o mito de sua eficácia e ensina as vítimas a desejar suas terapias. O consumidor de cuidados médicos torna-se cada vez mais impotente para curar-se ou curar seus semelhantes, uma vez que ele é ensinado a esquecer, menosprezar e desqualificar os saberes autóctones para buscar no tratamento biomédico a solução para os males.

Com os partos passando a acontecer no ambiente hospitalar, a visão de mundo acerca do parir foi sendo ressignificada entre os Bororos. Não se percebe mais, nas falas das mulheres, a associação do parto com um evento natural da vida feminina. O risco, que não era uma questão considerada, ganhou lugar de destaque nos diálogos sobre o tema, assim como o medo da morte, que surge, tanto nas falas das mulheres novas, como no discurso das anciãs, que possuem histórico de partos assistidos por parteiras na aldeia:

> *"Hoje eu tenho medo das minhas filhas ter parto aqui..."* (Meire)
>
> *"Aqui só teve uma vez* [caso de morte na aldeia], *aí isso fica girando na cabeça toda vez... Aí quando é para ganhar, as parteiras ficam tudo pensando naquilo lá, com medo de não dar certo..."* (Dorinha)

Segundo Castiel (1999, p. 240), na atualidade, além do verbete "risco" fazer menção à probabilidade de ocorrência de um evento mórbido ou fatal, quando utilizado como um termo não técnico, ele inclui diversas medidas de probabilidade quanto a desfechos desfavoráveis. Assim, observa-se que:

> "Parece existir coletivamente uma percepção de pairar uma aura de ameaça sobre todos nós, podendo se efetivar, de modo particularizado, a qualquer instante. Especialmente, se não nos precavermos como mandam os preceitos da prevenção em saúde, das normas de segurança no trabalho, das precauções nas atividades cotidianas não só urbanas como também rurais [...]." (CASTIEL, 1999, p. 37)

A diminuição da procura pelo parto tradicional, nas últimas décadas, somada ao medo dos riscos envolvidos com este evento, culminou no desaparecimento da parteira na comunidade. Atualmente, as poucas parteiras encontradas em Córrego Grande não mais exercem o ofício, e entendem que a responsabilidade pela assistência à gestação e parto foi assumida pelos profissionais do setor de saúde formal. Contudo, quando procuradas para dar conselhos e orientações em relação aos cuidados inerentes à gestação, parto e pós-parto, elas estão sempre disponíveis.

A partir dos depoimentos, observa-se que um trabalho tão essencial e reconhecido no passado passou a perder prestígio após o contato com outra sociedade, que impôs seus costumes e valores. Paulo Freire (1978) conceitua tal prática como invasão cultural(22). Segundo o autor, ela acontece quando um indivíduo invade o contexto cultural de outro, impondo a ele sua visão de mundo, enquanto lhe freia a criatividade e inibe sua expansão. A invasão cultural é considerada uma violência para o ser invadido, visto que pode perder a sua originalidade.

Nesse tipo de relação, os invasores modelam os invadidos de acordo com a sua opção, contudo, a forma de dominação nem sempre é visível,

(22) A "invasão cultural" é uma das quatro características da teoria da ação antidialógica, que também é composta por conquista, divisão para manter a opressão e a manipulação.

pois, uma condição importante para que a invasão cultural adquira êxito é o convencimento, por parte dos indivíduos invadidos, de que os mesmos são inferiores. Dessa forma, à medida que os invadidos vão se reconhecendo como seres inferiores, a superioridade dos invasores é garantida (FREIRE, 1987).

O fenômeno acima descrito também foi observado após a execução do projeto: "Valorização e Adequação dos Sistemas de Parto Tradicionais das Etnias Indígenas do Acre e do Sul do Amazonas", que aconteceu entre os anos de 2006 e 2007, financiado pela FUNASA, e que teve como proposta oferecer cursos de aperfeiçoamento para as parteiras tradicionais indígenas que atendiam a região, além de oferecer *kits* com material para uso no parto. O resultado dos cursos de capacitação, que visavam valorizar o sistema de parto tradicional, foi contraditório, uma vez que, ao se colocar o conhecimento biomédico como superior, visto a necessidade das parteiras serem capacitadas, desvalorizou a prática dessas mulheres frente à comunidade (INSTITUTO OLHAR ETNOGRÁFICO, 2007).

Assim, após a realização dos cursos, observou-se que muitas mulheres, que antes tinham os seus partos assistidos nas aldeias por parteiras tradicionais, agora estão preferindo ir para os hospitais, pois acreditam receber uma assistência mais profissional (*op. cit.*, 2007, p. 155). Portanto, se de um lado os cursos oferecidos pelos órgãos gestores da saúde indígena visavam estimular o trabalho das parteiras e fornecer legitimidade ao ofício diante das instituições governamentais, de outro, desvalorizaram as práticas tradicionais e também as parteiras, como detentoras desses saberes e fazeres.

Tais treinamentos geralmente consistem em "atualizar" no sentido da biomedicina e não da "educação continuada". Considerando que o padrão habitual de educação em sociedades indígenas tem por base uma aprendizagem que se dá a partir dos atendimentos a casos reais, através da estimulação tátil e por meio da observação, os métodos formais, pelos quais os cursos de formação tentam conferir novas habilidades às parteiras, contrastam com os métodos vivenciais, fundamentais para aquisição de habilidades com as quais elas estão habituadas (JORDAN, 1993). Estes treinamentos, voltados à formação frequentemente unidirecional, não incluem um ensino recíproco, em que as parteiras também instruem sobre as práticas tradicionais da gravidez e parto.

Ao analisar as dificuldades encontradas para a articulação entre os modelos de atenção à saúde, indígenas e biomédicos, Langdon e Diehl (2007) afirmam que a operacionalização da atenção diferenciada só será possível quando se priorizar a garantia da participação política das comunidades indígenas em todo o processo de planejamento, execução, gestão e avaliação dos serviços de saúde a eles oferecidos.

Com a institucionalização do parto Bororo, a figura médica surge em substituição à da parteira, na assistência prestada ao parto e nascimento. Assim, a presença desse profissional torna-se referência de qualidade e garantia de segurança ao binômio mãe-filho:

> *"Agora, eu prefiro o parto lá* (no hospital)*... As meninas mesmo* [filhas], *eu não quero que tenha parto aqui não... Aqui é muito risco, e lá não, qualquer coisa tem o médico por perto..."* (Cleide)
>
> *"Eu acho que é melhor lá na cidade mesmo... Tem muita gente que não dá conta e médico dá conta..."* (Dorinha)
>
> *"Eu acho que lá* (no hospital) é melhor porque quando a gente ganha criança vai para a mão do médico..." (Moema)

Diante das falas apresentadas, constatamos que, assim como Jordan (1993) afirma ter acontecido com a sociedade ocidental (não indígena), o nascimento Bororo passou a ser visto como um evento de competência médica, uma vez que, nas sociedades ocidentais contemporâneas, os processos fisiológicos em geral são culturalmente definidos como pertencentes ao domínio médico.

Baseado nos estudos de Illich e Fleck, o médico, professor e pesquisador Charles Tesser (2006) analisa o processo de medicalização social e explica que a expansão progressiva das intervenções da biomedicina se dá por meio da redefinição dos comportamentos humanos como se fossem problemas médicos. Como exemplo, o autor cita que os resfriados, lutos, ferimentos, tristezas, crises de relacionamento sentimental, familiar e conjugal, dores ocasionais, agudas ou crônicas, mortes e nascimentos etc., passaram a ser amplamente medicalizados, carentes de avaliação e prescrição médica. Assim, uma visível evidência da medicalização social é a crescente e infindável demanda espontânea por atenção médica para todos os tipos de problemas, queixas e incômodos.

Na visão das mulheres mais velhas, a assistência medicalizada ao parto torna-se necessária em decorrência da atual condição de saúde das jovens. As anciãs afirmam que, hoje, as meninas apresentam agravos que até então eram inexistentes:

> *"[...] Mas agora essa meninada de hoje tem muito problema, pressão alta, inchaço... Elas sofrem muito... Aí tem que ir tudo para a cidade..."* (Maria Inês)
>
> *"Na minha época não tinha tanto problema como tem hoje... Hoje as mulheres vão para a CASAI* [Casa de Saúde Indígena] *se alimentar, se tratar e esperar lá..."* (Meire)

"A mãe dela mesmo fala que as mulheres ficam grávidas e ficam doentes... Ficam ruins... Na nossa época não era assim não, nós ficávamos grávida, ia buscar fruta, lenha, longe... Vinha com barrigão, baquité [cesto tradicional feito de palha] *nas costas... Hoje gestante não pode fazer nada... Tudo doente... Tem que ficar deitada..."* (Maria Inês)

A partir dos relatos, o corpo da mulher Bororo, antes saudável e ativo, totalmente capaz de gestar e parir de forma natural e sem intervenções, aparato tecnológico ou acompanhamento profissional, agora é visto como um corpo imperfeito e incapaz de gestar e parir segundo a sua tradição.

Davis-Floyd (2009) acredita que essa compreensão seja transmitida pelo sistema médico hospitalar através dos "rituais da obstetrícia", que levam a mulher a acreditar na deficiência de seu corpo, de forma consciente ou inconsciente. Tal comportamento tem como objetivo torná-la cada vez mais dependente da ciência e da tecnologia, induzindo-a a aceitar a superioridade médica no controle dos seus processos naturais, suas crenças e seus significados individuais. Conforme a autora, esse tipo de comportamento é mais facilmente propagado na atmosfera impessoal de um hospital do que no ambiente familiar e doméstico.

As máquinas e tecnologias presentes no ambiente hospitalar reforçam a noção de que o corpo feminino é potencialmente defeituoso e precisa receber intervenções: "Esse conjunto de símbolos e de mensagens, em sua apreensão, atravessaria também os próprios médicos e demais profissionais de saúde envolvidos no modelo tecnocrático-hospitalar, naturalizando esse modo de atenção" (CARNEIRO, 2011, p. 40).

Jordan (1993) explica que as práticas obstétricas estão tão rigidamente incorporadas aos sistemas de funcionamento de seus países, que mantêm seus profissionais resistentes e, muitas vezes, desinformados sobre formas alternativas de fazer nascer, por pensarem que a adulteração do modo "correto", será considerada imoral, abusiva, desqualificada e até mesmo perigosa.

Nessa modalidade de assistência, torna-se preocupante que muitos dos procedimentos obstétricos médicos são utilizados de forma acrítica e equivocada, uma vez que não estão embasados em evidências científicas sólidas, mas incorporados como rituais que representam os valores fundamentais da sociedade tecnocrata.

Apesar das populações indígenas possuírem uma tecnologia de cuidado com o corpo, pautada na concepção holística, por considerar o indivíduo em seu conjunto e em seu ambiente, observa-se que ela não é comum na rotina hospitalar. Após ser admitida na maternidade, a gestante indígena perde sua identidade, liberdade e autonomia, sendo, então, submetida a uma rotina preestabelecida, aplicada a todas as outras mulheres de forma padrão.

Afastada de sua comunidade de origem e rodeada por pessoas estranhas, seus saberes não são autorizados e seu poder de decisão é restrito. O uso rotineiro de medicações e procedimentos invasivos não usuais às indígenas viola o corpo e infringe os princípios éticos culturais. Apesar de todo o desconforto vivenciado, somado ao incômodo das intensas contrações provocadas pelo trabalho de parto, não há manifestações, e o que se observa entre elas é o silêncio e a resignação.

Sobre esse modelo de atenção obstétrica que abarca indígenas e não indígenas, Gualda (1993) afirma:

> "A transferência do local de nascimento para o hospital resultou na substituição de rituais do processo de nascimento. Cada vez mais os aparatos tecnológicos utilizados no controle do trabalho de parto e parto, tornaram-se armas poderosas para o incremento do rito hospitalar, tão distanciado das crenças e valores da mulher. Este fator tem influenciado em uma assistência ao parto, atualmente, centrada na equipe de saúde, não na mulher e na criança que vai nascer, como acontecia nos idos da história da obstetrícia. Esta situação se justifica na ocasião da internação, uma vez que a parturiente recebe uma gama de orientações sobre rotinas e procedimentos e torna-se passiva aos acontecimentos." (1993, p. 4)

Nas instituições hospitalares inexiste espaço para o uso de adornos, para as crenças e para os estilos de vida daquelas que ali chegam para ter seus filhos, aspectos que compõem a subjetividade de cada mulher, como afirma Carneiro (2011, p. 42), toda a diversidade parece se resumir em: "a mulher da camisola branca e da etiqueta no braço", que é despersonalizada e despida de todo o seu histórico sociocultural. Por terem uma mesma fisiologia, todas as gestantes devem se inserir e parir da mesma forma. A lógica hospitalar determina o ritual: raspagem dos pelos, lavagem intestinal, imposição do silêncio e apartamento de seu desconhecido.

Ao avaliar a qualidade da assistência recebida no ambiente hospitalar, a população Bororo apresentou opiniões díspares, uma vez que, apesar de a maioria das informantes classificar o atendimento como bom, descontentamentos ficaram explícitos em diferentes falas:

> *"O atendimento é bom, mas eles custam a atender a gente. Podia melhorar pra atender as gestantes... Ainda mais pra essas que são novas..."* (Valdina)

> *"Tem muita gente que reclama do atendimento no hospital... Que não cuida direito, que faz cesárea, que sofre muito... Tem muita mulher que fala bem do atendimento, mas muita mulher não fala não... Elas falam que eles* [médicos] *ficam bravos com a mulherada na hora de entrar na sala de parto, empurram... [...] Tem outras que tem medo, porque ficam lá sozinhas... Não tem ninguém para ajudar a levantar... Ir no banheiro..."* (Maria Inês)

> *"Não sei se agora tem acompanhante* (no hospital), *eu queria uma acompanhante... Igual minha menina, a primeira vez que ela ganhou neném eu fiquei triste, porque ela ficou sozinha e não conhecia nada..."* (Cleide)

Diante dos depoimentos apresentados, nota-se que, em geral, as mulheres referem não ter recebido um tratamento respeitoso no hospital. Esta constatação se assemelha ao que Jordan (1993) identifica como conflitos comuns no atendimento aos indígenas na assistência ao parto. A autora cita que as indígenas Maias, por exemplo, só vão para o hospital em situações extremas e uma das principais razões de sua resistência está no fato de serem atendidas por médicos do sexo masculino, a rotineira exposição à episiotomia e a separação da família.

Ao comparar a atenção recebida no parto institucionalizado com aquela que acontecia na aldeia, fica evidente nos depoimentos que a satisfação das mulheres era maior com o parto tradicional, quando elas podiam contar com o apoio e acompanhamento dos familiares, além de apresentarem uma recuperação pós-parto mais rápida:

> *"Acho que é melhor o parto aqui* (na aldeia), *porque aqui ninguém briga, não xinga, não empurra, faz o parto com o maior carinho... Agora lá tem mulher que reclama... As mulheres* (que trabalham lá) *falam: Espera, não tá na hora ainda, tem que aguentar... Agora aqui nós tem medo de brigar, xingar a mulher e ela morrer..."* (Maria Inês)

> *"No mato* [parto na aldeia] *a gente rapidinho tá de pé..."* (Meire)

Apesar do ambiente domiciliar se configurar como o mais respeitoso na percepção das mulheres, elas não manifestaram repulsa pelo ambiente hospitalar, mas um estranhamento ao modo como os atendimentos são conduzidos. Por estar em um espaço estranho, que não lhes confere liberdade e familiaridade com o cenário doméstico, é preciso se sujeitar a rotina da instituição, mesmo quando a atenção recebida não é considerada a mais adequada:

> *"Dentro de casa* [aldeia] *a gente corrige, mas na casa dos outros* [hospital] *a gente não tem como corrigir... A gente fala pra eles cuidar bem da criança, trocar a roupinha dele e eles acham ruim..."* (Jerego)

Outra mudança que repercute no processo do nascimento está relacionada aos cuidados destinados ao recém-nascido. Eles, que antigamente eram envolvidos em fortes vínculos familiares, agora são substituídos por meros contatos superficiais da equipe que presta atendimento. Destaca-se ainda a perda da autonomia da mulher e de sua família no processo de cuidado com a criança.

Polak (1996, p. 4) afirma que, quando hospitalizadas, as mulheres e suas famílias são expostas a uma recriminação silenciosa, relacionada com o distanciamento dos profissionais da saúde dos corpos viventes: "Esse distanciamento é legitimado pelas liturgias da cura, pela cultura do poder, que mantêm engessados os corpos dos usuários do sistema de saúde, com cerceio das suas decisões e dos seus desejos". Apesar de cada indivíduo responder de forma peculiar, conforme a sua singularidade, todos são tratados segundo um manual existente (1996).

Hoga (1995) chama atenção para o fato de que quando a assistência está embasada apenas no que o profissional acredita ser a necessidade de saúde e de cuidado do indivíduo, "a satisfação em relação à assistência prestada está sujeita a ser apenas do profissional, mesmo que este tenha se esforçado em prestar o 'melhor cuidado' aos seus clientes" (*apud* KREUTZ; MERIGHI; GUALDA, 2003, p. 41).

Para Kreutz, Merighi e Gualda (2003), tal ocorrência justifica-se pelo fato de os profissionais de saúde e seus clientes partirem de pontos de referências diferentes (científico e popular), o que contribui para reforçar um dos pontos críticos da assistência à saúde: a dificuldade no estabelecimento de um diálogo intercultural entre profissionais e clientes.

Nessa medida, é interessante fazer referência à Teoria da Diversidade e Universalidade do Cuidado Cultural, proposta por Leininger (1991), como uma possibilidade de atenção diferenciada às mulheres indígenas admitidas nas maternidades.

A parti da década de 1950, ao identificar a importância do conhecimento sobre a cultura para o entendimento das variações de cuidados prestados aos indivíduos, Madeleine Leininger (1991) utilizou construtos da antropologia para dedicar-se à elaboração de uma teoria que contemplasse a diversidade cultural.

A Teoria do Cuidado Transcultural tem como objetivo transcender a simples apreciação de diferentes culturas, uma vez que se fundamenta na crença de que a maioria das culturas pode determinar o tipo de cuidado desejado pelos usuários dos serviços de saúde. Assim, busca-se compreender a visão de mundo apresentada pelos indivíduos, famílias, grupos ou instituições, bem como seus conhecimentos, práticas, crenças e valores para embasar as decisões e ações assistenciais com vistas a um atendimento eficaz. Desse modo, os cuidados prestados estarão pautados na visão de saúde do usuário e não no ponto de vista dos profissionais que o atendem.

A teoria proposta por Leininger (1991) tem trazido inúmeras contribuições para a prática da enfermagem, uma vez que aponta para um cuidado individualizado numa perspectiva humanizada e respeitosa, além de considerar as influências da estrutura sociocultural frente às ações e decisões que envolvem o cuidado ao ser humano.

Tal perspectiva torna-se fundamental, uma vez que "[...] se a prática da enfermagem não considerar os aspectos culturais da necessidade humana, exibirá sinais de ineficiência com consequências desfavoráveis para aqueles que assiste" (GUALDA, 1993, p. 28).

Apesar da teoria de Leininger propor a valorização das necessidades do indivíduo, tornando o universo de cuidado profissional mais próximo do cuidado popular, observa-se que a atenção ao parto e nascimento, recebida pelas mulheres Bororo, ainda está pautada em pressupostos antagônicos, uma vez que as ações de saúde não são subsidiadas pela cultura, crenças e valores dos seus usuários, impossibilitando sua autonomia e satisfação com o cuidado.

O modelo biomédico, estabelecido como única verdade no espaço hospitalar, gera uma inversão de papéis no cenário do parto, em que o médico detém o poder sobre o corpo da mulher, que se distancia cada vez mais da condição de protagonista do evento e, insegura, submete-se a todas as orientações e ordens.

Tal situação, somada aos interesses econômicos e sociais de uma sociedade capitalista, ajuda a compreender os altos índices de cirurgia cesariana nas últimas décadas:

> *"Hoje, as mulheres não ganham normal aqui nessa aldeia mais não... Tá indo tudo pra cidade... É muita cesária... Eu acho o parto normal melhor..."* (Meire)

A cesariana trata-se de uma intervenção cirúrgica destinada à extração do feto por via abdominal, recomendada apenas em situações nas quais as condições da mãe e do bebê não favorecem o parto pela via vaginal. Quando não há risco associado que justifique sua indicação, a cirurgia está relacionada a uma maior ocorrência de morbimortalidade para as parturientes, como: hemorragias, infecções pós-parto, embolia pulmonar, riscos anestésicos, entre outros. Para os bebês, os riscos relacionam-se a distúrbios respiratórios, icterícia fisiológica, prematuridade, hipoglicemia e anóxia (PIMENTA, 2012).

Atualmente, este procedimento de parto atinge índices extremamente altos dentro do sistema obstétrico brasileiro, muitos deles com indicações médicas que não o justificam. Conforme o inquérito nacional sobre parto e nascimento "Nascer no Brasil", realizado entre fevereiro de 2011 e outubro de 2012, pela Fundação Oswaldo Cruz e Ministério da Saúde, a cesariana representa 52% da via de nascimento nos serviços públicos e 88% nos setores privados (FIOCRUZ, 2014). Portanto, nota-se que, mesmo com as políticas públicas de estímulo ao parto normal, os partos cirúrgicos continuam excedendo em muito a taxa limite de 15% preconizados pela Organização Mundial da Saúde (OMS, 1996).

Os dados mostram que a realidade não está restrita à população não indígena, uma vez que dentre os dez partos das mulheres de Córrego Grande, que aconteceram no ano de 2014, seis deles foram por via cirúrgica e apenas quatro por via vaginal. Tal quantitativo supera as estatísticas do Distrito Sanitário Especial Indígena de Cuiabá (DSEI-Cuiabá), que apresenta índices de 50% de cesariana para toda a população Bororo de Mato Grosso.

Os prejuízos provocados pela cesariana são conhecidos, e os benefícios do parto vaginal consenso entre todos na comunidade. Apesar da preferência da maioria pelo parto normal, é preocupante o grande número de mulheres que são submetidas a cesariana. Nos relatos é comum a manifestação de aversão à cirurgia:

> *"Eu não queria parto cesário, tinha medo de cortar...*[...] *Tem mulher que tem sorte e ganha no parto normal, outras não tem sorte e ganha cesariana..."* (Moema)

> *"Muitas índias falam que gostam de ganhar normal porque ganha e depois já pode andar... A minha menina queria normal... Mas ela não teve sorte..."* (Ivone)

> *"As mulheres sabem que a criança nascer normal é melhor do que na faca, porque na faca judia numa proporção maior, prejudica a saúde... Nasceu, mas tem que ter cuidado ainda..."* (Jerego)

Apesar da expectativa pelo parto natural, nota-se que, de forma recorrente, ela é frustrada, uma vez que a escolha da mulher não é considerada na decisão pela via de parto. Tal configuração evidencia a supremacia da formação técnica e intervencionista do profissional médico e a invisibilidade das mulheres que perderam a possibilidade de decidir e participar ativamente de seus partos:

> *"Agora como eu tô vendo as pessoas que tem cesárea é demorado demais para levantar, fazer as coisas... As coisas mudaram muito daquela época em que os partos eram normal e em casa..."* (Meire)
>
> *"Pra mãe é ruim Cesária... Custa andar, a operação fica ruim, aberta... Eu que faço curativo na mãe dessas crianças..."* (Maria Inês)
>
> *"As mulheres que tem parto Cesário não tem saúde, fica fraca para doença, adoece facilmente, fica muito frágil, diferente das mulheres que tem parto natural..."* (Moema)

Casos de morbimortalidade decorrentes de complicações da cesariana e outras intervenções médicas nos remetem ao conceito de iatrogênese[23] clínica, cunhada por Illich (1975, p.24), que se constitui nos danos ao indivíduo ocasionados pelo uso da tecnologia médica, diagnóstica e terapêutica: "Em sentido mais amplo, a doença iatrogênica engloba todas as condições clínicas das quais os medicamentos, os médicos e os hospitais são os agentes patogênicos". E complementa:

> O impacto negativo da empresa médica constitui uma das epidemias em maior expansão no nosso tempo. A dor, as disfunções, a invalidez e a angústia resultantes das intervenções médicas rivalizam agora com a morbidade provocada pela circulação de veículos automotores, o trabalho e até as guerras. (1975, p. 23)

Segundo o autor, as iatrogêneses (clínica, social, e cultural) decorrem da contra produtividade, uma ação paradoxal que resulta do efeito causado pelo excesso do uso de uma ferramenta social-tecnológica, por exemplo: o automóvel, que produz congestionamentos; a escola, que inibe os talentos; o hospital, que favorece a doença. Illich (1975) afirma que a ação médica padece desse mal, uma vez que torna as pessoas cada vez mais dependentes de cuidado e tecnologias especializadas, o que diminui a autonomia e a capacidade de agir sobre a própria vida e o ambiente, no sentido de manter e/ou ampliar sua saúde (1975, p. 70).

O significado da cesariana para a população Bororo vai além de um simples procedimento cirúrgico que provoca marcas no corpo físico. Ela gera

(23) O termo *iatrogênese* é composto das palavras gregas *iatros* (médico) e *genesis* (origem).

transformações que, apesar de se apresentarem materializadas no corpo natural/biológico, trata-se de mudanças profundas que marcam o corpo social, cultural e espiritual:

> *"Depois que opera têm uns dois, três* (filhos) *e pronto, porque aí acabou a força da mulher... Aí não tem mais... Mulher que ganha normal não é problema, tá com boa saúde ainda..."* (Jerego)

Nessa compreensão holística nota-se que o corpo que dá à luz no hospital e recebe as intervenções típicas do modelo assistencial já não é o mesmo corpo antes produzido pelas parteiras a partir das prescrições alimentares, cuidados tradicionais específicos e uso das ervas medicinais. Assim, as mulheres entendem que o corpo que passa pelo hospital não consegue mais parir naturalmente, o que é ratificado pelos profissionais da saúde, visto que sofreu intervenções do modelo médico-hospitalar tornando-se, então, dependente dos cuidados institucionalizados:

> *"Pra quem teve parto normal ganha em qualquer lugar, mas pra quem teve cesária e pique* [episiotomia] *tem que ter ajuda do médico..."* (Isaura)

Assim como acontece com a mulher, observa-se que os nascimentos hospitalares também estão relacionados à maior fragilidade da saúde das crianças, que deverão receber cuidados específicos (banhos, pinturas corporais e remédios do mato), visto o risco de adoecimento.

Ademais, as transformações corporais provocadas pela cesariana interferem no número de filhos das famílias, o que afeta toda a sociedade e Cosmologia Bororo[(24)]. Apesar do desejo por ter mais filhos, as informantes relatam a necessidade de prevenir uma nova gravidez, visto ainda sofrerem com as consequências das cirurgias que foram submetidas:

> *"Quando eu engravidei dele* [primeiro filho], *eu não sentia muita coisa não... Conseguia trabalhar, não sentia cansaço... Agora com esse aqui eu tô mais ruim... Sinto falta de ar... Fui tentar trabalhar e não consegui... Fico mais deitada, senti muita dor nas costas... Normal até que dá pra ter mais* [filhos], *mas Cesária a gente sofre de mais... Pra mim só mais esse filho aqui tá bom..."* (Isaura)

(24) Se na sociedade ocidental há uma preocupação em se ter poucos filhos, para os Bororo, ter muitos filhos é fundamental. Ao intervir no número de filhos que uma pessoa venha a ter, o sistema médico oficial nega a alteridade e o direito de ser Bororo. Tal interferência repercute em toda a sociedade, uma vez que impõe uma nova concepção de família.

"Eu tô tomando remédio [anticoncepcional]... É *que eu sei da minha saúde, eu não tô andando muito bem, eu sinto muita dor... Com esse menino* [último filho] *eu senti muita dor... Mesmo depois que eu ganhei ele eu ainda sinto muita dor... Aí eu falei que não queria ter mais criança não, essas aqui já basta... Eu não aguento mais carregar esses meninos no colo como eu carregava antes... A sorte é que eu tenho esse carrinho* [de bebê] *para colocar..."* (Moema)

Sobre o hábito de carregar as crianças no colo, Grando (2004), em pesquisa realizada com os Bororo de Meruri, afirma que, apesar de suas diversas técnicas corporais terem sofrido alterações no processo de aldeamento, como é o caso da alimentação, higiene e parto, duas práticas identificadas: a amamentação e o segurar no colo, não sofreram grandes mudanças, sendo as técnicas corporais observadas pela autora idênticas àquelas ilustradas nas imagens fotográficas publicadas no início do século XX.

Dentre os benefícios do colo materno, local onde frequentemente são encontradas as crianças indígenas com menos de um ano, Grando (2004, p. 225) afirma que "a manutenção do vínculo afetivo corporal entre mãe e filho pelo contato direto com a pele e as sensações que esse contato permite apreender, traduzem-se como forma de educação do corpo, isto é, de educação Bororo que é transmitida pela mãe e avó nos primeiros anos de vida".

Contudo, a partir da fala de Moema, observa-se que as consequências da assistência médica ocidental sobre corpos femininos têm dificultado a prática desse hábito tradicionalmente importante, comprometendo o contato da mãe com o seu bebê, a formação do vínculo entre ambos, além de todo o processo educativo que se dá com a proximidade.

Tais implicações, segundo Capra (1982), não se apresentam como motivos de preocupação no cotidiano da prática médica:

"A educação médica, assim dizem eles, deve estar dissociada, por definição, das preocupações sociais, uma vez que estas são causadas por forças sobre as quais os médicos não têm controle. Mas os médicos desempenharam um papel importante na criação desse dilema, ao insistirem em que só eles estão qualificados para determinar o que constitui doença e selecionar a terapia apropriada. Enquanto mantiverem sua posição no topo da hierarquia do poder, dentro do sistema de assistência à saúde, eles terão a responsabilidade de ser sensíveis a todos os aspectos da saúde." (1982, p. 121)

Dentre as profundas modificações sofridas no sistema de parto Bororo, está ainda a presença da figura masculina no cenário, situação que se opõe aos princípios culturais tradicionais. Diferentemente do parto que acontecia na aldeia, realizado no domínio feminino, o atendimento hospitalar conta com um grande número de homens na composição de suas equipes multiprofissionais, com destaque para os médicos obstetras que as assiste durante todo o período parturitivo.

Ao se verem dependentes do serviço e condicionadas a aceitar as normas institucionais, observa-se que atualmente as mulheres de Córrego Grande mantêm apenas o distanciamento dos familiares do sexo masculino durante esse evento. Apesar de ser garantido a elas o direito de escolha do acompanhante que permanecerá em sua companhia durante todo o período de internação, nota-se que quando não estão acompanhadas de familiares do sexo feminino, preferem ficar sozinhas:

> *"Meu marido e meu filho que vão pra cidade quando eu for ganhar... Mas vou sozinha para a Santa Casa..."* (Isaura)

Sobre esta restrição à figura masculina, observa-se que é um comportamento frequente entre diversos povos indígenas, uma vez que é recorrente a dificuldade, por parte das mulheres, em falar sobre seus problemas de saúde para o profissional do sexo masculino, seja ele indígena ou não, especialmente se a sua necessidade estiver relacionada à saúde sexual e reprodutiva, o que contraria os seus valores culturais (FERREIRA, 2013).

Considerações Finais

A partir da análise dos dados coletados, observamos que a ampliação do acesso aos serviços de saúde biomédicos, que ocorreu principalmente com instalação do PSI na aldeia e consequente institucionalização do parto, suscitou um processo de ressignificação cultural de todo o processo que envolve o nascimento na sociedade Bororo, uma vez que os cuidados destinados a esse evento não se restringem, hoje, ao domínio dos saberes e fazeres Bororo, mas se expandiram para o campo da atenção biomédica.

Neste cenário, o conhecimento biomédico foi constituído dentro de um discurso de racionalidade universal, no qual nota-se que esse modelo de atenção desconsidera a importância das diferenças socioculturais, terminando por enquadrar o parto e o nascimento em um esquema tecnicamente padronizado. O crescente processo de medicalização do nascimento Bororo tem gerado diversos pontos de tensão e conflito, visto as contradições existentes entre a atenção oferecida pelo modelo médico hegemônico e as expectativas dessa sociedade.

Podemos assim concluir que as práticas de autoatenção utilizadas pelos povos indígenas estão relacionadas a um cuidado holístico com o corpo, elas não podem ser compreendidas apenas pelo viés biomédico, uma vez que o corpo não se reduz a uma natureza biológica, fixa e preexistente. Assim, muitas das necessidades percebidas pelos Bororo divergem daquelas concebidas pelos profissionais de saúde que os atende.

Atualmente, observa-se que as mulheres de Córrego Grande articulam os saberes tradicionais às práticas biomédicas de atenção à saúde e o hospital passou a ter uma ligação singular com o corpo Bororo, em seus aspectos físico, social e cultural.

Nesse cenário, novas práticas ganharam espaço, como é o caso do parto horizontal, cesarianas e a presença da figura masculina no momento do nascimento. Se antigamente não existia o hospital, hoje inexistem algumas práticas, como o parto de cócoras e o ritual placentário. Essas e outras transformações levam a percepção, por parte do grupo em questão, de que o corpo de hoje não é o mesmo de antigamente.

No espaço hospitalar, a mulher Bororo, que sempre teve sua autonomia valorizada e preservada dentro de sua comunidade, deixa de ser a protagonista do nascimento de seu filho e seu poder de decisão é automaticamente transferido para o cirurgião-obstetra. A lógica de funcionamento da assistência biomédica ao parto reproduz a ideia de que a mulher possui uma natureza falha, para a qual a tecnologia atua como mediadora do cuidado.

Não se pretende negar, com o presente estudo, a importância dos avanços conquistados pela ciência médica na atenção ao parto e nascimento, contudo, observa-se que, ao se estabelecer como único saber para o exercício de uma prática profissional eficiente, o modelo biomédico anula a possibilidade de conhecimento do outro como um ser sócio-histórico-cultural, portanto, negligencia as suas necessidades e desconsidera o seu saber.

Ao enfocar a ciência e a tecnologia, o atual modelo biomédico, no qual se insere a atenção obstétrica, exclui todas as outras formas de possibilidades terapêuticas, não havendo espaço para os saberes e fazeres tradicionais Bororo, neste formato padronizado e disciplinador do corpo. Tal forma de atendimento não se restringe ao espaço hospitalar, pois, como são imposições que atendem uma lógica pautada na eficiência técnica, tendem a ser reproduzidas em todos os níveis de atenção à saúde e influenciam o tempo e o espaço nos quais se efetivam os saberes e práticas Bororo.

Mesmo considerando que a Política Nacional de Atenção à Saúde dos Povos Indígenas (FUNASA, 2002) propõe um atendimento à saúde diferenciado, que atenda as especificidades dos povos indígenas, observa-se que a assistência recebida pelas mulheres Bororo, quando fazem uso da atenção hospitalar, não está de acordo com tais recomendações, principalmente por desconsiderar a diversidade cultural que se apresenta.

Nessa medida, esse estudo pretende contribuir para que se possa questionar a prática hegemônica do atual modelo de atenção ao parto, assim como a prática profissional pautada unicamente na biomedicina. Para tanto, propõe-se repensar determinadas condutas e avaliar os diferentes tipos de consequência que o modelo biomédico tem gerado para suas usuárias e famílias, a fim de superar posturas etnocêntricas e contribuir para uma atenção mais sensível às necessidades socioculturais específicas dos povos indígenas.

Portanto, apontamos para a importância de se valorizar as diversas formas de conhecimento e a necessidade da articulação entre os saberes biomédicos e os saberes tradicionais no cuidado às populações atendidas, em uma direção que diminua a hierarquia entre os saberes e aumente as relações horizontais e dialógicas. Ademais, é preciso se criar um espaço respeitável que reafirme a mulher enquanto sujeito ativo no processo do nascimento.

Referências bibliográficas

ANGROSINO, M. **Etnografia e observação participante**. Trad. José Fonseca. Porto Alegre: Artmed, 2009.

BRASIL. Conselho Nacional da Saúde. **Resolução 466/2012, de 12 de dezembro de 2012.** Aprovação das Diretrizes e Normas Regulamentadoras de Pesquisas Envolvendo Seres Humanos. Brasília: Ministério da Saúde, 2012.

CAPRA, F. **O ponto de mutação**: a ciência, a sociedade e a cultura emergente. São Paulo: Cultrix, 1982.

CARNEIRO, R. G. **Cenas de parto e políticas do corpo**: uma etnografia de experiências femininas de parto humanizado. Tese (Doutorado em Ciências Sociais). Instituto de Filosofia e Ciências Humanas, Universidade Estadual de Campinas, Campinas, 2011.

CASTIEL, L. D. **A medida do possível... Saúde, risco e tecnobiociências**. Rio de Janeiro: Fiocruz, 1999. v. 1.

CRIZÓSTOMO, C. D.; NERY, I. S.; LUZ, M. H. B. A vivência de mulheres no parto domiciliar e hospitalar. **Escola Anna Nery,** v. 11, n. 1, p. 98-104, 2007.

DAVIS-FLOYD, R. **Perspectivas antropológicas del parto y el nacimiento humano**. Buenos Aires: Creavida, 2009.

FERREIRA, L. O. Saúde e relações de gênero: uma reflexão sobre os desafios para a implantação de políticas públicas de atenção à saúde da mulher indígena. **Ciênc. Saúde coletiva**, v. 18, n. 4, p. 1151-1159, 2013.

FONSECA, C. Quando cada caso não é um caso: pesquisa etnográfica e educação. **Revista Brasileira de Educação**, Associação Nacional de Pós-Graduação e Pesquisa em Educação, n. 10, p. 58-78, 1999.

FREIRE, P. **Pedagogia do oprimido**. 17. ed. Rio de Janeiro: Paz e Terra, 1987.

FUNASA. Fundação Nacional de Saúde. **Política Nacional de Atenção à Saúde dos Povos Indígenas**. 2. ed. Brasília: Ministério da Saúde. Fundação Nacional de Saúde; 2002.

FUNDAÇÃO OSWALDO CRUZ (FIOCRUZ); Escola nacional de Saúde Publica. **Nascer no Brasil**. Inquérito Nacional sobre Parto e Nascimento. Brasil: Sumário Executivo Temático da Pesquisa, 2014. Disponível em: <http://www.ensp.fiocruz.br>. Acesso em: 20 ago. 2014.

GRANDO, B. S. **Corpo e educação**: as relações interculturais nas práticas corporais Bororo em Meruri. Tese (Doutorado em Educação). Centro de Ciências da Educação. Universidade Federal de Santa Catarina, UFSC, Florianópolis, 2004.

GUALDA, D. M. R. **Eu conheço minha natureza:** um estudo etnográfico da vivência do parto. 1993. Tese (Doutorado em Enfermagem). São Paulo: Escola de Enfermagem da Universidade de São Paulo. 1993.

ILLICH, I. **A expropriação da saúde**: nêmesis da medicina. 3. ed. Rio de Janeiro: Nova Fronteira, 1975.

INSTITUTO DE PESQUISA E DOCUMENTAÇÃO ETNOGRÁFICA OLHAR ETNOGRÁFICO. **Relatório Etnográfico Final (3º produto)**: setembro de 2006 a janeiro de 2007. Projeto Valorização e Adequação dos Sistemas de Partos Tradicionais das Etnias Indígenas do Acre e do Sul do Amazonas. Brasília, 2007.

JORDAN, B. **Birth in four cultures**: a crosscultural investigation of childbirth in Yucatan, Holland, Sweden and the United States. Long Grove, Waveland, 1993.

KREUTZ, I.; MERIGHI, M. A. B.; GUALDA, D. M. R. Cuidado popular com feridas: representações e práticas na comunidade de São Gonçalo, Mato Grosso, Brasil. **Ciencia y Enfermería** (*on-line*), v. 9, p. 39-53, 2003.

LANGDON, E. J.; DIEHL E. E. Participação e autonomia nos espaços interculturais de saúde indígena: reflexões a partir do sul do Brasil. **Revista Saúde e Sociedade,** v. 16, n. 2, p. 19-36, 2007.

LARAIA, R. de B. **Cultura:** um conceito antropológico. Rio de Janeiro: Jorge Zahar, 1997.

LEININGER, M. M. **Culture care diversity and universality**: a theory of nursing. New York: National League for Nursing, 1991.

MARTINS, J. de S. **Fronteira:** a degradação do outro nos confins do humano. São Paulo: Contexto, 1997.

MINAYO, M. C. de S. (org.). **Pesquisa social:** teoria, método e criatividade. 29. ed. Petrópolis: Vozes, 2010.

ORGANIZAÇÃO MUNDIAL DE SAÚDE (OMS). **Assistência ao Parto Normal:** um guia prático. Genebra: Saúde Materna e Neonatal/Unidade de Maternidade Segura Saúde Reprodutiva e da Família, 1996.

PEREIRA, P. P. G. Limites, traduções e afetos: profissionais da saúde em contextos indígenas. **Mana**, v. 18, n. 3, p. 511-538, 2012.

PIMENTA, L. F. **Cultura no processo de parturição**: contribuições para a enfermagem. Dissertação (Mestrado em Enfermagem). Universidade Federal de Santa Maria, 2012.

POLAK, Y. N. de S. **A Corporeidade como resgate do humano na Enfermagem**. Tese (Doutorado em Filosofia da Enfermagem). Programa de Doutorado, Universidade Federal de Santa Catarina, Florianópolis, 1996.

SOUZA, L. G.; PAGLIARO, H.; SANTOS, R. V. Perfil demográfico dos índios Bororo de Mato Grosso, 1993-1996. **Encontro Nacional de Estudos Populacionais**, **Anais**..., XV, Caxambu, 2009.

TASSINARI, A. M. I. Escola Indígena: novos horizontes teóricos, novas fronteiras da educação. In: LOPES DA SILVA, A.; LEAL FERREIRA, M. K. (orgs.). **Antropologia, história e educação.** São Paulo: Global/MARI, 2001.

TESSER, C. D. Medicalização Social (I): o excessivo sucesso do epistemicídio moderno na saúde. **Interface — Comunic, Saúde, Educ**, v. 10, n. 19, p. 61-76, 2006.

Capítulo 11

Tsi Non: We Ionnakeratstha o Lugar onde Vamos Nascer: Relato de uma Obstetriz Brasileira em um Centro de Parto Indígena Canadense

Natália Rejane Salim

Ser obstetriz no Brasil é estar diante de grandes desafios. Ao resgatar a história das parteiras em outros países constatamos que essas histórias se constituíram por meio de lutas, marcadas por movimentos sociais fruto da união de mulheres, de obstetrizes e de apoiadores da causa. Desta forma, a nossa não poderia ser diferente. Percebo que na ação de falar e disseminar novos conceitos que vêm para gerar mudanças de paradigmas, de estruturas e de práticas, sempre lutaremos contra barreiras que foram enraizadas pelo sistema dominante e, neste esforço contínuo em prol da mudança, nos esforçamos, perdemos as esperanças, nos levantamos outra vez, nos revestimos de força e aos poucos vemos o cenário mudando. E a verdade é: o que adianta viver sem histórias para contar?! Nessa caminhada de aprendizado constante, novas histórias são escritas, novos encontros são marcados e laços são tecidos. Muitas vezes somos surpreendidos pelos movimentos inesperados da vida que nos levam para lugares que nunca imaginávamos estar. Assim foi comigo, que sonhava em ser musicista e quando me dei conta já estava na sala de aula compondo a primeira turma do curso de graduação de Obstetrícia da Universidade de São Paulo, completamente envolvida pelo discurso que resgata o parto como um processo social e fisiológico e que coloca a mulher no centro desta cena. A minha descoberta e construção como obstetriz gerou em mim um grande interesse em conhecer e compreender experiências de mulheres, o que me levou a trilhar a área da pesquisa social. Durante este percurso busquei a possibilidade de realizar um estágio no exterior. Assim, passei a me dedicar e me candidatei para uma bolsa Sanduíche[25] na faculdade de Ciências Sociais da Universidade de Ottawa.

Em outubro de 2012, tomei o rumo em direção ao hemisfério norte; as geladas terras canadenses me esperavam no final do outono e início de um rigoroso inverno que marcou temperaturas abaixo dos 30 graus negativos. Ottawa, capital do Canadá, costa leste, cidade de 800 mil habitantes, tão diferente da minha realidade paulista com quase 12 milhões!

Não era a primeira vez que eu pisava nas geladas terras do Canadá. Em 2010 e 2011 já havia estado em território canadense. Nessas ocasiões tive oportunidade de visitar o departamento de Midwifery da Universidade de Britsh Columbia. Essas oportunidades aumentaram minha vontade de conhecer mais a fundo o modelo de assistência ao parto deste país. Foi durante a experiência que tive na conferência da MANA (*Midwifery Association of North America*), associação de obstetrizes da América do Norte, que ocorreu em 2011 em Niágara Falls, que essa vontade aumentou ainda mais. Neste evento tive contato com obstetrizes do Canadá, Estados Unidos, México, África do Sul entre outros países. O que mais me chamou a atenção durante os dias do evento foi a divulgação de uma grande campanha que estava acontecendo em Ontário: *Ontário needs Birth Centres (Ontário precisa de Centros de Parto).* Aproximadamente um ano após esta conferência eu estava no Canadá novamente e assim me vi diante da possibilidade de fazer contatos e conhecer pessoalmente um pouco do modelo canadense de assistência ao parto. Conto aqui a visita que realizei a um Centro de parto indígena, extra-hospitalar, situado em Brantford, no sudoeste da província de Ontário. Compartilho essa experiência que tanto me enriqueceu.

Tsi Non: we Ionnakeratstha (O lugar onde vamos nascer) Ona: grahsta' (Um lugar de Nascimento)

> *"Andar por novos lugares, descobrir novas possibilidades nos encontros com novos contextos...e assim descubro sentidos diferentes em ser obstetriz, novos sentidos em ser pesquisadora, novos sentidos em ser mulher... Colocar a mala às costas e sim-*

(25) Bolsa concedida pelo CNPq.

plesmente ir e nesse ir conhecer pessoas, compartilhar, aprender... diferentes perspectivas, diferentes formas de viver e ser na complexidade deste mundo. Cada um desses encontros tem me dado a possibilidade de conhecer um pouco mais de mim mesma e me permitido descobrir novas possibilidades." (*Diário de viagem.* Ottawa, abr. 2013)

Por meio de pesquisas em sites oficiais do governo canadense sobre a prática da obstetrícia e instituições de assistência ao parto, encontrei referências sobre um Centro de Parto indígena localizado na região das Six Nations no território do Grande Rio. Eu me senti desafiada a conhecer esse local e estar em contato com obstetrizes que atuavam ali. Solicitei a visita e a resposta foi positiva. Assim, comecei minha jornada de Ottawa para Toronto, de Toronto para Brantford, e de Brantford para o vilarejo das Six Nations. Da janela do trem tudo que eu via eram vastos campos que pareciam ser plantação de trigo. Os altos prédios de Toronto haviam ficado para trás, o céu limpo e a brisa suave anunciavam que o dia estava começando.

O trem parou na pequena estação de Brantford: poucas pessoas ao redor, poucos ruídos. Avistei uma cafeteria e decidi pedir informação. Eu estava com o mapa de Ontário em mãos: mostrei-o para a jovem que trabalhava na cafeteria e perguntei se conhecia a região. Ela disse que não, mas que poderia chamar um táxi. Foi quando um senhor que tomava café falou: *o que você vai fazer neste lugar?* Expliquei que iria à uma casa de parto e que eu era obstetriz. A jovem que me atendeu disse: *Nossa! Essa parece ser uma profissão tão interessante*! Eu disse que era sim, e que eu vinha do Brasil. Outra senhora que tomava café se espantou quando eu disse *Brasil,* e surpresa falou: *você vem de tão longe!* O táxi chegou e eles me desejaram boa sorte.

O caminho parecia deserto, com poucas casas. Foi quando do lado direito da estrada avistei uma casa pintada de lilás, com o símbolo que eu havia visto no site. Assim que cheguei fui em direção à recepção. A decoração indígena não era familiar para mim: instrumentos de bambu pendurados na parede, móbiles de vidros com gravuras de animais, quadros dos povos canadenses e novamente *a pintura com uma tartaruga e dentro dela uma lua e três mulheres, uma delas com um bebê no colo.* A jovem que estava na recepção pediu para que eu aguardasse a parteira. Não demorou muito tempo e se aproximou de mim uma mulher forte, com a pele morena, muito sorridente, que me recebeu com um abraço apertado. Eu me senti muito acolhida. O nome dela era Laurei. Ela me transmitiu muita tranquilidade, ao mesmo tempo que eu senti muita força (acho que isso é coisa de parteira mesmo!). Laurei disse que estava esperando a chegada de um grupo da Western University para visitar a casa. Disse que eu seria bem-vinda no grupo e que antes poderíamos conversar. Então, ela me levou para um dos quartos do centro de parto e ficamos conversando até a chegada do grupo esperado.

A área aborígene onde está situado o Centro de Parto se chama Six Nations e fica a Sudoeste da província de Ontário. Esta área faz parte da comunidade das primeiras nações habitadas pelos povos Iroquois, conhecidos como Six Nations, composta por: Mohawk, Oneida, Cayuga, Seneca, Onondaga e Tuscarora. O Centro de parto foi fundado em 1996 em conjunto com o conselho comunitário e com o serviço e comitê de saúde da Six Nations. O grupo de anciãos da comunidade é o responsável por nortear cultural e espiritualmente as decisões tomadas no Centro de Parto; são vistos como mestres e são responsáveis por discutir e solucionar questões éticas ligadas à equipe e pacientes. O centro de parto atua conforme as normas do College of Midwives of Ontário e ao NACM, National Aboriginal Council of Midwives. Além de oferecer assistência pré-natal, ao trabalho de parto e parto, ao pós -parto (durante as seis primeiras semanas após o parto), o centro de parto também oferece um programa de treinamento para parteiras tradicionais e, ainda, programas que incorporam a cultura nativa para os membros da comunidade. O programa de treinamento foi iniciado por Katsy Cook, também idealizadora e coordenadora do centro de parto. O treinamento tem duração de quatro anos. Laurei me contou que as parteiras aborígenes reconhecem que foram chamadas pelo Criador e que suas posições como parteiras estavam na mente Dele, desta forma elas aceitam o dom dado pelo Criador e assumem a responsabilidade de servir as famílias da comunidade. As parteiras da comunidade são responsáveis por oferecer cuidado durante o ciclo reprodutivo da vida das mulheres. Elas reconhecem que o dom que foi concedido a elas traz benefícios para as famílias nativas por meio de suporte e cura. Quando aceitam o dom do Criador, fazem orações para que sejam guiadas em compreender e praticar o seu dom. Com a integração de formas culturais, cuidado preventivo e uso apropriado da tecnologia, as parteiras atuam através de um balanço entre o tradicional e o contemporâneo, respeitando as escolhas das mulheres em relação às crenças e costumes pessoais. Durante a conversa, Laurei me contou sobre algumas tradições que são mantidas no processo de nascimento como, por exemplo, a posição da cama de parto que nunca pode estar voltada para o oeste, pois quando um membro da comunidade morre, sua cabeça é colocada nesta direção. Após o parto, o quarto deve passar por purificação por meio do uso de fumaça (*breathing section*); e as parteiras que fizeram uso de bebida alcóolica não podem tocar nas mulheres. Outro ponto interessante que a Laurie me contou é que as parteiras devem ter equilíbrio e cuidar para não carregar todas as cargas do parto, pois podem sentir dor na coluna e nos ombros, além de precisar de fisioterapia. Durante o pré-natal elas recomendam que as mulheres não usem nenhum tipo de colar no pescoço, pois isto causa circular de cordão; tudo que a mulher começar a fazer durante o período da gestação ela deve terminar, pois isto reflete no trabalho de parto que começa e é interrompido, não progredindo. Assim que o bebê nasce é colocada uma pulseira de couro em seu pulso. Sua função é protegê-lo até os dois meses de vida, pois este é um período vulnerável em que ele está entre dois mundos. Para Laurie é importante dar voz para todos, para o que é tradicional e para o não tradicional, porque boas relações geram *bons resultados*. Uma senhora da comunidade que é especialista em plantas atua como consultora no Centro de Parto; 80% das mulheres usam os medicamentos naturais preparados por ela. Os médicos da cidade também pedem orientação para a anciã.

O Centro de Parto oferece um programa especial de nutrição chamado "Árvore da Vida": alimentos específicos devem ser ingeridos em épocas próprias que estão relacionadas à produção e à época certa de colheita. Nesta comunidade, o alimento é medicina e deve ser considerado como remédio.

Laurie relatou que todas as práticas tradicionais durante o parto como músicas, danças e orações são realizadas de acordo com o desejo das mulheres e sua família, pois o respeito às escolhas das mulheres é o foco principal. Nas palavras de Laurie: *O parto é uma mudança de vida, e o cuidado deve ajudar as mulheres a ter menos traumas*. Para Laurie, o cuidado atua como cura e pode ajudar as mulheres que sofreram trauma a encontrar a paz novamente. Neste contexto, o papel da mente torna-se muito poderoso na experiência. Laurie disse: *a parteira é como um guia auxiliar que vê a transformação: um bebê vindo ao mundo é uma transformação, tudo se transforma, a cor dele se transforma!* Antes de ir embora eu tinha mais uma pergunta para Laurie: *qual era o significado do símbolo composto pelas três mulheres, a lua e a tartaruga?* Laurie me explicou que na tradição dos Iroquois, as mulheres sempre ocuparam uma posição especial e de honra, por sua habilidade de trazer a vida para a terra. O círculo principal é formado por quatro círculos que representam as fases do curso da vida da mulher: de bebê para adolescente, de meia idade para maturidade. As mulheres são responsáveis por transmitir os valores e as tradições de geração a geração. As mulheres são únicas neste círculo em qualquer estágio da vida. Seu bem-estar é influenciado pelo símbolo espiritual da Avó que é representado pela lua. O círculo é simbolizado pela tartaruga como legenda, animal que possui grande importância na história da criação para os Iroquois. Sobre a terra, você deve encontrar quatro direções: Saber de Onde você vem; Quem você é; Onde você está e para Onde você está indo. Quem puder fazer isso completará o seu curso da vida. Ao andar pelos corredores do Centro de Parto vi um grande quadro cheio de fotos de bebês que haviam nascido no local. Antes de ir embora perguntei para Laurie *o que significava para ela ser uma parteira*?

Ela suspirou, pediu um tempo para responder e disse:

***

(Minha Tradução)

"Ser uma parteira significa estar com as mulheres incondicionalmente e completamente. É deixar nossos próprios problemas e vieses fora de cena e ouvir com nosso coração e nossas mãos. Confiar que o Criador consente o que vem até você e te ajuda em tudo o que surge pelo caminho. Nós unimos saberes que acumulamos ao longo do caminho, usando muitas ferramentas, esperando que funcionem bem... mas eu acho que ser uma parteira, para mim, é uma cura. Isso não é somente uma cura para você, mas é uma cura para cada mulher incondicionalmente, mas também, cura para as famílias, e famílias que nós trabalhamos juntos para que encontrem a cura, para que encontrem o caminho....e trazer paz, assim todos podem crescer felizes, crescer de modo que não tenham que lidar com a mesma violência. Para que possam desabrochar, tão lindamente como um segundo novo começo todo o tempo que um bebê nasce, que um bebê vem para o mundo você vê o diferente olhar em seus olhos, cuidar dessa mãe, dessa família é como um novo começo, que faz qualquer coisa ser possível, nada é descoberto e encontrar forças para... uma nova força para fazer onde quer que você tem que fazer para prover para este bebê e eu não sei...tudo isso é tão bonito de ver, os bebês vêm ao mundo a mulher que se transforma antes de sua ascensão. E você vê-los, dar a força para as famílias em torno e para a comunidade em torno deles. É ajudar a curar uma outra maneira a si e suas famílias e também as suas nações, e suas comunidades. É o que significa a parteira para mim, ver a cura acontecer."

Para mim este foi um dos dias mais especiais de toda a viagem. Na volta registrei no meu diário o quanto tinha sido importante conhecer um modelo tão diferente de assistência e ao mesmo tempo tão próximo, pois o tradicional na realidade revela as nossas raízes e origem. Laurie me ensinou um pouco mais o que é ser parteira, com todo seu respeito pelas mulheres, com todo seu coração. Eu me senti privilegiada porque ela compartilhou comigo também um pouco de sua história, sobre o nascimento de seus oito filhos e sua busca em se tornar parteira profissional. Acredito que os melhores presentes estão no compartilhar vidas e experiências que nos permitem escrever e reescrever a nossa própria história. Lembro-me sorrindo, sozinha, sentada no banco do ônibus em direção a Toronto, sai daquele local sentindo que havia ganhado um lindo presente e por que não dizer que fui presenteada pelo Criador?!

***

História da Criação segundo Six Nations (Minha Tradução)

No mundo celestial, uma mulher grávida pediu ao marido para ir buscar as iguarias que ela desejava. Ela desejava a casca de uma raiz da Grande Árvore Celestial, a qual ninguém poderia tocar. No entanto, o marido finalmente cedeu aos seus pedidos e raspado do solo para desenterrar a raiz da árvore. Debaixo da árvore havia um buraco através do qual a mulher olhou. Perdendo o equilíbrio, ela caiu através dele. Enquanto descia, ela foi pega por gansos que segurando-a em suas asas a colocaram de sobre o casco de uma tartaruga marinha. Todos os animais tentaram trazê-la das profundezas do mundo aquático para o solo, mas apenas o rato almiscarado teve sucesso. Este solo foi colocado sobre o casco da tartaruga o que causou a dança da "Mulher celestial". Enquanto ela dançava, a terra foi formada criando o que ainda hoje ainda é chamado de "Ilha da Tartaruga" ou América do Norte. No casco da Tartaruga, ela plantou os pedaços de raízes e plantas que ela havia trazido do Mundo Celestial. A mulher deu à luz a uma menina, que viria anos mais tarde, ser fecundada pelo Vento Oeste. Enquanto isso no útero, os gêmeos que estavam sendo gerados pela filha começaram a discutir sobre como eles deveriam emergir. Um dos gêmeos era canhoto, esse se recusou a nascer de forma natural. Em vez disso, ele se forçou para fora da axila esquerda de sua mãe matando-a. Os gêmeos recém-nascidos enterram sua mãe, que se tornou uma fonte de milho, feijão e abóbora também conhecidas como "as três irmãs" da Six Nations. Do seu coração cresceu tabaco sagrado, usado para enviar mensagens e gratidão ao Mundo Celestial. Os dois irmãos continuaram a competir um com o outro, sobre a forma como criariam os animais e plantas, no processo de representar diferentes formas de vida. O gêmeo destro criou as belas montanhas, lagos, flores e criaturas delicadas. Ele sempre foi verdadeiro, justo, bom coração, e honesto. O gêmeo destro criou os seres humanos e, portanto, ficou conhecido como "O Criador". O gêmeo canhoto mentiu, lutou, se rebelou e fez escolhas desonestas. Ele criou falésias irregulares, redemoinhos, espinhos e predadores. O mundo construído pelos gêmeos incluiu cooperação e competição, amor bondoso e agressão. Um dia depois de capturar um chifre de veado, o gêmeo destro finalmente prevaleceu e derrotou seu irmão, jogando o corpo do gêmeo canhoto pela beira da terra. Este triunfo resultou no gêmeo destro como governador do dia e do Mundo Celestial. O gêmeo canhoto prevalecendo sobre a noite e para o mundo inferior.

Fonte: Six Nations Tourism, Ohsweken, ON

Sites consultados

ONTÁRIO. *Site* Oficial: http://www.airqualityontario.com/history/station.php?stationid=21005

Conselho de Parteiras Aborígenes Canadenses: http://aboriginalmidwives.ca/

Turismo-Six Nations: http://www.sixnationstourism.ca/

Serviços de saúde-Six Nations: http://www.snhs.ca/

Capítulo 12

Aspectos Socioculturais da Amamentação

Larissa Mandarano da Silva
Isília Aparecida Silva

As vantagens e benefícios do aleitamento materno, tanto nutricionais, quanto aos relacionados ao favorecimento do vínculo entre mãe e filho, são indiscutíveis e comprovados por inúmeros estudos. No entanto, é praticado diferentemente entre as mulheres, conforme determinantes sociais e culturais, modificando-se através do tempo conforme o desenvolvimento da sociedade.

Assim, é possível observar que a amamentação apresenta comportamentos diferentes e mutáveis determinados por padrões culturais e influenciados pela evolução histórica de países, regiões ou comunidades. A sua variabilidade, na forma como é valorizada ou promovida pela sociedade, demonstra que não é um ato instintivo puramente. Se assim o fosse, todas as mulheres amamentariam da mesma forma, durante o mesmo período.

Conforme Silva (1990), o aleitamento materno é um comportamento social variável, de acordo com as épocas e costumes. Está associado aos determinantes sociais, às manifestações culturais e papel social desempenhado pela mulher e criança em seu contexto social. A amamentação é influenciada por valores adquiridos durante o processo de socialização do indivíduo, além de necessitar do pleno funcionamento e equilíbrio hormonal.

Sendo denominado por Almeida e Novak (2004) como um híbrido de natureza e cultura a amamentação, além de biologicamente determinada é socioculturalmente condicionada, sendo um ato impregnado de ideologias e determinantes que resultam das condições concretas de vida.

Dessa forma, o avanço do conhecimento científico propiciou a descoberta e relação entre as características do leite humano e a fisiologia do metabolismo do lactente, no entanto, tais descobertas não foram suficientes para transformar a amamentação em uma prática socialmente implantada. Todas as vantagens da amamentação descobertas pela ciência não garantiram a geração de valores culturais capazes de reverter a histórica tendência ao desmame (ALMEIDA; NOVAK, 2004).

O estudo sobre o aleitamento materno, sua prática e importância, não é recente, no entanto é possível considerar que a prática da amamentação ainda se configura foco de interesse para diferentes atores e grupos sociais. O ser humano foi levado a criar alternativas para responder à necessidade das mulheres que, por razões diversas, desmamam seus filhos precocemente e só após a década de 1970 que os estudos com base científica trouxeram luzes ao conhecimento sobre o manejo da amamentação, além do que já se conhecia sobre a fisiologia da lactação.

Contudo, os elementos da anatomia e fisiologia lactacional, ou mesmo os elementos disponíveis sobre a demanda e receptividade da criança em relação ao leite materno e desenvolvimento social do contato filial e materno, não explicavam disparidades no tempo e frequência de amamentação, tão particulares para cada dupla de mãe e filho.

Nesse panorama, as atitudes das mulheres sobre o manejo e sua disposição para o processo de amamentar foi sendo objeto de interesse pelos pesquisadores e profissionais da área da saúde.

As ações da mulher no processo de amamentar são determinadas por uma visão pessoal desta experiência, ela toma decisões em relação à amamentação, mediante um processo de percepção, interpretação e atribuição de significados para sua experiência de amamentar em seu ambiente. Os elementos utilizados para isso originam-se de todos os processos interativos da mulher, a começar pelo seu filho e família, tomando como base as manifestações de comportamento da criança, sejam manifestações gestuais, padrão de sono-vigília e elementos concretos de condições de saúde da criança. Estes elementos, sujeitos à interpretação da nutriz, são avaliados acerca da questão e movidos pelos sentimentos gerados em cada mamada, em cada situação vivida com a criança.

Sendo assim, a mulher percebe a amamentação como uma questão de assumir riscos, para ela ou para seu filho, ou de garantir benefícios, para ela, para seu filho ou para ambos. Esta visão do processo de amamentar possibilita compreender as diversas maneiras que as mulheres podem se comportar e agir em relação a uma prática, que tem sido considerada como instintiva e natural a todas as mães.

Assim, é preciso considerar e valorizar as percepções maternas e femininas que revestem a amamentação do significado simbólico de risco ou de benefício, reais ou potenciais, mas presentes no processo de amamentação e que determinam as tomadas de decisão da mulher. A interpretação dos elementos de interação e a atribuição de significados à experiência de amamentar ocorrem a partir de um processo que pode ser considerado comum a todas as mulheres, porém, depende do curso e vivências singulares de cada uma com seu filho no processo de amamentar e ser amamentado (SILVA, 1997; SILVA, 2000).

Portanto, amamentar é uma experiência subjetiva vivenciada com os elementos que constituem culturas distintas e em ambientes sociais diversos, mas prepondera a internalidade materna moldada culturalmente em contextos de vida particulares.

No entanto, a biomedicina apresenta uma visão simplificada e reducionista que dificulta a complexa compreensão social, cultural e natural da experiência da amamentação (BEASLEY, 1996). Não só as experiências das mulheres em relação à amamentação são afetadas pelo conhecimento, atitudes e crenças existentes em sua cultura, mas também o seu relacionamento com seu filho (QUANDT, 1995).

Badinter (1985), em seu livro *Um amor conquistado: o mito do amor materno*, descreve a forma como o amor materno foi manipulado no decorrer da história, conforme os interesses religiosos, sociopolíticos e biomédicos vigentes em cada período, influenciando o relacionamento das mães com seus filhos e consequentemente as práticas do cuidado infantil e da amamentação.

Beasley (1996, p. 164) em um estudo qualitativo descreveu os conflitos experienciados pelas mulheres ao amamentarem em uma cultura medicalizada e em um mundo industrializado. Esta medicalização compreende o corpo feminino como "o local onde os processos fisiológicos se confrontam com as forças sociais", que são geralmente manipuladas pelos discursos biomédicos. O autor denomina o corpo da nutriz de "*body politic*" (p. 10).

Disseminar conceitos acerca do aleitamento materno evidenciando os benefícios ou não da amamentação ou relacionando esta prática ao cuidado e amor materno são exemplos de formas de manipulação. É claro que não há dúvidas quanto aos benefícios do aleitamento materno, o que se discute aqui são estratégias utilizadas para a sua promoção.

Isto ocorre desde tempos remotos, assim amamentar ou desmamar são ações descritas historicamente e, como já foi dito, influenciadas socioculturalmente. Existem algumas crenças que permeiam a amamentação que são descritas desde a idade antiga. Mesmo antes de Hipócrates já se sabia que a boa alimentação evitava doenças. Nos povos da Babilônia (2500 a.C.) e do Egito (1500 a.C.), as mulheres tinham por norma amamentar os seus filhos por um período aproximado de 2 a 3 anos. Porém, já nessa época, as amas de leite já eram figuras presentes na vida familiar, objetivamente ou por representações históricas ou simbólicas, como o que se conhece sobre Moisés e Maomé, às quais devem as suas vidas (VINAGRE *et al.*, 2001).

A amamentação pela mãe, entre os gregos e romanos, não era tão frequente como nos povos citados anteriormente; eles tinham o hábito de utilizar as amas de leite para nutrir os recém-nascidos, pois as mulheres não podiam ter relações sexuais durante o aleitamento para proteger a criança, ou se engravidassem tinham que interromper a amamentação. Assim, as mulheres das classes superiores não amamentavam seus filhos. Aristóteles afirmava que uma mulher deixa de ter leite ao engravidar (DUBY; PERROT, 1990).

Com o surgimento do cristianismo, a proteção às crianças aumentou, inclusive com incentivo à prática da amamentação. Isto se torna bastante evidente nas épocas de Constantino (315 d.C.), de Carlos Magno, de Inocêncio III (1198 d.C.), os quais, além do incentivo à prática da amamentação, também promoviam a proteção às crianças órfãs e abandonadas. Com o descobrimento das Américas, chamava a atenção dos europeus que os povos nativos dessas regiões tinham por hábito amamentar as crianças por um período de 3 a 4 anos, sendo que o aleitamento materno estava em declínio, principalmente na França e na Inglaterra à época dos grandes descobrimentos (VINAGRE *et al.*, 2001).

Desde a idade antiga o aleitamento materno sofre períodos de incentivo ou de desinteresse por parte dos gestores públicos. Segundo Silva (1997), as campanhas de incentivo ao aleitamento materno deixam transparecer "a preocupação da sociedade em beneficiar o recém-nascido, enfatizando a obrigatoriedade da mãe amamentar" (p. 25). Portanto, o caráter biomédico tem sido a base das campanhas e programas que visam promover a amamentação.

A partir da metade da década de 1970, emergiram recomendações mundiais pela retomada do aleitamento natural, enfatizando-se o aleitamento materno exclusivo até os seis primeiros meses de vida da criança. Dentro desta tendência internacional, o Brasil iniciou um movimento de proteção à maternidade e à infância que consolidou-se no Programa Materno Infantil, em 1974, e posteriormente, no Programa Nacional de Incentivo ao Aleitamento Materno, em 1981.

Em complementação aos esforços do Programa Nacional de Incentivo ao Aleitamento Materno (PNIAM), o Brasil assinou, em 1990, a Declaração de Innocenti, em um encontro em Spedale degli Innocenti na Itália e formalizou o compromisso de tornar a Iniciativa Hospital Amigo da Criança (IHAC) uma realidade nos hospitais do país (BRASIL, 2010).

A IHAC foi idealizada pela OMS (Organização Mundial da Saúde) e pelo UNICEF para promover, proteger e apoiar o aleitamento materno e passou a ser recomendada pelas autoridades normativas e administrativas e organizações científicas internacionais e nacionais.

No Brasil, essa iniciativa começou a ser desenvolvida em março de 1992 pelo Ministério da Saúde e do Grupo de Defesa da Saúde da Criança, com o apoio do Unicef e da OMS. Todavia, só após a implantação do fornecimento de um incentivo financeiro para as instituições vinculadas ao Sistema Único de Saúde que conquistarem o credenciamento como Hospital Amigo da Criança é que tem ocorrido maior mobilização de algumas instituições públicas e privadas em direção a essa iniciativa (BRASIL, 2010).

Estes programas de incentivo ao aleitamento materno refletem o modelo biomédico, não abrangendo os aspectos relacionados à amamentação, como prática social e cultural.

Para compreender os aspectos socioculturais da prática da amamentação em nossa sociedade, faz-se necessária a apresentação histórica dos nossos colonizadores e povos que contribuíram para formação de nossa cultura.

A Interculturalidade da Amamentação no Brasil

A alimentação do lactente tem servido a propósitos que não se limitam às questões ligadas à saúde, em muitas situações, possui interesses relacionados à modulação de comportamento social, ou fins econômicos, isto desde a figura da ama de leite, até o discurso construído pelo marketing dos fabricantes de leites modificados.

Para a compreensão da representação ou significados da amamentação na sociedade brasileira é necessária a realização de uma análise da evolução histórica do fenômeno e dos valores, crenças e hábitos pertencentes às diferentes etnias que contribuíram para a formação da sociedade brasileira, desde os indígenas, os primeiros colonizadores, os negros, bem como das influências geradas pela política estatal; a medicina; as questões econômicas; o avanço do conhecimento científico sobre a temática; as indústrias de leites e fórmulas infantis; os serviços de saúde; e a sociedade civil organizada, na figura das organizações não governamentais.

A importância em se conhecer as etnias que compuseram a sociedade brasileira está na compreensão da origem de certos hábitos e práticas relacionadas à amamentação existentes em nossa sociedade e nas relações destas com as diversas organizações sociais e políticas descritas acima, geralmente, baseadas em processos de dominação de umas e exclusão de outras. Um exemplo destas relações pode ser a campanha gerada pela classe médica colonial ao desaprovarem a prática das amas de leite negras.

A compreensão das relações de poder que no passado e no presente influenciaram a prática da amamentação é necessária para a formação crítica da sociedade, despindo-se dos discursos manipuladores. E, ainda, tal compreensão pode auxiliar no reconhecimento e posicionamento crítico contra qualquer discurso discriminatório ou etnocêntrico frente às diferenças culturais, de classe social, de crenças, de sexo, de etnia, ou outras características.

Embora os três principais grupos formadores da população brasileira tenham sido os índios, os portugueses e os africanos, vale lembrar que a diversidade étnica e cultural brasileira não se restringe a estes grupos, pois existem também os amarelos (asiáticos) como os japoneses, chineses e coreanos. Mais recentemente, povos latino-americanos, como os bolivianos que são numerosos em alguns bairros na cidade de São Paulo, entre outros imigrantes, têm contribuído com costumes e dogmas religiosos diferentes que compuseram e compõem a identidade nacional.

Lembramos também que existem no Brasil as diversidades regionais e diferentes características entre grupos tradicionais, como os caiçaras, sertanejos, caboclos, pantaneiros, povos da floresta e populações ribeirinhas. Ao considerarmos estas populações, devemos refletir acerca de alguns aspectos do manejo clínico do aleitamento materno, bem como na utilização de materiais nos centros urbanos como, por exemplo, os protetores de mamilo de silicone, e compreender o quanto tais conceitos se distanciam da realidade destes povos que vivem em áreas não urbanizadas. Isto evidencia as diferenças e variações regionais e socioeconômicas da amamentação que devem ser reconhecidas pelos próprios profissionais de saúde ao tratarem o manejo clínico do aleitamento materno, por exemplo.

Assim, conhecer e valorizar a pluralidade do patrimônio sociocultural brasileiro, enquanto sociedade pluriétnica e pluricultural, é a base da concepção sociocultural da amamentação.

AMAMENTAÇÃO ENTRE OS INDÍGENAS

Os indígenas constituem o primeiro povo ocupante do território brasileiro, são os nativos e pode-se dizer que são os legítimos brasileiros, apesar de não serem assim reconhecidos.

Ainda é preciso explicitar sua ampla e variada diversidade, de forma a corrigir uma visão deturpada que homogeneíza as sociedades indígenas como se fossem de um único grupo, pela justaposição aleatória de traços retirados de diversas etnias.

As índias amamentavam seus filhos, exclusivamente, até um ano e meio de idade e mesmo com a diversidade étnica entre os povos indígenas é possível estabelecer esta mediana para o tempo de amamentação.

Em relação ao cuidado infantil, o autor Chaves (2000) ao falar sobre o significado das crianças para os indígenas descreve que o padre Anchieta, em 1585, afirmou que o carinho que os pais tinham pelos filhos era muito grande. Isto explica a negação das nutrizes indígenas em servir de amas de leite aos filhos dos portugueses, elas não abandonavam seus filhos.

Cuidavam extremamente da higiene dos filhos e ainda, na segunda metade do século XVII, influenciadas pelo cristianismo, preocupavam-se em batizá-los (CHAVES, 2000). Afirmação que comprova a influência da igreja sobre o cuidado infantil e aleitamento materno.

No entanto, algumas etnias, como a Tupinambá, tinham o costume de sacrificar e devorar os filhos dos prisioneiros com mulher contrária ou da própria tribo, ou seja, com a índia que lhe davam para entreter-se. Os tupinambás achavam que só os homens eram os agentes da reprodução, então consideravam que o recém-nascido era filho apenas dos prisioneiros. Porém, enquanto não chegasse o momento do sacrifício, a criança "inimiga" era amamentada pela mãe, embora mais tarde fosse entregue pela mesma para o sacrifício. Indígenas como os Tapuias comiam os filhos quando morriam logo após o nascimento (ROCHA, 1947).

O aleitamento materno era muito valorizado culturalmente e só em casos extremos de doença grave, morte ou nos casos interditados pela cultura não se observava o aleitamento. Isto ocorria quando enterravam vivos os "mestiços de duas sementes", ou nos casos dos "filhos dos inimigos" com mulheres da tribo (ROCHA, 1947, p. 23).

Na sociedade tupinambá, havia normas sociais para lidar com o corpo. E, no que diz respeito à criança, envolvia, desde o parto, uma participação predominante da mãe; porém o pai também tomava parte por ocasião dos ritos de nascimento. Os casos de doenças eram algumas vezes resolvidos pelos feiticeiros (SILVA, 1990).

Um costume que mostrava o condicionamento social das relações afetivas entre pais e filhos era o "*choco* ou *couvade*". Tudo funcionava na representação cultural como se o pai tivesse se desdobrado em dois (ROCHA, 1947, p. 20). O pai jejuava e ficava de resguardo, como se o filho tivesse realmente saído de suas entranhas.

Já o resguardo da mãe era apenas fisiológico e durava de dois a três dias, quando retornava às suas atividades rotineiras. A índia repousa apenas dois a três dias após o parto e, em seguida, leva o pequenino e carrega-o no colo indo para a horta ou para fazer serviço doméstico (D'ABBEVILLE, 1945).

A este respeito, convém notar a semelhança deste comportamento de maternagem com a maior identificação de uma nova geração de pais com seus filhos, aquilo que se chama de "casal grávido" do século XX (SILVA, 1990).

As índias amavam seus filhos e não os deixavam sozinhos, pois sempre levavam o mais novo dependurado no seu corpo, e os outros a acompanhavam segurados pelas mãos. Quando estavam nas ocas, os deitavam em peles de animais, pela inexistência dos berços (CHAVES, 2000).

Silva (1990) afirma que na sociedade tupinambá harmonizava perfeitamente o duplo papel da mulher enquanto mãe nutriz e trabalhadora. A *typoya* servia para o transporte da criança e, enquanto a mãe trabalhava, podia, perfeitamente, entregar-se à maternagem e à amamentação. Enfim, a reprodutora conciliava-se com a produtora de bens e serviços.

Silva (1990) apresenta os registros de várias fontes no que diz respeito à duração do aleitamento natural entre os indígenas. Segundo Cardim (1584), "as mulheres dão de mamar à criança de ordinário ano e meio sem lhe darem de comer outra coisa" (*apud* ROCHA, 1947, p. 18-19); "A criança sugava o seio materno por dois ou três anos, ou até oito anos" (SANTOS FILHO, 1977, p. 114).

Ornellas (1978, p. 191-192) cita a ausência do hábito de chupar os dedos entre os índios e diz que a amamentação se inicia logo após o nascimento, sem guardar horário e "sem a preocupação de alternar os seios que a criança só larga quando se sacia" (*apud* SILVA, 1990).

Herbert Baldus (1970) observou que as mães tapirapé dão, sendo possível, leite materno por dois, três ou mais anos aos seus filhos. E referindo-se aos tupinambás, afirma que uma criança já sem a guarda dos adultos brinca correndo com outras crianças e se sacia ainda nos seios maternos (*apud* SILVA, 1990).

Esta afirmação evidencia a naturalidade da amamentação entre os indígenas, que ocorria sem a ritualização imposta atualmente à sociedade brasileira, frente às inúmeras dificuldades vivenciadas pelas mulheres em geral, que tendem a desmamar precocemente seus filhos.

Yves d'Evreux (1613) escreveu que a infância dos indígenas estava dividida em dois períodos: *peitan* (desde o nascimento até o início da deambulação) e curimim-mirim (da marcha aos 7-8 anos). O *peitan* significava menino (ou menina) saído do ventre de sua mãe. Estes eram completamente dependentes da mãe nos afagos e cuidados. Tinham "por único alimento o leite de sua mãe e grãos de milho assados, mastigados por ela até ficarem reduzidos a farinha, amassados com saliva em forma de caldo, e postos em sua boquinha como costumam fazer os pássaros com a sua prole, isto é, passando de boca para boca... Quando estava um pouco mais crescido, o menino ria e brincava no colo da mãe... A mãe depositava a comida mastigada no côncavo de sua mão e ele próprio devia dirigi-la à boca... A mãe, por sua vez, não estimulava o apetite da criança. Limitava-se a atender às solicitações da criança: deixava-a comer enquanto tivesse fome e dava-lhe os seios quando ela pedia leite, por meio de gestos" *(apud* ROCHA, 1947, p. 25).

Porém, existem relatos de Thevet (1558) que em pouco tempo as índias já davam ao recém-nascido, frutas e farinha mastigada, chamada de manipoy (mandioca) (*apud* CHAVES, 2000).

Sepp (1698 *apud* CHAVES, 2000) destacou que as mães guaranis do Rio Grande do Sul e Paraguai desmamavam seus filhos precocemente e davam-lhes longas tiras de carne crua, da qual as crianças chupavam o sangue.

Léry (1578) disse que se davam farinhas mastigadas e carnes tenras junto com o leite materno. E complementa: "o curumim-mirim era deixado ao seio até que por si mesmo o abandonava acostumando-se pouco a pouco a comer carnes, como as crianças maiores e os adultos" *(apud* ROCHA, 1947, p. 30), "mas não raro voltava de vez em vez a sugar o seio materno", segundo Yves d'Evreux (1613 *apud* ROCHA, 1947, p. 26).

Ramón Pardal (1937) descreve que "os tupis-guaranis davam aos prematuros e no desmame água com mel de abelhas ou ainda a 'gordura do tambu', espécie de fino óleo extraído da larva de um coleóptero, o *Rhincophorus palmarum*, diluído também com água morna e filtrada" (*apud* ROCHA, 1947, p. 30).

Estes fatos enfatizam o hábito do desmame precoce ou da prática de oferecer outros alimentos além do leite materno às crianças, podendo levar ao conceito de que o aleitamento exclusivo não era praticado por esta população nativa.

A análise histórica da amamentação evidencia que as noções de exclusividade do aleitamento materno surgiram no discurso médico, na tentativa de incentivar o aleitamento materno, pois grande parte das mulheres ao oferecerem outros alimentos ao bebê, talvez mesmo que inconscientemente, vão desmamando seus filhos ao reduzirem as mamadas até que a criança recuse ou tenha sua produção de leite reduzida até ser encerrada por completo. Fato este que não ocorre em algumas sociedades, em que as mulheres praticam o aleitamento predominante, sem dificuldades e sem privar seu filho dos benefícios da amamentação até, muitas vezes, uma idade superior aos dois anos.

Barbosa (1969 *apud* SILVA, 1990) descreve uma visita que fez ao Parque Nacional do Xingu, em 1967, onde observou vários grupos linguísticos: tupi, caiabi, caribé, aruac e jê. Pela convivência com outras culturas, os costumes já não eram os originais, pois pagavam uma mulher índia que servia de ama de leite no caso da mãe não poder amamentar e a aplicação de tapas e palmadas nos filhos como medida disciplinar. No que se refere à amamentação, na verdade, há dúvidas quanto à presença da ama de leite entre os indígenas, o fato de não existir relatos na história não significa que já não era uma prática, apesar de ter sido descrita primeiramente como costume exclusivo entre os europeus.

Atualmente, durante o convívio com uma determinada população indígena como pesquisadora, a primeira autora deste capítulo conheceu algumas mulheres idosas conhecidas como "mães de leite" na comunidade, as quais amamentaram muitas crianças quando eram jovens, e a prática de amamentação cruzada faz-se ainda presente nesta comunidade, mesmo com as contraindicações dos profissionais.

Os portugueses e africanos

Enfim, a prática da amamentação brasileira era indígena até o Brasil ser descoberto pelos colonizadores portugueses e ter início o processo de interculturalidade entre os europeus e nossos ancestrais, sendo incluídos posteriormente, os africanos.

Para Bacco e Progianti (2008), a prática da amamentação no Brasil é o produto resultante do confronto cultural vivido entre os índios nativos, os colonizadores e imigrantes europeus e os escravos africanos que foram trazidos para cá a partir da segunda metade do século XVI.

Os portugueses traziam o costume de não praticar o aleitamento materno comum na cultura europeia, onde teólogos e filósofos teciam estratégias para desencorajar o aleitamento materno como forma de repressão sexual à mulher, pois a amamentação era vista como fonte de prazer para a mulher e para a criança (SILVA, 1990).

Os principais discursos eram pautados na alegação de que a criança alimentada ao peito se corromperia moralmente, além de trazer malefícios para a saúde e a beleza da mulher, que como lactante deveria ser abstraída da prática sexual, que era considerada uma das obrigações de esposa (SILVA, 1990).

Dessa forma, os europeus buscaram um modo de tornar viável o discurso contra o aleitamento materno e ao mesmo tempo alimentar as crianças. E encontraram na comercialização do leite humano produzido por mulheres de baixa renda, conhecidas como saloias, uma alternativa viável e aceita para a época. Além do que, pagar alguém para amamentar seus filhos era símbolo de prestígio, e foi esse pensamento trazido pelos europeus ao Brasil (SILVA, 1990).

Os colonizadores que chegaram ao Brasil tentaram adaptar o modelo europeu das saloias, inicialmente, às índias, mas estas não aceitaram, ou seja, as dificuldades em escravizá-las foram evidentes, elas se recusavam a abandonarem seus filhos, além de serem consideradas selvagens.

Com as dificuldades encontradas com as índias, e chegada dos escravos africanos, a amamentação das crianças brancas foi imposta às negras que desmamavam seus filhos para alimentar e cuidar de outras crianças filhas dos senhores de engenho. Sendo assim, as mulheres da alta sociedade conseguiam atender ao padrão da época, de procriar sem lesar a condição de esposa ao terem que amamentar.

Segundo Bacco e Progianti (2008), não existem muitos relatos sobre amamentação relacionada à cultura africana, pois os negros não tinham importância social na época por não serem considerados seres humanos, e sim mercadorias, possuindo apenas valor comercial.

Sendo assim, foram realizadas deduções baseadas em ilustrações do tráfico negreiro, onde são retratadas imagens de mulheres amamentando crianças, levando à ideia de ser o aleitamento uma prática natural no continente africano naquela época (SILVA, 1990).

Freyre (2003) afirma que, no Brasil, o recém-nascido vinha ao mundo cercado de duas correntes culturais: "a portuguesa, de um lado; a africana ou ameríndia, do outro". A portuguesa, representada pelo pai e mãe brancos, e a africana, pela ama de leite, cuja presença, na casa das famílias abastadas ou mesmo nos extratos médios da população, era sempre solicitada por ocasião de um nascimento. As atividades exercidas por esta mulher estendiam-se da amamentação da criança no período da primeira idade, aos serviços de acompanhantes da criança, muitas vezes até alcançarem a fase adulta.

As ocupações exercidas por amas de leite são, talvez, das mais importantes atividades exercidas por mulheres escravas no Rio de Janeiro do século XIX. Esta percepção pode ser confirmada pela recorrência dos anúncios veiculados nos diários cariocas que, durante décadas, foram marcados pela oferta e procura de escravas que poderiam ser amas.

Os escravos eram vistos apenas como mão de obra, e nesse contexto a mulher e a criança negra, por terem condições físicas mais frágeis, não tinham valor comercial. Para as mulheres isto ocorreu até serem reconhecidas e, posteriormente, comercializadas como produtoras de leite. Os proprietários de escravos anunciavam o aluguel e venda de escravas para essa finalidade, a exemplo de propagandas publicadas no *Jornal do Commércio*, da cidade do Rio de Janeiro, em meados de 1850, entre outros meios que circulavam na época (SILVA, 1990).

As escravas não se restringiam ao fornecimento do leite às crianças que, durante o período que estavam sob os cuidados das amas, passavam também a ser alvo de diversos rituais, com o objetivo de fornecerem proteção contra mau-olhado, quebranto, sapinhos e soluços. Uma infinidade de simpatias era introduzida ao ambiente privado das famílias e faziam, assim, com que a mãe branca se dividisse entre as práticas exercidas pelas amas escravas, alugadas ou compradas para este fim, e as recomendações higiênicas desenvolvidas pelos médicos (SILVA, 1990).

A luta da medicina contra a presença das amas não se limitava às questões estritamente raciais presentes em toda a história brasileira, a presença das amas significava um obstáculo às próprias concepções médicas e, por isso mesmo, deveria ser combatida por toda família de bem (SILVA, 1990).

É importante ressaltar que, na época do Brasil colônia, a exemplo das escravas, as mulheres e a crianças brancas não tinham representação na sociedade. Nas classes mais favorecidas as mulheres eram reduzidas à condição de esposas procriadoras e sucessoras do patriarca no núcleo familiar.

Os colonizadores europeus caracterizavam a classe dominante e exerciam uma relação de poder e posse com as demais classes e ditavam as regras sociais. Com a alegação de que o aleitamento materno era uma prática ameaçadora para a saúde e beleza da mulher, conseguiram implantar na sociedade brasileira o desmame, utilizando como estratégias a manipulação das mulheres consideradas da sociedade padrão, a apropriação dos corpos das escravas e o comércio do leite humano (SILVA, 1990).

Salienta-se que a maior parte dos fatos históricos descritos sobre as amas de leite e os escravos de maneira geral retratam o cotidiano de suas vidas na sociedade carioca, visto que foi na cidade do Rio de Janeiro que acentuou a utilização dos negros como servos nos lares ou em serviços de estivas e de transporte local nos armazéns de comércio e até em pequenas oficinas de arte. Neste período desenvolveu-se entre as pessoas mais abastadas o costume de comprar negros para alugar nas fábricas ou para serviços como o cuidado das crianças. Durante todo século XIX, o porto carioca foi caracterizado como porto negreiro com grande desenvolvimento ao abrigar a família real portuguesa. Devido a isso, em 1808 foi impresso o primeiro jornal do Brasil, a "Gazeta", na cidade do Rio de Janeiro, que teve a imprensa liberada com a vinda da família real, o que também, explica o grande número de documentos que retratam o cotidiano da vida carioca.

Ao realizar pesquisa em jornais no acervo digitalizado da Biblioteca Nacional na cidade do Rio de Janeiro, pode-se compreender a importância da imprensa que foi utilizada primeiramente como meio de propaganda para o comércio das amas de leite e posteriormente para divulgação do discurso médico contra a prática das mesmas, influenciando o aleitamento materno socioculturalmente. Em alguns periódicos do acervo havia um espaço específico com o título "amas de leite", onde eram oferecidas as negras com a propaganda da qualidade e quantidade do seu leite.

Assim também o fato de o primeiro jornal ter surgido só em 1808, época de acentuada escravidão negra, pode explicar o fato de existirem escassos documentos sobre o aleitamento materno entre os indígenas, que no período eram ainda considerados selvagens e nem proporcionavam ascensão social para quem tinha sua posse, como no caso do negro.

No entanto, a convivência destes povos no Brasil explica a formação da cultura brasileira e a interculturalidade da prática da amamentação.

A MEDICINA, A INDUSTRIALIZAÇÃO E OS PROGRAMAS DE INCENTIVO

Conforme visto anteriormente, as escravas, ao residirem nos lares burgueses como amas de leite, não se restringiam a esta função, realizavam também diversos rituais originados de suas crenças religiosas africanas, regidas pelo candomblé, com o objetivo de fornecerem proteção à criança e família. Faziam e ensinavam as mulheres sobre o poder dos chás de ervas-medicinais, conhecimento já introduzido pelos indígenas, e uma infinidade de rezas e rituais para os males e doenças, em geral. Assim, os médicos começaram a sentir-se ameaçados pelas práticas das negras.

Assim, no século XIX, os médicos começaram a disseminar recomendações higiênicas, as normas e a moral, às quais serviam à ideologia do Estado e normatizavam também a família, além de objetivarem a diminuição da mortalidade infantil. O aleitamento materno deveria ser estimulado, pois era considerado um importante meio de sobrevivência infantil e só uma sociedade com crianças fortes, robustas e bem educadas teria adultos capazes de gerar riqueza para o Estado brasileiro (REZENDE *et al.*, 2002).

Com a infiltração dos médicos na vida privada das famílias, através da puericultura, ocorreu, entre outras coisas, a medicalização do ato de amamentar e o aleitamento materno deixou de ser um saber próprio das mulheres. O aleitamento em livre demanda, no qual o bebê mama quando tem fome ou quando precisa do contato íntimo com a mãe ou com a ama, deixou de ser um ato natural e passou a ser relacionado à educação e formação do caráter da criança, então começou a ser um ato regularizado com horários (JAVORSKI, 1999).

A rigidez dos horários da duração das mamadas e do período ideal para o desmame traziam embutidos a ideologia do controle não só do corpo da criança, mas também do corpo da mulher, disciplinando o uso higiênico do seu tempo livre na casa e a sua disponibilidade para concorrer com o homem no mercado de trabalho, além de enfatizar a coesão do núcleo familiar. A puericultura irá responsabilizar a mãe pela higidez física e moral dos filhos, estando a sobrevida destes sob sua responsabilidade (COSTA, 1989).

Este cenário brasileiro pode ser analisado e comparado ao período atual de incentivo ao aleitamento materno, no qual a mulher não tem opção de escolha de amamentar ou não seus filhos. Atualmente, a mulher que não amamenta não é "boa mãe", ao privar o seu filho dos benefícios do leite e contato materno. Em muitos hospitais credenciados na Iniciativa Hospital Amigo da Criança, a mulher não obtém a alta hospitalar se não estiver amamentando seu filho sem dificuldades. Pode-se afirmar que amamentar, atualmente, se configura como um ato obrigatório, e no caso do insucesso nesta tarefa, a mulher vivencia o sentimento de culpa. Esta analogia ilustra a ideia de que o aleitamento materno sofre flutuações através da história, os cenários muitas vezes se repetem com algumas diferenças.

Segundo Javorski *et al.* (1999), com a industrialização e com o avanço da tecnologia, a indústria de leite conseguiu manusear com relativa segurança o leite de vaca, adaptando-o, progressivamente, às necessidades nutricionais das crianças. Os médicos, paulatinamente, cederam à propaganda das multinacionais, passando a prescrever o leite em pó já nas maternidades.

A entrada maciça das indústrias produtoras de leite nos países de terceiro mundo ocorreu entre 1957 e 1974, tendo como uma das causas a diminuição da taxa de natalidade nos países industrializados, determinando uma queda no faturamento destas indústrias que, para conservarem as taxas de lucro, procuraram mercado no terceiro mundo, onde os índices de natalidade eram sempre elevados (ORLANDI, 1985).

Apesar dos discursos e dos esforços, o abandono da amamentação natural foi um fenômeno registrado mundialmente, tendo início na Europa, no final do século XIX, coincidindo com a Revolução Industrial e intensificando-se no século XX, após a Segunda Guerra Mundial (JAVORSKI *et al.*, 1999). E neste período pós-guerra, o aleitamento materno foi alvo do marketing das indústrias e comércio, que contraindicavam sua prática.

Não foi só neste período que o aleitamento materno foi influenciado em prol de lucros financeiros, atualmente com o intenso estímulo à amamentação, as mulheres desejam imensamente amamentarem seus filhos, e com isso muitos profissionais aderiram à prestação de serviços particulares, com o objetivo de auxiliarem as mulheres de classes abastadas, e fazem propagandas e marketing em prol dos benefícios da amamentação. E ainda, a indústria começou a desenvolver e comercializar objetos tidos como facilitadores da amamentação, aos quais a maioria das mulheres não tem acesso pelos custos elevados e podem se sentir ainda mais incapazes e culpadas por não conseguirem amamentar.

A partir do século XIX, a prática do aleitamento artificial aumentou as taxas de mortalidade infantil e reduziu a qualidade de vida das crianças dos países subdesenvolvidos, onde numerosas famílias viviam na miséria, sem saneamento básico e água potável para o preparo das mamadeiras, o que não ocorria nos países industrializados.

Em 1933, aparecem na revista popular *A Cigarra* notícias da fabricação, no Brasil, dos leites em pó, as quais enfatizavam que a produção do leite no Brasil proporcionaria um produto mais barato, substituindo com maior benefício, caso o leite materno "faltasse", mensagem difundida ao longo de muitas décadas, proporcionando facilidade do preparo, conservação das propriedades do leite fresco e digestibilidade do produto, esquecendo-se de esclarecer que, durante o preparo, poderia haver contaminação, expondo principalmente as crianças que tinham condições de vida precária; passa a ser reforçada a importância de generalizar a utilização das fórmulas para todas as crianças, como alimento opcional (BOSI; MACHADO, 2005).

Um jornalista inglês, Mike Muller (1981), publica um artigo com o título *The baby killer* (*O matador de bebês*), associando o uso de leite artificial ao aumento da mortalidade infantil nos países pobres. Esta publicação, de certa forma, colaborou para o início de um movimento mundial contra a propaganda indiscriminada dos leites em pó.

O marketing destas industrias só foi regularizado e controlado com a primeira versão da Norma para Comercialização de Alimentos para Lactentes (NCAL), instituída na década de 1980 pela Organização Mundial da Saúde (OMS). Em 1992, a norma foi revista e modificada para Norma Brasileira para Comercialização de Alimentos para Lactentes (NBCAL).

Desde meados da década de 1970, a OMS já vinha trabalhando em um movimento de responsabilização dos países signatários para a redução dos índices de mortalidade infantil. No Brasil foi lançado, em 1981, o Programa Nacional de Incentivo ao Aleitamento Materno pelo Ministério da Saúde, com o apoio do Unicef, Organização Pan-Americana de Saúde (OPS) e OMS. As intervenções planejadas para reverter o quadro de desmame precoce foram: treinamento intensivo do pessoal de saúde, elaboração de material educativo para profissionais de saúde e mães, incentivo de ações educativas no pré-natal, parto e puerpério, como a adoção do sistema de alojamento conjunto (BRASIL, 1993).

O aleitamento materno era abordado de forma superficial, pois a comunidade médica, embora ciente das vantagens do leite materno, colaborava com o desmame precoce e com a expansão do mercado da indústria produtora de leite em pó, prescrevendo os leites em pó. As crenças existentes atualmente, expressas nas frases maternas "meu leite é fraco, e não está sustentando" ou "tenho pouco leite", surgiram ou foram reforçadas nesta época, nos consultórios pediátricos.

No Brasil, em 1992, começou a ser desenvolvida através do Ministério da Saúde e do Grupo de Defesa da Saúde da Criança da OMS e Unicef, a Iniciativa Hospital Amigo da Criança, que estabelece os dez passos para o sucesso do aleitamento (BRASIL, 2010).

Todavia, só mais recentemente é que está sendo percebida uma maior mobilização de algumas instituições públicas e privadas em direção a essa iniciativa, pois a partir de 1994, através de portarias do Ministério da Saúde, criou-se um incentivo financeiro para as instituições vinculadas ao Sistema Único de Saúde credenciadas como Hospitais Amigo da Criança. A busca pelo incentivo financeiro leva muitos hospitais a imporem determinadas condutas aos profissionais em prol da obrigatoriedade do aleitamento materno. No entanto, a importância de tal incentivo é reconhecida, principalmente para os hospitais localizados em regiões interioranas ou em estados mais carentes, que dependem deste auxílio para o seu funcionamento geral.

Acreditamos que os programas são importantes, mas não garantem o sucesso do aleitamento materno, sendo necessário o desenvolvimento da postura e a capacitação técnica dos profissionais baseada nos aspectos socioculturais e na perspectiva da mulher, que está vivenciando esse processo.

Tais programas são pautados em um discurso técnico psicobiológico, em que se enfatiza as vantagens nutricionais, imunológicas e psicológicas para o bebê.

No entanto, os treinamentos e capacitações em aleitamento materno são determinados pela obrigatoriedade em aumentar os índices de amamentação, independente do desejo da mulher. Os cursos ministrados são massificantes, ou seja, buscam o treinamento de números grandes de profissionais que devem ser multiplicadores dos conceitos memorizados por repetição dos conteúdos.

Deve-se reconhecer o aumento crescente nos índices, a partir da década de 1980, de aleitamento materno, mesmo que as mulheres amamentem por dever materno, pensando nos benefícios ao seu filho.

As dificuldades por que passam as mulheres, durante o processo de amamentação, quase sempre são desconsideradas. O mais comum é o enfoque com uma visão romantizada do ato de amamentar, na qual as dificuldades se limitam aos traumas mamilares e ao ingurgitamento mamário (REZENDE *et al.*, 2002).

Os profissionais de saúde reproduzem para a mulher um padrão de amamentação ideal alcançado pela realização correta das técnicas preconizadas, desconsiderando a naturalidade do ato, que em algumas sociedades ainda é transmitido de mãe para filha, longe de ser um ato técnico.

Durante nossa trajetória profissional pudemos constatar que os profissionais de saúde, ao seguirem os programas em prol do aleitamento materno, aproveitam todas as oportunidades para envolver a mulher com as orientações sobre a amamentação, muitas vezes impositivamente. Nas instituições privadas, oferecem contatos de profissionais para assistências particulares, prescrevem objetos e acessórios facilitadores da amamentação. Ou seja, vivencia-se o auge da medicalização do aleitamento materno, além da comercialização de produtos e serviços, agora em prol da amamentação materna. Ressaltamos que está sendo discutido apenas um aspecto da prática de alguns profissionais, sem generalizações.

As mulheres perderam o controle de seus corpos e de seus filhos ao serem pressionadas para amamentar, ou não, e ao considerarem que o suporte técnico-científico recebido dos profissionais de saúde é o melhor e mais adequado para si. Sentem-se muitas vezes, incapazes e dependentes das orientações técnico-científicas (MAHON-DALY; ANDREWS, 2002).

As mulheres aderem a verdadeiros rituais preparatórios para a amamentação, os quais se estendem durante todo o processo que envolve grande parte do seu tempo, nesta função.

Neste aspecto, Silva (1990, p. 172) analisa a responsabilidade imputada pelo Estado à sobrevivência da criança: "(...) o milagre do leite materno de uma mãe desnutrida, cansada, responsável pela casa, por outros filhos e pelo sustento da família, é que vai ser a nova solução salvadora (...) o desmame tornou-se disfuncional, elevando a mortalidade infantil".

O aleitamento materno está entre as ações de intervenção na mortalidade infantil, é tratado como, diz o autor acima, uma "solução salvadora", desfocando as atenções da necessidade de alterações na estrutura socioeconômica e de distribuição de renda. Insiste-se em medidas simples que podem resultar em melhorias na saúde, como o retorno à amamentação, que podem ser realizadas pelos próprios indivíduos, sem a necessidade de maiores gastos do setor público (JAVORSKI *et al.*, 1999).

É inegável que as políticas sociais públicas e os programas de incentivo ao aleitamento materno são necessários; todavia, alguns aspectos deveriam ser modificados em prol do respeito à opinião materna.

Como foi apresentado, o aleitamento materno modificou-se através dos cenários histórico-sociais de nossa sociedade, é repleto de influências que podem ser explicadas ao longo da história.

Antropologia da amamentação

A amamentação é, sem dúvida, uma das maneiras de se atender os aspectos imunológicos, psicológicos e o desenvolvimento de uma criança no seu primeiro ano de vida. No entanto, é uma prática que varia de acordo com fatores diversos dependentes da cultura, hábitos, valores e crenças da sociedade em que ocorre.

Todos os elementos com os quais a nutriz interage são percebidos, interpretados e revestidos de significados, os quais determinam as ações que definem o tipo e duração da amamentação (SILVA, 2000).

Assim como ocorre na alimentação em geral, o aleitamento é uma questão fundamentalmente socioantropológica, estabelece uma relação essencial com o homem e sua cultura. Está ligado ao biológico, mas tem autonomia relativa em face das transformações econômicas, e também pode sofrer influências dessas mudanças. Atividades elementares e vitais como a amamentação e o cuidado das criancinhas, são controladas por padrões culturais e não pelo instinto. A prova são as extensas variações destas atividades, que verificamos em sociedades diferentes (SILVA, 1990).

Para Canesqui (2005), esta visão socioantropológica sugere que sejam abordados os comportamentos e as experiências alimentares como meios de reconstituir os sistemas alimentares, expostos a um conjunto de transformações, em um mundo globalizado e desigual quanto à distribuição da riqueza. Esse sistema sofre um conjunto de influências, às quais se expõem as economias tradicionais com escassez crônica de alimentos e crise de disponibilidade alimentar, passando pelas mudanças tecnológicas e ecológicas na produção de alimentos, por intervenções sociossanitárias induzidas pelos programas de ajuda internacional e submetidas aos processos de industrialização, urbanização e migração.

Como exemplo, tem-se um hábito comum nas áreas rurais, relacionado ao consumo do leite de vaca. Pela dificuldade no acesso ao leite industrializado ou pasteurizado, por motivos econômicos e distância das áreas urbanizadas, moradores de zonas rurais alimentam as crianças, mesmo as recém-nascidas quando desmamadas por algum motivo, com leite de vaca não pasteurizado, mantendo a crença no valor deste leite não industrializado, enquanto para os moradores de áreas urbanas isto é considerado como uma prática não saudável e anti-higiênica.

Estando o aleitamento materno e a alimentação humana impregnados pela cultura, é possível pensar os sistemas alimentares como sistemas simbólicos em que códigos sociais estão presentes atuando no estabelecimento de relações dos homens entre si e com a natureza (CANESQUI, 2005).

A antropologia se interessou tradicionalmente pelas crenças e pelos costumes alimentares dos povos primitivos, pelos aspectos religiosos em torno dos tabus, totemismo e comunhão; pelas referências e repulsas alimentares, pelos rituais sagrados ou profanos que acompanham a comensalidade, pelo simbolismo da comida e pelas classificações alimentares (CANESQUI, 2005).

Esta disciplina enfatiza, na verdade, os aspectos simbólicos que revestem a 'comida', bem como o modo de preparar os alimentos nas sociedades. A busca, a seleção, o consumo e a proibição de certos alimentos existem em todos os grupos sociais e são norteados por regras sociais diversas, carregadas de significações. Cabe, portanto, à antropologia apreender a especificidade cultural dessas questões, as quais precisam ser explicadas em cada contexto particular (CANESQUI, 2005).

Como vimos anteriormente, a amamentação passou de uma prática doméstica para os espaços hospitalares e dos serviços de saúde em geral, indo além das questões alimentares ao abranger os conceitos de saúde-doença, podendo, assim, ser abordada pela antropologia médica, além da antropologia da alimentação conforme o contexto.

No entanto, existem sociedades em que a amamentação ainda é uma prática predominantemente doméstica, envolvida por crenças, mitos e costumes.

Tradicionalmente, em muitas sociedades o período de "resguardo" da puérpera obedece a um regime alimentar específico para garantir a recuperação da mãe, a qualidade e quantidade do leite para a criança.

Antigamente, para os indígenas brasileiros das etnias Kaingang e Krenack ou Borun, as mulheres que amamentavam tinham que ingerir um alimento à base de uma espécie de milho, denominada "milho preto" ou "bugre", que é torrado, socado e peneirado para fazer um mingau o "perfurun". As mulheres mais velhas preparavam o "perfurun" para suas filhas e netas, transformando o hábito em uma tradição comum entre estas etnias. Atualmente, as nutrizes ingerem canjica e canja de galinha, geralmente, preparados por suas mães.

Geertz (1989) defende que o homem não depende tanto de um comportamento inato, como os outros animais, seu comportamento precisa ser construído no processo sociocultural, é um ser inacabado, que depende de um código simbólico. Assim, a cultura não deve ser considerada apenas o conjunto de hábitos e tradições de um grupo, mas um conjunto de regras e instruções de um sistema simbólico que orienta o comportamento.

Tal conceito, ao ser empregado na amamentação, traz a reflexão sobre o comportamento da amamentação sendo construído e reconstruído conforme o processo e influências socioculturais ao longo da história.

O aspecto hereditário da cultura atribui continuidade à própria cultura e reflete-se em valores interpretativos e em instituições sociais com consequências bastante profundas. A cultura torna-se, assim, tradição e as tradições partes essenciais da cultura. Dessa forma, a formação psicológica e social da personalidade busca inspiração e se molda à tradição, isto é, aos ensinamentos formais e informais de seus pais (BERNARDI, 1970).

No aleitamento materno os ensinamentos das mulheres mais velhas da família, como mãe e sogra, exercem acentuada influência na amamentação, onde se observa a matrilocalidade, ou seja, na velhice as mulheres acabam indo morar com uma das filhas ou passam tempos na casa de cada uma. É comum várias irmãs morarem próximas entre si, muitas vezes perto ainda da casa de seus pais. Esta é uma característica marcante dos indígenas do grupo Jê, que apesar das transformações sociais decorrentes da longa história de contato com os brancos, a matrilocalidade se mantém operante, além dos parentescos estabelecidos por consanguinidade e por afinidade.

Isto ocorre em muitas sociedades incluindo a indígena, que em suas famílias matrilocais existem relações de auxílio mútuo entre as mulheres, nas atividades que envolvem o cuidado aos filhos e trocas de bens de consumo, como os alimentos cultivados, em relação à amamentação umas auxiliam as outras com ensinamentos, trocas de experiências e ainda amamentando os filhos umas das outras, fenômeno conhecido como amamentação cruzada.

Já nos grandes centros urbanos, tem-se a marcante influência dos profissionais de saúde com orientações técnicas. E o auxílio entre as mulheres da mesma família ou próximas e sem fins lucrativos foi substituído pelo auxílio técnico-científico dos profissionais das instituições de saúde durante o período de internação, ou dos profissionais autônomos remunerados para esta tarefa.

Atualmente, nas tribos ou aldeias indígenas, mesmo nas situadas no Estado de São Paulo, ainda podem ser encontradas amas de leite, além da ocorrência da amamentação cruzada entre mulheres de uma mesma família ou próximas por afinidade. Isto é contraindicado, atualmente, frente à possibilidade da transmissão vertical do HIV, não se configurando, portanto, como uma forma de etnocentrismo.

Outra questão sobre amamentação que atualmente despertou discussões em alguns países foi o da intolerância ou proibição do ato de amamentar em público, fato ocorrido até no Brasil.

Nos Estados Unidos, a visão de uma mulher amamentando em público é, em geral, ultrajante para os americanos mais conservadores, que classificam o ato como sexual. Enquanto em outras sociedades amamentar em público é comum e aceito.

O seio feminino, durante o aleitamento materno, pode assumir duas funções: alimentar como fonte de alimento para o bebê e a mulher é vista como mãe e nutriz, e erótica como fonte de prazer para o companheiro, na qual a mulher é vista como esposa. Nesse sentido, o seio concomitantemente atua como estímulo sexual masculino e como reforço à imagem da mulher, além de ser também relacionado com a maternidade, local de acolhimento, nutrição e proteção do bebê (ABUCHAIN, 2005).

Os sentimentos das mulheres se dividem frente à amamentação em locais públicos no que diz respeito à exposição das mamas. Muitas preferem cobrir o seio com um tecido apropriado enquanto o bebê suga, afirmando que não querem que quando acabar esta fase de nutriz permaneça a lembrança de que todos viram os seus seios. Outras não pensam da mesma forma e não se incomodam com o fato de expor as mamas, defendendo a amamentação em público. A presença do sentimento de "vergonha" ao amamentar em público foi comprovada no estudo de Silva (1997).

Ao estudar a alimentação infantil entre crianças indígenas das etnias Kaingang e Krenack, deparamo-nos com a naturalidade do ato de amamentar, pois as mulheres destas etnias amamentam seus filhos muitas vezes maiores de dois anos com muita naturalidade, estando a mãe sentada desenvolvendo alguma atividade doméstica a criança se aproxima da mama, a expõe e é amamentada na posição ortostática enquanto a mulher continua com seus afazeres como se nada estivesse acontecendo, isto publicamente e isento de técnicas ou preparações, que muitas vezes são orientadas pelos profissionais de saúde.

Os profissionais de saúde desenvolveram uma série de orientações para as mulheres com comprovados benefícios em prol da amamentação, desde o ambiente favorável, a posição correta para a nutriz, entre outras medidas de conforto, a "pega" correta do bebê, a sucção adequada, etc., que são seguidos por muitas mulheres como um ritual e para as que não alcancem o sucesso na amamentação restam os sentimentos de incapacidade e culpa. Beasley (1996) abordou a medicalização da amamentação pelos profissionais de saúde e os sentimentos de culpa das nutrizes, enquanto no Brasil os estudos basearam-se no sentimento de culpa frente aos discursos biomédicos.

Estes sentimentos de culpa e insegurança das mulheres frente às dificuldades na amamentação têm sua origem nos discursos higienistas médicos do século XIX, que ao buscarem a diminuição das elevadas taxas de mortalidade infantil lançaram a ideia de que "mãe boa é a que amamenta", perpetuado como um dos mitos da amamentação (SILVA, 1997).

Outro mito que surgiu na mesma época foi o do "leite fraco", consolidado socialmente, sendo um valor cultural aceito e transmitido entre gerações.

A figura do leite fraco, nos dias de hoje, é uma das principais causas da complementação precoce referida pelas mães, sendo que a comparação do leite humano com o de vaca serviu de fundamentação para essa crença.

A aparência do leite materno, principalmente do colostro, faz com que a mãe considere seu leite inferior, acreditando que não serve para atender às demandas da criança por diferir do leite popularmente conhecido como leite forte o leite de vaca, que faz parte das refeições diárias em diversas sociedades. A valorização do leite de vaca em relação ao humano deve-se também por apresentar na sua composição maior quantidade de proteína (MARQUES *et al.*, 2011).

Esta valorização do leite de vaca é mais evidenciada nas famílias de baixa renda ou onde o acesso aos centros comerciais é difícil, dificultando o acesso aos leites em pó.

Além da crença no mito do "leite fraco", outra queixa comum que leva à complementação precoce é a alegação de "pouco leite". A crença neste mito pelas mulheres, muitas vezes, deve-se ao fato de as mães se sentirem inseguras quanto à sua capacidade de produzir leite no volume adequado para a criança (MARQUES *et al.*, 2011).

Esta crença pode estar relacionada ao choro do bebê que é associado a fome, sendo um mito em nossa sociedade, o de que "o bebê chora porque tem fome". O choro nem sempre está associado a fome, podendo ser causado por diversos motivos.

Isto se relaciona também aos padrões culturais, pois em muitas sociedades predomina a visão da mulher-mãe boa produtora de leite, que deve comer bem em quantidade, não deve ser muito magra, com mamas fartas, não possuir ou não contrair doenças em geral, características que se distanciam das ditadas pelos padrões de beleza atuais.

Portanto, os padrões de beleza feminina ocidentais também podem interferir no seu comportamento durante o aleitamento materno, quando envolver os aspectos relacionados à flacidez. Pois a mulher pode adotar a crença de que aleitar causa flacidez na mama, aumenta os mamilos, tornando-os feios, podendo contribuir para o insucesso da lactação.

As sociedades ocidentais, principalmente, possuem padrões de beleza definidos culturalmente, predominando como ideal e saudável para as mulheres a esbelteza e elasticidade da pele. Portanto, tanto a flacidez das mamas como de outras áreas do corpo não condiz aos padrões ocidentais atuais. São impostos, também, padrões quanto à forma e tamanho das mamas e mamilos.

Segundo Helman (2009), o corpo humano, para todas as sociedades, é mais do que um organismo físico oscilando entre saúde e doença, é também o foco de um conjunto de crenças sobre seu significado social e psicológico sua estrutura e funcionamento. A expressão imagem corporal é usada para descrever todas as formas com que um indivíduo conceitua e experiencia o próprio corpo, consciente ou inconscientemente.

O fato de que o homem vê o mundo através de sua cultura tem como consequência a propensão em considerar o seu modo de vida como o mais correto e o mais natural, isto é denominado etnocentrismo.

O etnocentrismo se configura quando determinado hábito ou costume é considerado como o mais correto ou o melhor por uma sociedade, e todos os outros são vistos como incorretos (GEERTZ, 1989). No caso da amamentação, há uma oscilação quanto a esta ser ou não considerada uma prática ideal de alimentação dos lactentes, pois historicamente se mostra determinada pelas crenças e valores dominantes em cada época de desenvolvimento dos grupos sociais.

Atualmente, a influência dos valores sociais e científicos, a disseminação mais rápida e abrangente do conhecimento e a capilaridade dos serviços de saúde, têm influenciado fortemente as práticas acerca da amamentação, no sentido de aumentar a valorização do leite materno e do que representa o processo de amamentar em si para a criança, mulher e família e a própria sociedade.

Como se pode observar, os mitos e as crenças relacionados à lactação fazem parte do nosso cotidiano há muitos séculos. Ambos influenciam na construção do significado do ato de aleitar para a mulher por meio da herança sociocultural adquirida através da vivência da mulher em sociedade, transmissão de valores por pessoas próximas ou mesmo pela observação de mulheres que estão passando por essa mesma situação e dos conceitos biomédicos vigentes.

Por meio da análise compreensiva dos fatores socioculturais, capazes de interferir na produção do conhecimento e nas práticas que se articulam no âmbito da amamentação, pode-se estabelecer uma nova forma de discutir a temática no cenário da saúde pública e, assim, contribuir para o estabelecimento de bases que permitam uma melhor resolutividade na formulação de estratégias para a área.

ABUCHAIM, E. S. V. **Vivenciando a amamentação e a sexualidade na maternidade:** "dividindo-se em ser mãe e mulher" (Tese). São Paulo: Universidade Federal de São Paulo, 2005.

ALMEIDA, J. A. G.; NOVAK, F. R. Amamentação: um híbrido natureza-cultura. **J. Pediatr.**, v. 80, n. 5, p. 119-125, 2004.

ANCHIETA, J. A província do Brasil (1585). Ed. 2 de Coleção brasileira de divulgação: História. Ed S.D. do M. E. S., 1946. *Apud* CHAVES, A. M. Os significados das crianças indígenas brasileiras (séculos XVI e XVII). **Rev. Bras. Cresc. Desenv. Hum.**, v. 10, n. 1, 2000.

BACCO, P. A. M.; PROGIANTI, J. M. Discursos dominantes e estratégias utilizadas na prática do aleitamento materno. **Rev. Enferm. UERJ**, v. 16, n. 2, p. 206-11, 2008.

BADINTER, E. **Um amor conquistado:** o mito do amor materno. Trad. Waltensir Dutra. Rio de Janeiro: Nova Fronteira, 1985.

BALDUS, H. A **Tapirapé**: tribo tupi no Brasil Central. São Paulo: Nacional/Edusp, Brasiliana. 1970. *Apud* SILVA, A. A. M. **Amamentação:** fardo ou desejo? Estudo histórico-social dos saberes e práticas sobre aleitamento materno na sociedade brasileira [dissertação]. Ribeirão Preto: Universidade de São Paulo, 1990.

BARBOSA, H. Puericultura indígena**. J. Ped.** 1969; 34(1-2): 19-25. *Apud* SILVA, A. A. M. **Amamentação: fardo ou desejo? Estudo histórico-social dos saberes e práticas sobre aleitamento materno na sociedade brasileira** [dissertação]. Ribeirão Preto: Universidade de São Paulo, 1990.

BEASLEY, A. **Breastfeeding for the first time:** a critical-interpretive perspective on experience and the body politic. (Social Anthropology Monograph Series 1) Palmerston North: Massey University, Department of Social Anthropology, 1996.

BERNARDI, B. Introdução aos estudos etnoantropológicos. In: **Natureza e cultura**. Lisboa: Edições, 1970. cap. 1.

BOSI, M. L. M.; MACHADO, M. T. Amamentação um resgate histórico. **Cadernos ESP, Escola de Saúde Pública do Ceará**, v. 1, n. 1, 2005.

BRASIL. Ministério da Saúde. Instituto Nacional de Alimentação e Nutrição — INAN. Secretaria de Programas Especiais — SPE. Programa Nacional de Incentivo ao Aleitamento Materno — PNIAM. **Normas gerais para bancos de leite humano**. Brasília. Ministério da Saúde. 1993.

BRASIL. Ministério da Saúde. **Iniciativa Hospital Amigo da Criança**. Área Técnica de Saúde da Criança e Aleitamento Materno. Departamento de Ações Programáticas e Estratégicas. Secretaria de Atenção à Saúde. Brasília, 2010.

CANESQUI, A. M. Antropologia e nutrição: um diálogo possível. In: CANESQUI, A. M.; GARCIA, R. W. D. (org.). **Coleção antropologia e saúde**. Rio de Janeiro: Fiocruz, 2005.

CARDIM, F. **Tratados da Terra e Gente do Brasil** (1583). Col. Brasiliana, 149-150. São Paulo: Nacional, 1939. Notas de Batista Caetano, Capistrano de Abreu e Rodolfo Garcia. *Apud* ROCHA, J. M. **Introdução a história da puericultura e pediatria no Brasil (1500/1882)**. Rio de Janeiro: Nestlé, 1947.

CHAVES, A. M. Os significados das crianças indígenas brasileiras (séculos XVI e XVII). **Rev. Bras. Cresc. Desenv. Hum.**, v. 10, n. 1, 2000.

COSTA, J. F. **Ordem médica e norma familiar**. Rio de Janeiro: Graal, 1989.

D'ABBEVILLE, C. **História da missão dos padres capuchinhos na ilha do Maranhão**, 1614. Tradução brasileira por Sérgio Milliet. São Paulo: Martins Fontes, 1945.

D'EVREUX, Y. Voyage dans Le Nord Du Brésil (1613-1614), 77. Introduction et notes M. Ferdinand Denis; A. Franck. Leipzig, 1864. *Apud*: ROCHA, J. M. **Introdução a história da puericultura e pediatria no Brasil (1500/1882)**. Rio de Janeiro: Nestlé, 1947.

DUBY, G.; PERROT, M. **História das mulheres no ocidente. A antiguidade**. Porto: Afrontamento, 1990. v. 1.

FREYRE, G. **Casa-grande & senzala:** formação da família brasileira sob o regime da economia patriarcal. São Paulo: Global, 2003.

GEERTZ, C. **A interpretação das culturas**. Rio de Janeiro: Guanabara Koogan, 1989.

HELMAN, C. **Cultura, saúde e doença**. 5. ed. Porto Alegre: Artmed, 2009.

JAVORSKI, M.; SCHOCHI, C. G. S.; LIMA, R. A. G. Os programas nacionais de incentivo ao aleitamento materno: uma análise crítica. **Pediatria Moderna**, v. 35, n. 1/2, 1999.

LÉRY, J. Histoire d'um Voyage faict em La terre Du Brésil, autrement dite Amerique. A la Rochele Antoine Chuppin, 1578. Nova edição de *Frank Lestrignant*, Languedoc/ Max Chaleil;1992. *Apud* ROCHA, J. M. **Introdução a história da puericultura e pediatria no Brasil (1500/1882)**. Rio de Janeiro: Nestlé, 1947.

MAHON-DALY, P.; ANDREWS, G. J. Liminality and breastfeeding: women negotiating space and two bodies. **Health & Place**, v. 8, p. 61-76, 2002.

MARQUES, E. S.; COTTA, R. M. M.; PRIORE, S. E. Mitos e crenças sobre o aleitamento materno. **Ciência & Saúde Coletiva**, v. 16, n. 5, p. 2461-8, 2011.

MULLER, M. **O matador de bebês**. Campinas: CEMICAMP, 1981.

ORLANDI, O. **Teoria e prática do amor à criança:** introdução à pediatria social no Brasil. Rio de Janeiro: Jorge Zahar, 1985.

ORNELLAS, L. H. A alimentação através dos tempos. FENAME. Rio de Janeiro; 1978. 288p. (Séries Cadernos Didáticos). *Apud* SILVA, A. A. M. **Amamentação:** fardo ou desejo? Estudo históricosocial dos saberes e práticas sobre aleitamento materno na sociedade brasileira [dissertação]. Ribeirão Preto: Universidade de São Paulo, 1990.

PARDAL, R. **Medicina aborigen americana**. Buenos Aires: Anesi, 1937. *Apud* ROCHA, J. M. **Introdução a história da puericultura e pediatria no Brasil (1500/1882).** Rio de Janeiro: Nestlé, 1947.

QUANDT, S. A. Sociocultural aspects of the lactation process. In: STUART-MACADAM, P.; DETTWYLER, K. A. (ed.). **Breastfeeding:** biocultural perspectives**.** New York: Aldine de Gruyter, 1995.

REZENDE, M. A.; SAWAIA, B. B.; PADILHA, K. G. "Mãe boa amamenta" ou a força da ideologia. **Fam. Saúde Desenv**., v. 4, n. 2, p. 154-162, 2002.

ROCHA, J. M. **Introdução a história da puericultura e pediatria no Brasil (1500/1882)**. Rio de Janeiro: Nestlé, 1947.

SANTOS FILHO, L. **História geral da medicina brasileira**. São Paulo: Hucitec/Edusp, 1977. v. 2.

SEPP, A. Viagem às missões jesuíticas (1698). In: **Wagem às missões jesuíticas e trabalhos apostólicos.** Itatiaia: EDUSP; 1980. *Apud* CHAVES, A. M. Os significados das crianças indígenas brasileiras (séculos XVI e XVII). **Rev. Bras. Cresc. Desenv. Hum**., v. 10, n. 1, 2000.

SILVA, A. A. M. **Amamentação: fardo ou desejo? Estudo histórico social dos saberes e práticas sobre aleitamento materno na sociedade brasileira** [dissertação]. Ribeirão Preto: Universidade de São Paulo, 1990.

SILVA, I. A. **Amamentar:** uma questão de assumir riscos ou garantir benefícios. São Paulo: Robe, 1997.

SILVA, I. A. Enfermagem e aleitamento materno: combinando práticas seculares. **Rev. Esc. Enferm. USP**, v. 34, n. 4, p. 362-9.

THEVET, A. (1558). As singularidades da França Antártica. Itatiaia: EDUSP, 1978. Apud: CHAVES, A. M. Os significados das crianças indígenas brasileiras (séculos XVI e XVII). **Rev. Bras. Cresc. Desenv. Hum**., v. 10, n. 1, 2000.

VINAGRE, R. D.; DINIZ, E. M. A.; VAZ, F. A. C. Leite humano: um pouco de sua história. **Pediatria,** v. 23, p. 340-5, 2001.

Parte III

Ensino de Enfermagem Obstétrica e de Obstetrícia no Cenário Brasileiro

Capítulo 13

Ensino da Enfermagem Obstétrica e da Obstetrícia no Contexto Brasileiro

Torcata Amorim
Dulce Maria Rosa Gualda
Aline Reis Souza de Oliveira

A enfermagem é uma ação, definida por Almeida e Rocha, como prática social, cuja função peculiar é assistir o indivíduo, família ou comunidade, no exercício de seu ciclo biológico com a finalidade de promover, manter ou recuperar a saúde, podendo atuar na vigilância à saúde da população (ALMEIDA; ROCHA, 1997). O enfermeiro insere-se no contexto da saúde como um profissional generalista, com conhecimento científico amplo e habilitação legal que lhe garante autonomia no desempenho de sua prática no cuidado ao ser humano.

A formação em nível de pós-graduação centra-se na necessidade de responder a uma demanda social e legal, interferindo no modelo assistencial, ao mesmo tempo em que é influenciado pelas condições políticas e socioeconômicas de um país. A formação em enfermagem obstétrica no Brasil, nos últimos 50 anos, passou por transformações e períodos bem distintos em conformidade com os movimentos e demandas sociais e políticas públicas, assim como a organização e estrutura dos cursos de graduação em enfermagem (TYRREL; SANTOS; LUCAS, 2005).

O ensino da enfermagem no Brasil teve início em 1890, com a criação no Rio de Janeiro, da Escola Profissional de Enfermeiras e Enfermeiros, no Hospício Nacional dos Alienados. No início do séc. XX foram criadas escolas particulares e públicas em vários estados brasileiros, dentre elas destaca-se a Escola Dona Anna Nery, também no Rio de Janeiro (RIESCO; TSUNECHIRO, 2002).

O ensino de parteiras teve início no século XIX e se estendeu até meados do séc. XX (1832 a 1949), quando as parteiras práticas começaram a ter educação formal junto às escolas médicas. A legislação do ensino das parteiras estava contida na legislação do ensino da medicina. Em 1920, essas parteiras foram denominadas Enfermeiras Especializadas e, em 1922, na Faculdade de Medicina e Cirurgia do Pará, usou-se pela primeira vez o título de Obstetriz para designar as profissionais formadas no Curso de Obstetrícia.

Essa nova denominação separou as obstetrizes das demais categorias da enfermagem (enfermeiro, auxiliar de enfermagem, parteira, enfermeiro prático ou prático de enfermagem e parteira prática) e, em 1955, o termo foi usado em texto legal, regulamentando o exercício profissional. Desde o final do século XIX, médicos brasileiros propunham a associação entre as profissionais enfermeiras e as profissionais com formação de parteira (RIESCO; TSUNECHIRO, 2002).

No início do séc. XX (1925) há a extinção dos cursos de parteiras e a criação dos cursos de Enfermagem de Maternidade, anexos às faculdades de medicina, que em 1931 foram denominadas Escolas de Obstetrícia e Enfermagem Especializada, sendo seu currículo direcionado ao ensino da enfermagem. Em 1939 foi criado, em São Paulo, o curso de Enfermagem Obstétrica, anexo à Clínica Obstétrica da Escola Paulista de Medicina, que exigia como pré-requisito para seu ingresso somente o curso primário e formou-se uma única turma. Diante da precária formação neste curso, seu responsável, o médico Álvaro Guimarães Filho, propõe a criação da Especialização em Enfermagem Obstétrica e, em 1949, as escolas de enfermagem passaram a formar Enfermeiras Obstetras, criando-se, com isso, duas categorias profissionais: as enfermeiras obstetras formadas pelas escolas de enfermagem e as obstetrizes pelas escolas de medicina. Estas duas categorias disputavam a assistência ao parto de forma não muito pacífica e as enfermeiras obstetras não aceitavam as parteiras formadas pelos médicos e ainda lutavam pelo reconhecimento da sua formação como uma especialidade da enfermagem (RIESCO; TSUNECHIRO, 2002).

Na década de 1960, o Conselho Federal de Educação propõe uma conciliação entre as duas categorias, fixando em três anos a duração dos cursos de obstetrícia e estabelece sua articulação com o curso de enfermagem. Cria também um novo currículo para a enfermagem, composto por um tronco comum, com duração de dois anos e um ano diversificado, caracterizado como especialidade. Porém, obstetrizes e especialistas em enfermagem obstétrica continuavam sendo formadas em paralelo (RIESCO; TSUNECHIRO, 2002). No início da década de 1970, com a reformulação das universidades brasileiras, de acordo com o Parecer n. 163/72, os cursos de enfermagem e de obstetrícia foram incorporados, uma vez que foi vedada a formação diferente, para fins idênticos ou equivalentes, passando o novo curso de enfermagem a ser constituído de três fases: pré-profissional, tronco profissional comum (Graduação Enfermagem) e habilitações. Com esta mudança, somente as Escolas de Enfermagem titulavam as profissionais e todos os seus graduados eram formados no curso de "Enfermagem e Obstetrícia", independente do cumprimento das 500 horas de habilitação em obstetrícia (RIESCO; TSUNECHIRO, 2002; TYRREL; SANTOS; LUCAS, 2005).

Na segunda metade da década de 1980 tem início o processo de extinção das habilitações e, em 1994, há nova modificação no currículo mínimo da enfermagem, conforme Parecer n. 314/94, passando seus graduados a receber o diploma de "Enfermeiros". Nesta proposição os conteúdos curriculares passaram a ter denominações semelhantes às das propostas governamentais (Saúde da Mulher, Saúde da Criança, Saúde da Família, Saúde do Adulto e Idoso, dentre outros) (RIESCO; TSUNECHIRO, 2002; TYRREL; SANTOS; LUCAS, 2005). Por ocasião da unificação na formação, há um desinteresse tanto por parte dos alunos em se habilitarem, quanto das escolas em oferecer a habilitação em obstetrícia, uma vez que a demanda era pequena e cada vez menor a atuação desta profissional na assistência ao parto (OSAVA, 1997; RIESCO; TSUNECHIRO, 2002). Isso fez com que ocorresse uma redução do número destas profissionais, já que elas foram gradativamente deixando de ser formadas. Para Bonadio *et al.* (1999), a mudança na legislação do ensino, a falta de campo para a prática, a falta de demanda para o curso e a falta de docentes foram os motivos principais para a interrupção dos cursos de especialização.

Esta luta pelo espaço é histórica e teve início no final do século XIX, quando os profissionais médicos viram-se ameaçados, uma vez que seu campo para o aprendizado da prática de partejar era ocupado pelas parteiras, então, com apoio governamental, impuseram a institucionalização do parto. Esta estratégia propiciou aos médicos o domínio da arte de partejar, "por meio do controle do corpo das mulheres, pautados na anunciação no campo científico que lhes garantiriam o poder e prestígio perante a sociedade da época" (BONADIO *et al.*, 1999; PORTO; CARDOSO, 2009). Esta medida também contribuiu para a redução do número de partos assistidos pelos profissionais não médicos e fomentaram as relações conflituosas entre atores médicos e não médicos no cuidado obstétrico que se perpetuam aos dias atuais.

Estes conflitos também evidenciam que a formação profissional nem sempre priorizou o interesse e a necessidade das mulheres. Em um estudo realizado em cinco instituições de ensino superior brasileiras, os pesquisadores concluíram que as adaptações do ensino às necessidades de saúde da mulher brasileira são fruto do descaso e da falta de investimentos na educação por parte do governo, principalmente em nível universitário, em especial nas regiões Norte, Nordeste e Centro-Oeste. Ainda que a introdução de novas temáticas relacionadas à saúde da mulher passasse a ser melhor discutidas na academia: cidadania (atualmente direito sexual), gênero e sexualidade, abortamento e planejamento reprodutivo, nenhuma das instituições estudadas ampliou suas ementas com inovações conceituais e temas relacionados à Saúde da Mulher em todo o seu ciclo vital, mesmo que seus conteúdos contemplassem os temas acima mencionados. A estruturação da formação do enfermeiro com competências na assistência obstétrica em nível de graduação (habilitação) ou especialização para prestar cuidados à mulher (criança, escolar, adolescente, adulta e idosa) não contemplava a temática com o rigor merecido, voltando-se apenas aos aspectos reprodutivos (TYRREL; SANTOS; LUCAS, 2005).

Paralelamente às mudanças no ensino e na assistência da enfermagem, é publicado um Decreto Lei Federal nº 94.406/1987 regulamentando o exercício profissional da categoria. Seu art. 8º incumbe ao enfermeiro...: II — como integrante da equipe de saúde: h — prestação de assistência a gestante, parturiente, puérpera e ao recém-nascido; j — acompanhamento da evolução de trabalho de parto; l — execução e assistência obstétrica em situação de emergência e execução do parto sem distócia. E essa mesma lei, em seu art. 9º, regulamenta o exercício das profissionais titulares de diploma ou certificado de Obstetriz ou de Enfermeira Obstétrica que, além das atividades que trata o artigo precedente, as incumbe de: I — prestação de assistência à parturiente e ao parto normal; 2 — identificação de distócias obstétricas e tomada de providências até a chegada do médico; 3 — realização de episiotomia e episiorrafia, com aplicação de anestesia local, quando necessária (BRASIL, 1986).

Porém, o modelo tecnocrático de assistência ao parto, consolidado no período citado, não trouxe os resultados esperados quanto à melhoria da qualidade da assistência. As taxas de cesariana alcançaram patamares inaceitáveis; os índices de morbimortalidade materno-fetal pouco se modificaram; houve uma crescente medicalização do parto e uma insatisfação por parte das usuárias com a assistência oferecida. Diante desta situação, a partir da década de 1990, mulheres, grupos organizados, gestores de saúde e profissionais, buscaram uma assistência diferenciada, sem desconsiderar a importância e necessidade das intervenções, como o parto cirúrgico com indicações precisas e a utilização de tecnologias apropriadas, sem excessos, em situações específicas, necessárias e/ou de risco, realizadas de forma humanizada (DINIZ, 2009).

Na busca pela assistência qualificada à saúde em geral, em particular da assistência à mulher, na década de 1990, o Governo Federal estabelece o conceito de humanização como princípio de dois programas de saúde no setor público brasileiro. O Programa de Humanização do Pré-natal e Nascimento (PHPN) e o Programa Nacional de Humanização da Assistência Hospitalar (PNHAH) culminaram na Política Nacional de Humanização (PNH) (VAITSMAN; ANDRADE, 2005). Preconiza também medidas de assistência obstétrica, buscando a implementação das boas práticas baseadas em evidências científicas (ARAÚJO, 2005; VICTORA *et al.*, 2011).

Houve também, ao longo dos anos, um incremento por parte do Ministério da Saúde, de projetos e portarias incentivando a formação e atuação de enfermeiras obstetras. Em 1995 é criado o Plano de Ação para Redução da Mortalidade Materna e, em 1996, o Projeto Maternidade Segura, que premia o desenvolvimento das instituições de assistência obstétrica sob os aspectos da segurança entre estes, por exemplo, a redução dos índices de parto cesárea. Ainda é publicada a Portaria MS/GM nº 2.815, em 29 de maio de 1998, que inclui na tabela do SUS o pagamento pelo parto normal sem distócia realizado pela enfermeira obstetra; a Portaria nº 163/1998, aprovando o laudo de enfermagem para emissão de AIH para parto normal, e a portaria MS/GM nº 9855, de agosto de 1999, que cria os Centros de Parto Normal no âmbito do SUS, onde a enfermeira obstetra é membro da equipe mínima (BRASIL, 2008).

Nos anos seguintes, outros esforços somaram-se no sentido de reorganizar a assistência, garantir o acesso, o acolhimento, a resolutividade, a qualidade e a segurança no cuidado à mulher no processo de parto e nascimento. Entre eles se destacam a Resolução da Diretoria Colegiada da ANVISA RDC Nº 36 (MINISTÉRIO, 2008), que dispõe sobre o regulamento técnico para o funcionamento dos serviços de atenção obstétrica e neonatal. A portaria Ministerial nº 2.488/2011 (MINISTÉRIO, 2011a), que fortalece a atenção básica, reconhece a estratégia de saúde da família como prioritária e a constituição de redes de atenção. A criação da Rede Cegonha, através da Portaria nº 1.459/2011 (MINISTÉRIO, 2011b), assegura à mulher os direitos sexuais e reprodutivos, o cuidado humanizado na gestação, parto e puerpério e à criança, o direito ao nascimento seguro, crescimento e desenvolvimento saudáveis.

Estas medidas valorizam a assistência realizada pelo enfermeiro obstetra, ao considerar a experiência bem-sucedida de alguns países europeus, nos quais a assistência ao parto normal é realizada por profissionais não médicos (ENKIN *et al.*, 2005). A Organização Mundial de Saúde (OMS) e o Ministério da Saúde recomendam maior participação da obstetriz e da enfermeira obstetra nessa assistência, reconhecendo a habilidade desse profissional na condução do trabalho de parto, aprimoramento da assistência ao parto normal e redução das taxas de parto cesárea (COSTA; SCHIRMER, 2012).

O estudo de Costa; Schirmer (2012), com o objetivo de detalhar a atuação de enfermeiros após especialização em obstetrícia no nordeste do Brasil, revelou os benefícios da atuação destes egressos que, com o apoio dos gestores locais, puderam contribuir na mudança do processo de trabalho, que favoreceu a segurança e qualidade da assistência. O estudo constatou ainda que as instituições que inseriram enfermeiros obstetras em seu quadro de pessoal conquistaram prêmios de reconhecimento pelos indicadores de assistência positivos, como, por exemplo, o de Hospital Amigo da Criança (46,5%).

Progianti; Porfirio (2012) corroboram a prática da enfermeira obstetra com o uso da tecnologia apropriada, baseada em evidências científicas e pautada na garantia dos direitos sexuais e reprodutivos, favorece uma assistência centrada na mulher, menos intervencionista, segura e de qualidade.

Porém, ao tentar inserir enfermeiras obstetras na assistência ao parto, constatou-se que não havia especialistas em número suficiente no mercado, conforme observam Maranhão *et al.* (1990, p. 20) citado por Brasil (1995) "existe uma deficiência de profissionais que atuam na área materno-infantil, dentre eles, enfermeiras obstetras e parteiras profissionais". A escassez deste profissional também foi observada no Rio de Janeiro, quando em 1993 a Secretaria Municipal de Saúde (SMS-RJ) começa a implantar no âmbito do Sistema Único de Saúde (SUS) a assistência de enfermagem no pré-parto e parto com o mínimo de intervenções, conforme observam Dias; Domingues (2005, p. 702): "não havia disponível no mercado de trabalho enfermeiras obstetras em número suficiente para que se pusesse em prática uma política de atuação destas profissionais na assistência ao parto de baixo risco".

A partir de 1998, o Ministério da Saúde (MS) cria diretrizes curriculares para a elaboração de projetos pedagógicos para a criação de cursos de Especialização em Enfermagem Obstétrica (MARANHÃO *et al.*, 1990 citado por BRASIL, 1995) entre elas, a recomendação de capacitação de profissionais inseridos no SUS (DINIZ, 2009). No período de 1999 a 2004, o MS financia 76 cursos desta especialidade em todo o Brasil, capacitando 1366 profissionais (BRASIL, 2002). Paralelamente aos cursos financiados pelo Ministério da Saúde, Escolas de Enfermagem ofereceram cursos de especialização autofinanciados, alguns na modalidade de residência. No entanto, conforme Brüggemann (2007), a participação das obstetrizes e enfermeiras obstétricas na assistência ao parto está diretamente relacionada ao número de especialistas existentes nas diferentes regiões do País. A maioria das escolas que oferecem o curso de especialização está concentrada na região sudeste.

Diante da necessidade de ampliar o quadro de profissionais tituladas e qualificadas e, buscando regularizar a situação de enfermeiras graduadas que tinham conhecimento teórico e prático em áreas específicas, e não eram tituladas, a Associação Brasileira de Obstetrizes e Enfermeiros Obstetras (ABENFO) Nacional concedeu título de especialista em Enfermagem Ginecológica, Obstétrica e Neonatal a candidatos que comprovassem ter no mínimo 05 (cinco) anos de experiência na área do concurso. Para se candidatar à prova de título, a pessoa deveria apresentar documentos comprobatórios originais da instituição de trabalho, com assinatura e carimbo da chefia imediata, e de seu respectivo conselho profissional. O candidato ao Título de Especialista em Enfermagem Obstétrica deveria comprovar efetiva atuação na realização de no mínimo 20 (vinte) partos sem distócia, além de estar inscrito há pelo menos 5 (cinco) anos no Conselho Regional de Enfermagem e em pleno gozo de seus direitos, e estar associado e em dia com a anuidade da ABENFO e a Associação Brasileira de Enfermagem (ABEn). A prova de titulação foi realizada entre os anos de 1998 a 2004, no Congresso Brasileiro de Enfermagem (CBEn) e Congresso Brasileiro de Enfermagem Obstétrica e Neonatal (COBEON). Constava de prova de títulos com base no *Curriculum vitae* e prova escrita. Em 2005 a prova foi oferecida, porém não houve nenhum inscrito (ASSOCIAÇÃO, 2007).

Também no ano de 2005 iniciou na Escola de Artes, Ciências e Humanidades (EACH), da Universidade de São Paulo (USP), o Bacharelado em Obstetriz, profissão extinta com a reformulação das universidades, no início de 1970. Este curso, com duração de 4 (quatro) anos, é oferecido com 60 vagas que são ocupadas após aprovação no vestibular (ESCOLA, 2008). Tem como objetivos: estabelecer e desenvolver uma modalidade de formação e qualificação de profissionais vinculada à realidade local, buscando produzir impacto na qualidade à saúde da mulher e sua família na região; titular uma profissional, integrada à equipe de saúde, e que atuando de forma autônoma, seja um importante recurso para prover cuidados de saúde às gestantes, parturientes, puérperas, recém-nascidos e familiares, atendendo às suas necessidades físicas, emocionais e socioculturais; fazer com que a obstetriz tenha perfil e competência para participar ativamente das transformações no quadro epidemiológico da saúde materna e perinatal (GUALDA, 2007; VICTORA *et al.*, 2011).

Ainda no sentido de difundir a assistência ao parto por profissionais não médicos e contribuir para uma assistência qualificada e humanizada, a *Japan*

International Cooperation Agency (JICA) firmou parceria **de cooperação técnica com o Brasil para capacitar** recursos humanos para o desenvolvimento destes países e de macrorregiões. Para tal, o Governo Japonês e a JICA realizam treinamentos de capacitação de técnicos estrangeiros, buscando incrementar os conhecimentos e habilidades técnicas dos participantes (AGÊNCIA, 2007). Entre os treinamentos oferecidos, encontrava-se o "Curso de Assistência ao Parto Humanizado nas Maternidades e nas Casas de Parto", onde buscou-se capacitar "autoridades envolvidas na política de saúde e de enfermeiras obstetras para o fortalecimento das mulheres, ensinando as parturientes a ter força de parir e os recém-nascidos a ter força de nascer, não passando pelo risco desnecessário de uma cirurgia. Sabe-se que o Brasil detém uma das maiores porcentagens de cesarianas do mundo" (AGÊNCIA, s/d).

Após os esforços citados "A Associação Brasileira de Obstetrizes e Enfermeiros Obstetras (ABENFO) estima que deve haver, no máximo, 10.000 enfermeiros obstetras no país, não havendo nenhuma pesquisa que confirme esse dado e nem que aponte qual é o percentual de profissionais que atua na área da assistência obstétrica" (NARCHI; CRUZ; GONÇALVES, 2011). A OMS calcula que para a assistência adequada seria necessário, no mínimo, uma parteira qualificada[(26)] para cada 125 nascimentos. Para atingir esta proporção, o Brasil precisaria de aproximadamente 23.000 profissionais habilitadas, número bem aquém do estimado (WORLD HEALTH ORGANIZATION, 2005).

O estudo entrevistou profissionais docentes e que ocupavam cargos em órgãos que criam as políticas públicas de saúde da mulher e encontrou que, com as mudanças no ensino da enfermagem, a falta de incentivo e de apoio para a formação de enfermeiras obstetras, a tarefa de dar continuidade à formação destas profissionais, ao longo dos últimos 20 anos, foi árdua. A autora da pesquisa constatou ainda que a habilitação e os cursos de especialização, mesmo que de maneira descontínua, mantiveram a formação e evitaram uma redução ainda maior de profissionais para atuar na saúde reprodutiva (AMORIM, 2010).

Todo o investimento na formação e a busca da assistência prestada pela enfermeira obstetra devem-se às características desta profissional, voltada ao respeito da fisiologia do parto, conforme observam Hodnett; Osborn (1989)

(26) O termo parteira qualificada refere-se aos profissionais não médicos inseridos na assistência obstétrica. No Brasil, atualmente, existem majoritariamente duas categorias, a saber; enfermeiras obstétricas, profissionais graduadas em enfermagem com especialização em Enfermagem Obstétrica (pós-graduação *latu sensu*) e, obstetrizes, profissionais com formação especializada no nível de graduação.

e Blanchette (s/d), mulheres em trabalho de parto, quando acompanhadas por profissionais não médicos, necessitam de menos analgésicos, recebem menos intervenções e os resultados finais são melhores que aqueles produzidos pela assistência médica convencional. Enkin *et al.* (2005) corroboram a ideia quando dizem que, nos países industrializados, onde as parteiras são os provedores de saúde primários de mulheres saudáveis durante o parto, os resultados maternos e neonatais são mais favoráveis, incluindo menores taxas de mortalidade perinatal e menores taxas de cesariana em comparação aos países onde muitas mulheres saudáveis, ou a maioria delas, são atendidas por obstetras durante a gravidez.

Riesco; Fonseca (2002) concordam e afirmam que as parteiras, ao acompanharem um trabalho de parto, contribuem com sua evolução fisiológica, com a redução das intervenções desnecessárias e das taxas de cesarianas, tornam o nascimento menos medicalizado, mais humanizado e de menor custo, além de liberar o médico para realizar atividades especializadas.

Entende-se que a atividade desses profissionais deve se desenvolver de modo complementar, de acordo com o modelo colaborativo, no qual os pares atuantes na assistência obstétrica interagem de maneira solidária com respeito ao valor individual, reconhecimento dos afazeres como complementares, tomada de decisões compartilhadas, respeitando os limites éticos, técnicos e legais do exercício profissional de cada categoria (MARTIN-RODRIGUES *et al.*, 2005). Esse modelo propicia maior segurança e satisfação das usuárias por reduzir os conflitos e promover ambiente de diálogo e estar em consonância com a proposta da OMS, uma vez que favorece a complementariedade das habilidades na condução da assistência obstétrica. Além disso, os profissionais voltam-se para a mudança de paradigma, o que se reflete no desempenho da equipe e na qualidade da assistência prestada.

Em pesquisa realizada por Truesta *et al.* (2003) no Rio de Janeiro, buscando compreender as representações sobre o trabalho em equipe, as autoras entrevistaram 14 obstetras e 21 enfermeiras de sala de parto de duas maternidades. Os sujeitos da pesquisa expressaram visões muito próximas sobre o trabalho em equipe, qualificando-o como fundamental e importante para a melhoria da assistência obstétrica. Schraiber *et al.* (1999) observam que o trabalho em equipe deve ser compartilhado, negociando-se as distintas necessidades de decisões técnicas, já que seus saberes operantes particulares levam às bases distintas de julgamentos e de tomadas de decisões, quanto à assistência ou cuidados a serem prestados.

Um dos fatores que garante o desenvolvimento do trabalho em equipe é a confluência dos profissionais no campo de prática, para tal, dentre outros, é necessária a qualificação e número suficiente de profissionais que por sua vez promovam a discussão e a complementariedade das habilidades específicas das categorias. Cecatti; Calderón (2005, p. 358) concluem que é necessário e importante qualificar o pessoal, já que, "A utilização de profissionais capacitados e treinados para a atenção a partos normais e complicados demonstrou correlação inversa com a ocorrência de morbidade e mortalidade materna". Dias; Domingues (2005) também concordam que o parto de baixo risco assistido pela enfermeira obstetra pode reduzir as intervenções médicas desnecessárias e oferecer um cuidado integral, com suporte emocional tanto para mulher, quanto para sua família, embora não seja uma garantia de mudança do modelo de assistência.

No início da segunda década de 2000, diante da necessidade de responder à demanda de formação de enfermeiros obstetras que resguardem os princípios e diretrizes da humanização e qualidade da assistência, a Secretaria de Gestão do Trabalho e da Educação na Saúde (SGTES), do Ministério da Saúde, lançou o edital de número 21, publicado no Diário Oficial da União em 06 de setembro de 2012, para concessão de bolsas a instituições de educação superior para a formação de profissionais com especialidade em enfermagem obstétrica. Medida que se coaduna com as propostas políticas e assistenciais atuais, e tem como objetivo incentivar a formação de especialistas na modalidade Residência para atuar no cuidado à saúde da mulher, nos processos de saúde reprodutiva, pré-natal, parto e nascimento, ao puerpério e família. Esta formação foi regulamentada pela Portaria Interministerial nº 1077/MS/MEC (BRASIL, 2009), de 12 de novembro de 2009, e contempla as instituições localizadas em Estados, Municípios ou Distrito Federal que comprovadamente tenham aderido à política Rede Cegonha.

A proposta da Residência amplia a formação no sentido de imergir o discente no campo de prática por um período mais longo, o que favorece a vinculação com a instituição e comunidade, além da inserção no modelo humanístico que se pretende consolidar. A modalidade Residência também favorece a construção do modelo colaborativo (LOPES *et al.*, 2012).

Porém, conforme observam Riesco; Fonseca (2002, p. 686), *"a qualificação formal não garante a capacitação permanente para a assistência ao nascimento e parto, pois, quando alheio à prática, o profissional necessita ser reciclado para assumir essa função"*. Assim, cabe à enfermeira obstetra e à obstetriz buscar se atualizar e se qualificar para atuar neste vasto campo, que perpassa tanto o nível primário quanto o secundário de assistência. É função dos órgãos provedores de saúde disponibilizar educação continuada e proporcionar reciclagens à categoria.

A capacitação profissional também deve contemplar o arcabouço jurídico que regula a sua atuação, uma vez que no exercício da sua profissão o profissional responde por seus atos e está sujeito à responsabilização civil, penal e ético administrativa. Ao Poder Judiciário cabe a apuração dos fatos relacionados às responsabilidades civil e penal. O Conselho Federal de Enfermagem (COFEN) e os Conselhos Regionais de Enfermagem (CORENs), norteados pelo Código de Ética dos profissionais de enfermagem, são responsáveis pelas demandas relacionadas às responsabilidades éticas (WINCK; BRÜGGEMANN; MONTICELLI, 2012).

Esta atualização contribui também para a autoconfiança profissional e consequente prevenção do erro, uma vez que a ingenuidade e/ou desinformação contribuem para desvalorização profissional e, se bem informada, a profissional poderá ocupar seus espaços de atuação com responsabilidade, competência e autonomia, reconhecendo seus limites éticos, legais e técnicos. O conhecimento neste campo também fortalece a coragem intelectual e moral, reduzindo o risco das relações desiguais de poder que interferem negativamente na construção do modelo colaborativo.

Estudo realizado sobre as competências de enfermeiras obstétricas na atenção qualificada ao parto verificou que uma das implicações da titulação dos profissionais foi a ocupação de cargos de docência. O estudo revelou também que os egressos referem maior segurança de atuação não só na prática assistencial, mas também para o exercício da docência (CLAPIS, 2005). Esse aspecto é essencial para a formação dos futuros enfermeiros, o que contribuirá para ampliação da discussão sobre formação e práticas na perspectiva dos modelos de atenção que se vislumbra.

Diante do exposto, vê-se nos últimos anos um investimento na formação do enfermeiro obstetra e obstetriz no Brasil, acreditando-se na integralidade e melhoria da qualidade da assistência oferecida na gestação, no trabalho de parto, no parto normal e no nascimento, com resgate da história de parto em que a mulher é a protagonista. Essas profissionais podem ainda buscar ampliar a atuação em Centros de Parto Normal; avançar na assistência ao parto domiciliar; melhorar a resolutividade e a qualidade do atendimento em Programas de Saúde da Família (PSF) e investir na docência, intensificando a formação e qualificação da enfermeira obstetra e obstetriz.

Portanto, são desafios para a categoria participar e estreitar laços com a equipe multiprofissional; contribuir para a divulgação das evidências científicas, esforçando-se para a sua implementação e, oferecer assistência ao parto e nascimento à população em geral, dentro do modelo humanístico com ênfase no protagonismo das mulheres gestantes, parturientes e puérperas, ensejando impacto positivo nas taxas de morbimortalidade materna e perinatal. Às instituições formadoras, o desafio é fomentar no egresso à postura ativa com vistas à redução das iniquidades, mediante o fortalecimento ético e político; a busca de parceria interinstitucional de suporte para a proteção do espaço de atuação e aperfeiçoamento permanente e o reconhecimento do seu trabalho por seus pares, pelos gestores de saúde e pela sociedade.

Referências bibliográficas

AGÊNCIA DE COOPERAÇÃO INTERNACIONAL DO JAPÃO (JICA). **Projetos de Cooperação Técnica no Brasil**. Disponível em: <http://www.jica.org.br/pt/content,0,0,84, 0, 0.html>. Acesso em: 19 dez. 2007.

______. **Projetos de Cooperação Técnica no Brasil**. Impresso elaborado e editado conjuntamente pela ABJICA-SP e JICA Brazil. 1908-2008, 100 anos imigração Japão-Brasil. s/d.

ALMEIDA, M. C. P.; ROCHA, S. M. M. **O trabalho de enfermagem**. São Paulo: Cortez, 1997.

AMORIM, T. **O resgate da formação e inserção da enfermeira obstétrica na assistência ao parto no Brasil**. Tese (Doutorado). Escola de Enfermagem, Universidade de São Paulo, São Paulo, 2010.

ARAÚJO, M. J. O. Política Nacional de Atenção à Saúde da Mulher: Antigas necessidades e novas perspectivas. In: PAISM: 20 anos depois. **J. Rede Feminista Saúde**, v. 27, p. 28-30, 2005.

ASSOCIAÇÃO BRASILEIRA DE OBSTETRIZES E ENFERMEIRAS OBSTETRAS. ABENFO. Brasília. Disponível em: <http://www.abenfonacional.hpg.ig.com.br/regimento.pdf>. Acesso em: 31 dez. 2007.

BLANCHETTE, H. Comparison of obstetric outcome of a primary-care access clinic staffed by certified nurse-midwives and a private practice group of obstetricians in the same community. **Am. J. Obst. Gynecol**., v. 172, n. 6, p. 1864-68, s/d.

BONADIO, I. C.; RIBEIRO, S. A. O.; RIESCO, M. L. G.; ORTIZ, A. C. L. V. Levantamento do número de enfermeiros obstetras formados nos últimos 20 anos pelas escolas de enfermagem do Brasil. **Nursing**, v. 8, p. 25-9, 1999.

BRASIL. Lei nº 7.498, de 25 de junho de 1986. Dispõe sobre a regulamentação do exercício da enfermagem e dá outras providências. **Diário Oficial da União**, Brasília, Seção 1, p. 9273-5, 26 de jun. 1986.

______. Ministério da Saúde. Disponível em: <www. portal.saude.gov.br/saúde>. Acesso em: 16 abr. 2008.

______. Ministério da Saúde. Secretaria de Políticas de Saúde. Área Técnica de Saúde da Mulher. **Relatório da reunião de avaliação dos cursos de especialização em enfermagem obstétrica**. Brasília, 2002.

______. Portaria Interministerial nº 1077/MS/MEC de 12 de novembro de 2009. Dispõe sobre a **Residência Multiprofissional em Saúde e a Residência em Área Profissional da Saúde** e institui o **Programa Nacional de Bolsas** para Residências Multiprofissionais e em Área Profissional da Saúde e a **Comissão Nacional de Residência Multiprofissional em Saúde.**

BRÜGGEMANN, O. M. **O cuidado no processo do nascimento:** reflexões sobre a atuação da enfermeira. Disponível em: <http://www.uff.br/nepae/objn203bruggemann.htm>. Acesso em: 30 dez. 2007.

CECATTI, J. G.; CALDERÓN, I. M. P. Intervenções benéficas durante o parto para a prevenção da mortalidade materna. **Rev. Bras. Ginecol. Obstet.**, v. 27, n. 6, p. 357-65, 2005.

CLAPIS, M. J. **Competências de enfermeiras obstétricas na atenção qualificada ao parto: contribuições do Curso de Especialização em Enfermagem Obstétrica e Neonatal** — modalidade residência. Tese (Doutorado) — Escola de Enfermagem de Ribeirão Preto, Universidade de São Paulo, São Paulo, 2005.

COSTA, A. A. N. M.; SCHIRMER, J. A atuação dos enfermeiros egressos do curso de especialização em obstetrícia no nordeste do Brasil — da proposta à operacionalização. **Esc. Anna Nery**, v. 16, n. 2, p. 332-9, 2012.

DIAS, M. A. B.; DOMINGUES, R. M. S. M. Desafios na implantação de uma política de humanização da assistência hospitalar ao parto. **Ciência & Saúde Coletiva**, v. 10, n. 3, p. 669-705, 2005.

DINIZ, S. G. Gênero, saúde materna e o paradoxo perinatal. **Rev. Bras. Crescimento e desenvolv. Hum.**, v. 19, n. 2, p. 313-26, 2009.

ENKIN, M.; *et al.* **Guia para atenção efetiva na gravidez e no parto**. 3. ed. Rio de Janeiro: Guanabara Koogan, 2005.

ESCOLA DE ARTES, CIÊNCIAS E HUMANIDADES (EACH/USP Leste). Disponível em: http://www.each.usp.br/cursos.php. Acesso em: 17 abr. 2008.

GUALDA, D. M. R. **A inserção da enfermeira obstetra na realidade brasileira**. Palestra V COBEON. Disponível em: <http://abenfors.org.br/e-bookdoVCOBEON/conferencias/2>. Acesso em: 14 dez. 2007.

HODNETT, E. D.; OSBORN, R. W. A randomized trial of the effect of monitrice support during labor: mothers views two four weeks postpartum. **Birth**, v. 16, p. 177-83, 1989.

LOPES, G. T.; MACHADO, D. A.; AGUIAR, B. G. C.; FIGUEREDO, N. M. A. Residência em Enfermagem: grandes avanços, muitos desafios. In: FIGUEREDO, N. M. A.; MACHADO, W. C. A. (org.). **Tratado cuidados de enfermagem médico-cirúrgico**. São Paulo: Roca, 2012. v. 2.

MARANHÃO *et al.* (1990) citado por BRASIL. Ministério da Saúde. Secretaria de Assistência à Saúde. Coordenação Materno-Infantil. **Plano de ação para redução da mortalidade materna.** Brasília, 1995.

MARTIN-RODRIGUEZ, L. S.; BEAULIEU, M. D.; D'AMOUR, D.; VIDELA, M. F. The determinants of successful collaboration: a review of theoretical and empirical studies. 2005. **J. Interprofessional Care**, v. 1, p. 132-47, 2005.

MINISTÉRIO DA SAÚDE. ANVISA Resolução da Diretoria Colegiada RDC nº 36, de 8 de junho de 2008.

______. Portaria nº 2.488, de 21 de outubro de 2011 que Aprova a Política Nacional de Atenção Básica, estabelecendo a revisão de diretrizes e normas para a organização da Atenção Básica, para a Estratégia Saúde da Família (ESF) e o Programa de Agentes Comunitários de Saúde (PACS).

______. Portaria nº. 1.459, de 24 de junho de 2011- que instituiu a Rede Cegonha no âmbito do Sistema Único de Saúde. b

NARCHI, N. Z.; CRUZ, E. B.; GONÇALVES, R. O papel das obstetrizes e enfermeiras obstetras na promoção da maternidade segura no Brasil. **Ciência e saúde coletiva**, – v. 46 p. 1587, 2011. No prelo. Disponível em: <http://www.cienciaesaudecoletiva.com.br/artigos/artigo_int.php?id_artigo=9331>. Acesso em: 31 out. 2012.

OSAVA, R. H. **Assistência ao parto no Brasil**: o lugar do não médico. Tese (Doutorado). Faculdade de Saúde Pública, Universidade de São Paulo, São Paulo, 1997.

PORTO, F.; CARDOSO, T. C. A luta de parteiras diplomadas pela prática da obstetrícia no Rio de Janeiro (Brasil). **Enfermería Global**, v. 15, n. 15, p. 1-6, 2009.

PROGIANTI, J. M.; PORFIRIO, A. B. Práticas obstétricas humanizadas implantadas por enfermeiras. **Esc. Anna Nery**, v. 16, n. 3, p. 443-50, 2012.

RIESCO, M. L. G.; FONSECA, R. M. G. S. Elementos constitutivos da formação e inserção de profissionais não médicos na assistência ao parto. **Cad. Saúde Pública**, v. 18, n. 3, p. 685-98, 2002.

RIESCO, M. L. G.; TSUNECHIRO, M. A. Formação profissional de obstetrizes e enfermeiras obstetras: velhos problemas ou novas possibilidades? **Rev. Estudos Feministas**, v. 10, p. 449-59, 2002.

SCHRAIBER, L. B.; PEDUZZI, M.; SALA, A.; NEMES, M. I. B.; CASTANHERA, E. R. L.; KON, R. Planejamento, gestão e avaliação em saúde: identificando problemas. **Ciência & Saúde Coletiva**, v. 4, p. 221-42, 1999.

TRUESTA, A. A.; GIFFIN, K.; GAMA, A. S.; D'ORSI, E.; BARBOSA, G. P. Saberes e práticas de enfermeiros e obstetras: cooperação e conflito na assistência ao parto. **Cad. Saúde Pública**, v. 19, n. 5, p. 1425-36, 2003.

TYRREL, M. A. R.; SANTOS, A. E. V.; LUCAS, E. A. J. C. F. Ensino de enfermagem obstétrica no Brasil: (des)acertos 1972-1996. **Rev. Bras. Enferm.**, v. 58, n. 6, p .677-81, 2005.

VAITSMAN, J.; ANDRADE, G. R. B. Satisfação e responsividade: formas de medir a qualidade e a humanização da assistência à saúde. **Ciência e Saúde Coletiva**, v. 10, n. 3, p. 599-613, 2005.

VICTORA, C. G.; AQUINO, E. M. L.; LEAL, M. C.; MONTEIRO, C. A.; BARROS, F. C.; SZWARCWALD, C. L. Saúde de mães e crianças no Brasil: progressos e desafios. **The Lancet**, v. 377, 2011.

WINCK, D. R.; BRÜGGEMANN, O. M.; MONTICELLI, M. A. A responsabilidade profissional na assistência ao parto: discurso de enfermeiras obstétricas. **Esc. Anna Nery**, v. 16, n. 2, p. 363-70, 2012.

WORLD HEALTH ORGANIZATION (WHO). The world health report 2005: **Make every woman and child count**. Geneva: WHO, 2005. Disponível em: <http://www.who.int/whr/2005/whr2005_en.pdf>. Acesso em: 5 jul. 2011.

Capítulo 14

Formação Qualificada e o Resgaste da Qualidade da Assistência ao Nascimento

Dulce Maria Rosa Gualda

No início do ano de 1986, após ter trabalhado como obstetriz por 16 anos, iniciei minha atividade enquanto docente de enfermagem na Escola de Enfermagem da Universidade de São Paulo (EEUSP). Dada a minha experiência desses anos na prática assistencial em sala de parto, fui designada às aulas e aos estágios para o cuidado da mulher durante o parto, tanto para alunos de graduação quanto habilitação. Aos poucos, fui concentrando mais minhas atividades na habilitação, chegando a fazer parte da coordenação do programa, que a partir de 1992 se tornou especialização.

O ensino na habilitação era muito gratificante; alunos mais maduros, interessados que já possuíam diploma de enfermagem. Passavam por um processo seletivo, pois o limite de vagas era de 20. Isto ocorria devido à disponibilidade docente e de campo de estágio. Estudantes egressos de outras escolas podiam concorrer, mas a maioria era da EEUSP. Na habilitação, muitos alunos referiam que haviam buscado a enfermagem para atuar na área da enfermagem obstétrica. Outros haviam despertado para a área durante o curso.

Quanto aos campos de estágio, tínhamos dois fixos: Amparo Maternal e Hospital Universitário, ambos com pontos positivos e negativos para o ensino. No Amparo Maternal havia muita demanda e muitos partos, mas poucos recursos estruturais, materiais e humanos para a assistência. O Hospital Universitário não tinha esse tipo de problema, mas a demanda era baixa, e o índice de intervenção era alto. Nesse, havia competição na assistência aos partos com os acadêmicos de medicina, deixando pouca possibilidade de acompanhamento do parto normal.

Outros campos eram agregados conforme nossa necessidade e disponibilidade no momento. Mas na maioria deles o que encontrávamos eram unidades superlotadas, poucos recursos humanos e materiais e muita intervenção médica, mesmo naquilo que poderia ser considerado de competência da enfermagem obstétrica. Não era incomum haver algum tipo de conflito, que cada um resolvia à sua maneira, mas, na maioria das vezes, aumentava a limitação do campo de atuação das alunas e docentes. Esta situação nos levava a buscar campos de estágio mais distantes e em locais mais carentes por serem economicamente menos atrativos aos médicos que vislumbravam uma prática obstétrica mais lucrativa e com menor investimento de tempo. Nestes campos a atuação das enfermeiras e obstetrizes era mais ampla e os médicos geralmente ficavam à distância e só compareciam quando era absolutamente necessário. Havia boa articulação entre esses dois profissionais, pois se não fosse assim não seria possível dar conta do serviço. Devido à alta demanda, os partos não poderiam ser muito demorados. Havia sempre alguma parturiente sentada aguardando um leito. Havia ainda uma queixa muito frequente dos alunos sobre a assistência que era prestada às mulheres. Essa situação ia de encontro àquilo que ensinávamos.

E muitas escolas particulares criavam cursos de especialização com carga horária mínima, formando alunos totalmente despreparados para atuar neste contexto.

Uma questão que sempre foi pauta de nossas avaliações foi o modo de preparo de enfermeiras diante dessas adversidades. Inicialmente habilitação, com carga horária acima de 1000 horas incluindo aulas teóricas e teórico-práticas distribuídas em dois semestres. Nossos alunos, apesar de terem uma formação consistente, ficavam em desvantagem a outros alunos com cursos de especialização de todo tipo, que estavam sendo criados em muitas escolas particulares pelo Brasil. Foi quando em 1992 decidimos pela especialização mantendo a mesma estrutura da habilitação, adequando às exigências específicas. O primeiro curso foi ministrado em dois semestres e logo em seguida por três semestres para que fosse possível ao aluno ter um trabalho, pois a especialização era considerada uma pós-graduação *lato sensu*. Essa vinculação do enfermeiro com o trabalho durante o período do curso, de certa forma, nem sempre era encorajadora para que ele buscasse emprego na assistência obstétrica, após a conclusão da especialização, pois a área se tornava complicada e crescentemente medicalizada. Muitos permaneciam no emprego anterior.

Essa situação era vivenciada por diversas escolas que levavam a sério a formação para a assistência à mulher, o que nos levou a organizar vários eventos para discussão do tema. Muito nos incomodava a forma que a assistência era prestada. Encontrávamo-nos diante de uma questão ética e de responsabilidade diante da desassistência da mulher. Passamos então a vincular a perspectiva de formação qualificada ao resgate da qualidade da assistência ao parto e vislumbrando sua humanização. Foi neste processo que se começou a falar, entre outras medidas, na criação de diferentes entradas para a formação do profissional que viesse a atuar na área e sobre locais alternativos para assistência ao parto.

Nesta trajetória foram realizados três Seminários Estaduais Sobre Ensino de Enfermagem para Assistência ao Nascimento e Parto em 1998, 1999 e 2001. No primeiro deles foram levadas a grupos de discussão as seguintes questões:

1. Quem deve ser capacitado para assistir o nascimento e o parto?

2. Qual a responsabilidade das escolas de enfermagem nesta capacitação?

3. Qual a responsabilidade dos serviços nesta capacitação?

4. Qual o papel da enfermeira, do auxiliar e do técnico de enfermagem frente à realidade dos serviços no Estado de São Paulo?

5. Quais as alternativas mais adequadas e viáveis para capacitar profissionais não médicos para assistir o nascimento e parto, considerando:

a. tipo de curso e duração;

b. campos de ensino clínico;

c. supervisão de estágio;

d. experiências curriculares mínimas;

e. financiamento;

f. dificuldades e possibilidades de mudança.

Dentre as recomendações merecem destaque:

- foi reiterada a competência técnica e legal da enfermeira para prestar assistência ao nascimento e parto em hospitais, casas de parto e domicílio;
- proposta a defesa e estímulo à criação e manutenção de casas de parto visando à qualidade da assistência à mulher e humanização do parto;

- defesa da criação da carreira de enfermeira obstetra nas secretarias estaduais e municipais de saúde para criar espaço de atuação e integração com o SUS.

No segundo seminário, as discussões versaram sobre as alternativas da educação superior para a formação de profissionais de enfermagem para a assistência ao nascimento e parto em face da atual Lei de Diretrizes e Bases da Educação. As recomendações clamavam pela ampliação da discussão da formação profissional e sobre a divulgação dos resultados entre escolas e serviços, e agregando o maior número de profissionais da área.

No terceiro seminário discutimos sobre o perfil e a competência da enfermeira obstétrica. Dentre os itens da súmula estava incluída a revisão e a adequação dos currículos de formação dos enfermeiros para o atendimento na saúde da mulher nas redes privada e pública e em casas de parto. Foi proposto estudo a ser realizado pela Associação Brasileira de Enfermagem Obstétrica e Obstetrizes (ABENFO) Nacional sobre outras formas e modelos de ensino na formação do enfermeiro obstetra.

Decidimos a partir de então rever todos nossos conteúdos e processos. Um grupo do qual fiz parte começou a pensar numa forma alternativa de formação. Pensamos num núcleo comum inicial de dois anos de ciências biomédicas e enfermagem geral e os seguintes dedicados à formação específica na área da saúde da mulher. Assim formaríamos dois tipos de profissionais: o enfermeiro generalista e o enfermeiro obstetra. Ao elaborar nossa proposta, percebíamos que o currículo tinha enfoque maior no modelo biomédico, o que queríamos evitar, e menor na humanização que gostaríamos de alcançar. Procuramos contornar a situação da melhor forma possível diante das circunstâncias.

Em 2001 concluímos nossa proposta e apresentamos para e EEUSP. A proposta foi recusada, pois na ocasião pensava-se em reformular o currículo como um todo, o que de fato ocorreu posteriormente, num processo longo que se concretizou após a criação do Curso de Obstetrícia pela Escola de Artes Ciências e Humanidades da Universidade de São Paulo (EACH/ USP).

Em 2003, uma das docentes do Departamento de Enfermagem Médico-Cirúrgica foi convidada a participar da elaboração de uma proposta de curso de gerontologia para uma nova unidade da USP na Zona Leste de São Paulo. Houve reação por parte de docentes do departamento quanto a esta participação. Questionava-se a justificativa para a criação do curso e uma cobrança sobre a falta de consulta ao departamento sobre a questão. A professora Myriam Krasilchik, responsável pelo projeto, foi então convidada a comparecer a uma reunião da congregação da EEUSP, que ocorreu em junho de 2003, para dar explicações sobre o projeto. Ela apresentou detalhadamente o projeto de criação da nova unidade da USP e enfatizou que a responsabilidade pela elaboração dos cursos não passava pelas Unidades, mas era atribuída a grupos de trabalho instituídos pela Reitoria, formados por docentes e coordenados por uma Comissão Central com projetos sustentados pelo caráter de inovação e consistência pedagógica, e com justificativa social, de acordo com as premissas do projeto de criação. A ideia central era implantar uma unidade integrada e multidisciplinar visando oferecer formação acadêmica ampla e que possibilitasse aos futuros profissionais uma leitura crítica do mundo, bem como a excelência nas suas áreas específicas. Além desta interdisciplinaridade havia o compromisso com o atendimento das demandas da comunidade da Zona Leste e com a valorização dos trabalhos de extensão. Foi idealizado um ciclo básico cuja abordagem era a de Resolução de Problemas com o intuito de promover a discussão interdisciplinar no campo das ciências, das artes e das humanidades, e na articulação do conhecimento com a realidade da sociedade brasileira, regional e local. Havia ainda disciplinas que incorporavam conteúdo das áreas de humanidades, ciências e artes; de áreas de fundamentos como psicologia, filosofia, história e sociologia, além de temáticas contemporâneas.

Todas estas ideias colocadas pela professora Myriam pareciam ir ao encontro daquilo que acreditávamos para a formação da enfermeira obstetra. Foi na sua saída da reunião que a abordei e falei sobre nosso projeto. Ela se mostrou receptiva e marcou um encontro com a professora Valéria Amorim Arantes, da Faculdade de Educação, assessora pedagógica do projeto para que eu apresentasse a nossa proposta.

A professora Valéria foi um pouco resistente a princípio, pois os projetos pedagógicos dos cursos já estavam sendo desenvolvidos há alguns meses e acreditava que seria difícil concluir a tarefa até o início de dezembro, data prevista para sua conclusão e submissão à Comissão de Graduação, onde a avaliação dos cursos seria feita em bloco. Mas a professora Myriam julgou o projeto pertinente e sugeriu que eu trabalhasse com a outra docente da Enfermagem que desenvolvia o projeto de Enfermagem Gerontológica e com o docente responsável pelo curso de Esporte e Saúde.

Retornei ao departamento, obtive apoio das docentes e fui encarregada de levar adiante o projeto. As docentes que fizeram parte do projeto inicial não tinham disponibilidade para continuar. A professora Emília Saito se dispôs a ajudar e participou ativamente durante todo o processo. Começamos a participar das reuniões da comissão central e da reformulação do currículo e das ementas de acordo com o projeto da USP Leste. Tivemos que incluir o ciclo básico como era proposto no projeto de criação e deixar de lado o da EEUSP adaptando o projeto pedagógico do curso às premissas do projeto pedagógico da nova unidade. Não era uma simples adaptação, mas a criação de um curso do zero. Neste momento utilizamos muito do que havia sido discutido nos eventos que ocorreram entre as escolas nos Seminários Estaduais Sobre Ensino de Enfermagem para Assistência ao Nascimento e Parto. Pedimos ajuda a muitas pessoas e consultamos currículos de várias escolas. Contávamos que assim que houvesse professores contratados, poderíamos rever os conteúdos. Em outubro de 2003, o projeto, embora ainda sem algumas ementas, foi submetido a uma primeira avaliação. Em novembro obtivemos o resultado e foi desencorajador. Os projetos tinham seguido com a denominação Enfermagem Obstétrica, Enfermagem Gerontológica e Esporte e Saúde. Os dois primeiros foram comparados com o currículo da EEUSP e como o avaliador era do Instituto de Ciências Biomédicas (ICB), ele considerou a carga horária de disciplina de biológicas insuficiente para os três cursos, muito embora elas atendessem às exigências do Ministério de Educação e Cultura (MEC) para tais cursos. Criticou também a falta de especificação dos locais onde iria ocorrer o ensino teórico-prático. Quanto à denominação, considerou problemática Enfermagem Obstétrica e Gerontológica pela vinculação com a enfermagem e a legislação pertinente. Na verdade, estávamos ainda refletindo sobre essa denominação e tendíamos mais por Curso de Obstetrícia e Curso de Gerontologia. A denominação Esporte e Saúde foi criticada pelo avaliador, pois referia que o curso não atendia plenamente nenhuma das duas áreas. Questionou sobre a denominação do egresso e a qual regulamentação ao qual estaria submetido. Ao que tudo indica, ele consultou o Conselho Regional de Enfermagem (COREN), que informou que na ocasião obstetrizes não estavam mais sendo aceitos para registro profissional. A falta de conselho para registro profissional ocorreu em outros cursos, mas foi considerado pela comissão que isto não poderia ser impeditivo para a criação de novos cursos e que seria uma questão a ser resolvida posteriormente.

Nos meses seguintes trabalhamos para resolver os problemas apontados. Em janeiro de 2004 estava pronto e foi entregue para a Comissão de Graduação da USP com a denominação Curso de Obstetrícia, com toda convicção. Foi aprovado.

Algum tempo após recebemos intimação do COREN para comparecer ao órgão para fornecer explicações sobre a criação do curso. Compareci para entrevista com o Sr. Cláudio Porto, acompanhada pela Procuradora da Coordenadoria Jurídica da USP, Dra. Marisa Alves Vilarino para discutir sobre os cursos de Obstetrícia e Gerontologia. O Sr. Cláudio afirmou que não via nenhum problema com os cursos, até reconhecia a demanda social dos mesmos e a competência das coordenadoras Dulce Maria Rosa Gualda e Yeda

Aparecida de Oliveira Duarte e da instituição USP. Ressaltou que a estrutura curricular atendia aos requisitos mínimos para um curso de enfermagem com os seus focos específicos, o que é permitido por lei. Entretanto, o COREN não poderia regulamentar o exercício do profissional gerontólogo, por não conter a denominação enfermagem no nome do curso. Sugeriu a inclusão da denominação enfermagem no Curso de Gerontologia e considerou que para o Curso de Obstetrícia não haveria problema, pois já era regulamentado.

Durante o ano de 2004 trabalhamos na operacionalização do projeto. Enfrentamos da melhor forma possível todos os tipos de dificuldades burocráticas que surgiram. Divulgamos o curso em todos os lugares possíveis. Nos eventos de enfermagem inclusive na EEUSP e na USP sofremos críticas severas. Mas tínhamos a convicção de que estávamos fazendo o melhor para a saúde da mulher e teríamos condições de formar profissionais qualificados para a sua assistência.

Em 2005, iniciou a primeira turma do Curso de Obstetrícia e dos demais cursos da EACH/USP. A comissão central se desfez e os responsáveis pelos cursos foram indicados coordenadores até o final da implantação que ocorreu em 2008. Como era de se esperar, enfrentamos todos os tipos de problemas dentro e fora da USP, mas com a ajuda de docentes e egressos do curso eles vêm sendo enfrentados com relativo sucesso. Estes fatos estão relatados em outros periódicos e outros veículos de comunicação.

CAPÍTULO 15

A Formação de Profissionais Para o Cuidado Integral à Saúde da Mulher e da Criança no Pré-Natal, Parto e Pós-Parto: a Experiência do Curso de Obstetrícia da Universidade de São Paulo

Claudia Medeiros de Castro
Elizabete Franco Cruz
Jacqueline I. M. Brigagão
Maria Aparecida de Jesus Belli
Nadia Zanon Narchi
Regia Cristina Oliveira
Roselane Gonçalves Feliciano

INTRODUÇÃO

As demandas das políticas públicas de saúde e o cenário das práticas de atenção ao parto no Brasil levaram um grupo de docentes envolvidas com a formação de profissionais para assistência integral à saúde da mulher e da criança no pré-natal, parto e pós-parto, a propor a criação do Curso de Obstetrícia, no contexto da Escola de Artes Ciências e Humanidades (EACH) da Universidade de São Paulo (USP), o que se efetivou no ano de 2005[27].

(27) Os programas regulares de educação de obstetrizes iniciaram-se no Brasil no ano de 1832, primeiro no Estado do Rio de Janeiro e depois na Bahia, Rio Grande do Sul, São Paulo

A realidade da assistência à saúde no Brasil, especialmente os problemas que as mulheres enfrentam no processo de parto e nascimento ainda no século XXI, associada ao modelo assistencial e à existência unicamente de cursos de especialização em obstetrícia, tanto para médicos quanto para enfermeiros, demonstrava que era necessário oferecer um novo curso, de entrada direta, gratuito e que possibilitasse a formação de Obstetrizes, o que resultou na elaboração do Projeto Político Pedagógico do Curso de Obstetrícia com base em moldes internacionais e associados à melhoria da qualidade da atenção (NARCHI; SILVA; GUALDA; BASTOS, 2012).

Trata-se de um curso de graduação em Obstetrícia, com duração de nove semestres e carga horária mínima de 4.200 horas, desenvolvido no âmbito de uma escola que oferece condições para formação sólida e que articula diferentes saberes, o que possibilita aos estudantes leitura das múltiplas dimensões sociais, humanas e biológicas que caracterizam a saúde.

A proposta curricular está pautada pelas diretrizes das políticas públicas, pela interdisciplinaridade, pelos direitos das mulheres e suas famílias e pela perspectiva da atenção integral à saúde da mulher e da criança.

O objetivo do presente texto é apresentar breve leitura histórica das transformações nas políticas públicas no campo da Obstetrícia seguida por ações de formação e suas articulações com a interdisciplinaridade e a integralidade que a caracterizam.

O cenário da atenção obstétrica no Brasil

Historicamente, no Brasil, a atenção à saúde da mulher foi voltada para a assistência na gravidez e no parto por meio de programas e ações de assistência à saúde materno-infantil. Já nas décadas de vinte e trinta do século XX, com base na definição da maternidade como principal função social da mulher, o objetivo das ações de saúde era oferecer assistência para que as mulheres pudessem ter filhos e que esses sobrevivessem e tivessem condições de se tornarem adultos saudáveis, melhorando a "raça" brasileira. No período denominado por algumas autoras como "maternidade científica", as mães deveriam, com o auxílio da medicina, ser assistidas e ensinadas a cuidar de seus filhos, abandonando as "crendices" e conhecimentos considerados não científicos (FREIRE, 2008).

---

e Pará. Em 1971, o último curso existente, o da USP, foi incorporado pela enfermagem sob o pretexto da reforma universitária ocorrida naquela época.

Vigente por mais de dois terços do século XX, esse modelo, que focalizava a saúde materno-infantil e reduzia a atenção à saúde das mulheres unicamente aos aspectos ligados à maternidade, foi superado a partir do lançamento em 1984 do Programa de Assistência Integral à Saúde da Mulher (PAISM), que avançou ao estabelecer diretrizes e ações não mais restritas ao ciclo gravídico-puerperal. As diretrizes do PAISM tinham por objetivo:

> "(...) oferecer atividades de assistência integral clínico-ginecológica e educativa, voltadas para o aprimoramento do controle pré-natal, do parto e do puerpério; a abordagem dos problemas presentes desde a adolescência até a terceira idade; o controle das doenças transmitidas sexualmente, do câncer cérvico-uterino e mamário, e a assistência para concepção e contracepção." (BRASIL, 1984, p. 6)

Ainda que o PAISM tenha sido fruto das reivindicações do movimento de mulheres, este foi, inicialmente, visto com desconfiança por parte de alguns grupos feministas que temiam ser ele uma resposta do regime ditatorial às pressões internacionais para o controle do crescimento demográfico no país. Posteriormente, esse programa foi defendido como uma conquista das mulheres, que passaram a exigir sua implantação em todo o país (OSIS, 1998).

O PAISM pautou-se na defesa da integralidade da assistência e estabeleceu diretrizes para a organização e gestão dos serviços, como a descentralização, hierarquização e regionalização, que mais tarde foram incorporadas como princípios do Sistema Único de Saúde (SUS). Trinta anos após a criação desse programa, a atenção à saúde da mulher finalmente firmou-se como uma política pública, a Política Nacional de Atenção Integral à Saúde da Mulher (PNAISM), e passou a incorporar o conceito de gênero e a perspectiva étnico-racial como estruturante das relações sociais.

O PNAISM apresenta um esforço de inclusão de ações dirigidas para populações em contextos de vulnerabilidade e que contemplem as diferentes demandas das mulheres, a diversidade relativa às questões de gerações e raça/etnia, observando as especificidades das populações negras, indígenas, quilombolas e rural, das mulheres privadas de liberdade e lésbicas, e de ações dirigidas para o enfrentamento da violência doméstica e sexual, para o atendimento humanizado ao aborto inseguro e para a ampliação do acesso à contracepção (BRASIL, 2011).

Entretanto, mesmo considerando a diversidade de classes sociais, gênero, gerações, raciais, a aplicação das ações de saúde parece manter a centralidade na saúde materno-infantil, como pode ser exemplificado em duas medidas recentes: o Pacto pela Saúde e a Estratégia Rede Cegonha.

No Pacto pela Saúde observa-se que um esforço das três esferas da gestão da saúde buscou contemplar diferentes âmbitos da gestão e execução de ações no SUS presentes em pactos anteriores, o que resultou em 2006 na sua elaboração. Esse pacto estabelece diretrizes e objetivos, com metas que devem ser pactuadas regionalmente, de modo a evidenciar as prioridades nos níveis municipal, regional, estadual e nacional. No processo de pactuação para o período 2013-2015[(28)], a Saúde da Mulher é contemplada especificamente na diretriz de número três, *de Promoção da Atenção Integral à Saúde da Mulher e da Criança e de Implementação da Rede Cegonha, com ênfase nas áreas e populações de maior vulnerabilidade*, que tem dois objetivos: o primeiro voltado para prevenção, detecção e tratamento dos cânceres de colo e de mama e o segundo voltado para organizar a *Rede de Atenção à Saúde Materna e Infantil*, com vistas a garantir acesso, acolhimento e resolutividade por meio de nove metas, sendo a primeira o aumento da proporção de partos normais.

No início da gestão presidencial da primeira mulher presidente do país, Dilma Rousseff, divulgou-se a criação da Estratégia Rede Cegonha como a principal ação de seu governo voltada para a saúde da mulher. A ênfase governamental dada à saúde materno-infantil foi criticada por grupos feministas, que reconhecem e defendem a necessidade da melhoria da atenção obstétrica, mas consideram um retrocesso vincular a saúde da mulher à saúde da criança. Agrava esse quadro o uso do termo "cegonha", avaliada como uma imagem que desumaniza as mulheres. A proposta de estratégia voltada para a atenção obstétrica, que só considera aquelas que querem ter filhos, retira da discussão os direitos sexuais e reprodutivos, a descriminalização do aborto e as ações para reduzir os agravos ocasionados pelo aborto inseguro, que é uma das importantes causas de morte materna no Brasil (NEGRÃO, 2011; CARNEIRO, 2013).

A centralidade das ações voltadas para a atenção obstétrica pode ser fundamentada no fato de que 62 milhões de mulheres entre 10 e 49 anos[(29)], ou seja, 63% das mulheres brasileiras se encontram em idade fértil. Nota-se, no entanto, que as políticas de saúde não são imunes às concepções

---

(28) Resolução CIB nº 5, de 19 de julho de 2013. Dispõe sobre as regras do processo de pactuação de Diretrizes, Objetivos, Metas e Indicadores para os anos de 2013-2015, com vistas ao fortalecimento do planejamento do SUS e a implementação do Contrato Organizativo da Ação. Pública da Saúde (COAP). Disponível em: <http://189.28.128.100/sispacto/Resolucao_Indicadores_2013_2015.pdf>. Acesso em 11 jun. 2014.

(29) Fonte: IBGE. Disponível em: <http://www.censo2010.ibge.gov.br/sinopse/webservice/default.php?cod1=0&cod2=&cod3=&frm=piramide>. Acesso em 4 maio 2014.

de gênero e de relações de gênero presentes na sociedade, no interior da qual a construção social da maternidade persiste como orientação do que seria a principal função social da mulher. Ao mesmo tempo, se evidencia nesse processo que as desigualdades de gênero também estão presentes no modelo de assistência obstétrica vigente no país e que se caracteriza por ser tecnocrática, medicalizada, hospitalocêntrica e violenta (NARCHI; CRUZ; GONÇALVES, 2013).

Estudos a respeito desse modelo assistencial evidenciam que as mulheres são submetidas a práticas potencialmente danosas à sua saúde física e mental; seus corpos são objeto de intervenções desnecessárias. Exemplificam essa situação as altas taxas de operações cesarianas que fazem o Brasil ocupar o lamentável posto de campeão mundial de cesáreas.

Nesse contexto, é preciso também considerar que as ações médicas sobre o corpo das mulheres são um importante fator de manutenção de leitos hospitalares no país: as internações por causas obstétricas são a primeira causa de internações no SUS. Séries históricas analisadas pelo Ministério da Saúde[30] sobre internações hospitalares, agregadas por capítulos da Classificação Internacional de Doenças (CID), indicam que as internações por causas obstétricas respondem por quase um quarto das internações no SUS: 25,7% em 2005 e 23,1% em 2012. A Pesquisa Nacional de Demografia em Saúde de 2006 (BRASIL, 2008) mostra que 98% dos partos no Brasil são hospitalares, o que caracteriza o atual cenário de atenção obstétrica, que decorre do convencimento culturalmente construído a partir da década de 1970 do século XX de que o parto se constitui em evento médico e arriscado, do progressivo aumento dos leitos obstétricos, hoje distribuídos por quase todo o país apesar das desigualdades regionais, e do modelo tecnocrático e hospitalocêntrico de saúde vigente por décadas.

Com décadas de programas com ênfase na saúde materno-infantil, a universalização do parto hospitalar pode também ser compreendida como o exemplo do alcance das ações voltadas para saúde da mulher e da criança, que com o SUS foram potencializadas e ampliaram o acesso às ações de saúde, garantindo que num país com dimensões continentais como o Brasil a quase totalidade das mulheres tivessem acesso à assistência hospitalar para o processo de parto e nascimento.

---

(30) Rede Interagencial de Informações para a Saúde — RIPSA. Proporção de internações hospitalares (SUS) por grupos de causa — D13. Disponível em: <http://tabnet.datasus.gov.br/tabdata/livroidb/Com2007/Com_D13.pdf>. Acesso em 5 maio 2014.

Todavia, a assistência hospitalar não foi acompanhada da melhoria de importantes indicadores que demonstram a qualidade da assistência ofertada. Conforme citado, o Brasil continua a apresentar elevadas taxas de cesárea. Enquanto a Organização Mundial de Saúde (OMS) recomenda taxa em torno de 15%, o Brasil, em 2012, chegou a 57%, significando que naquele ano 1.615.928 mulheres foram submetidas a uma cirurgia por ocasião do parto[(31)]. Por seu lado, a mortalidade materna segue em patamares elevados: em números absolutos, em 2002 os óbitos maternos declarados foram 1.655, enquanto em 2012 foram registrados 1.583 óbitos[(32)], ou seja, em dez anos a redução foi mínima. Relatório divulgado pela OMS mostra que a razão de mortalidade materna no Brasil, de 69 mortes por 100 mil nascidos vivos, é pior do que países como Madagascar e Haiti, o que caracteriza a fragilidade e a falta de qualidade e integração do sistema de saúde brasileiro (WHO, 2014).

Há que se considerar nesse cenário que a operação cesariana sem indicação médica comprovada ocasiona riscos desnecessários à saúde materna e perinatal: ela aumenta consideravelmente a probabilidade de problemas respiratórios no recém-nascido e o risco de morte da mãe, além de associar-se ao aumento de prematuridade que provoca sérias repercussões sobre a saúde das crianças.

Diante desse quadro, grupos organizados e profissionais de saúde que defendem novo modelo de atenção obstétrica têm feito esforços para pautar a agenda do Ministério da Saúde e do Poder Legislativo no sentido de garantir o desenvolvimento de ações com ênfase no respeito aos direitos sexuais e reprodutivos das mulheres.

Dentre essas ações, destacam-se o lançamento, no ano de 2000, do Programa Nacional de Humanização do Pré-Natal e Parto (PHPN), que estabeleceu os procedimentos necessários para a atenção pré-natal, incluindo número mínimo de consultas, exames e ações educativas, atualizando valores pagos pelo procedimento do parto e instituindo incentivo financeiro para municípios e hospitais que aderissem ao programa[(33)]. Segue-se ao PHPN, o Pacto Nacional pela Redução da Mortalidade Materna e Neonatal de 2004, seguido da Política Nacional de Atenção Obstétrica e Neonatal de 2005, medidas que destacaram o tema da atenção obstétrica na agenda da saúde,

---

(31) Fonte: MS/SVS/DASIS — Sistema de Informações sobre Nascidos Vivos — SINASC. Acesso em: 5.5.2014.

(32) Dados disponíveis no Painel de Monitoramento da Mortalidade Materna, que tem como fonte o Sistema de Informação de Mortalidade (SIM). Disponível em: <http://svs.aids.gov.br/dashboard/mortalidade/materna.show.mtw>. Acesso em: 9 maio 2014.

(33) Ministério da Saúde, Portaria nº 572/GM, de 1º de junho de 2000.

o que se evidenciou pela aprovação de Leis que garantem o direito ao acompanhante no parto e a vinculação da mulher a uma maternidade para evitar a peregrinação pelos serviços.

Em 2009, foi publicada Portaria Ministerial[34] que normatizou o funcionamento dos Centros de Parto Normal com o objetivo de diminuir a mortalidade materna e humanizar a assistência, o que também parece ter sido uma tentativa de flexibilização do lugar do parto e da adoção da assistência não mais centrada unicamente no médico. Ressalta-se que essa Portaria foi atualizada em 2013[35] e depois em 2015[36], com inclusão de Obstetrizes na assistência ao parto, além de outros importantes avanços.

Já em 2011 foi lançada a Estratégia Rede Cegonha, anteriormente mencionada, que manteve as ações previstas no PHPN e ampliou alguns procedimentos. Criticada em alguns aspectos, conforme exposto, a estratégia é composta por quatro componentes que incluem pré-natal, parto e puerpério, atenção à puérpera e à criança até dois anos, além de um sistema logístico voltado para o transporte sanitário e a regulação. A participação dos municípios se dá por adesão e há novos recursos financeiros para algumas atividades, novos exames que foram incorporados nos procedimentos mínimos do pré-natal, ocorreu aumento do valor do custeio de leitos de terapia intensiva e houve incentivo à criação de Centros de Parto Normal.

A atenção obstétrica é uma das ações da Política de Atenção Integral à Saúde da Mulher que está integrada ao SUS e como tal enfrenta dificuldades na sua implementação. Para Arouca (2007), o desenvolvimento das ações do SUS continua centrada no modelo hospitalar e pouco avança na qualificação necessária para fortalecer as ações desenvolvidas no âmbito da atenção básica. Mudar o modelo de atenção requer compreender que a atenção obstétrica deva ser inserida na atenção básica, o que significa incluir não só a atenção ao pré-natal e pós-parto, como também a atenção ao parto, uma vez que para a grande maioria das mulheres este não exige níveis secundários ou terciários da saúde. Isso implica, entre outras ações, em tirar a centralidade do hospital como lugar do parto e do médico como o único profissional responsável pela assistência.

Nesse sentido, é importante desenvolver estudos que abordem os modelos de formação dos/as profissionais de saúde, especialmente dos/as en-

(34) Ministério da Saúde. Portaria GM nº 2.669, de 3 de novembro de 2009.
(35) Ministério da Saúde. Portaria GM nº 904, de 29 de maio de 2013.
(36) Ministério da Saúde. Portaria GM nº 11, de 7 de janeiro de 2015.

fermeiros/as obstétricos/as, dos/as médicos/as obstetras e dos/as Obstetrizes e do modo como esses se relacionam com a hospitalização e medicalização da gestação, do parto e do pós-parto.

A dimensão interdisciplinar da formação de obstetrizes

O Curso de Obstetrícia foi estruturado como um projeto interdisciplinar desenvolvido pela EACH, unidade criada pela USP na Zona Leste da cidade de São Paulo, com base em inovações administrativas e pedagógicas. No campo administrativo, a inovação se relacionou com a ausência de departamentos e com a gestão colegiada da instituição, o que envolve todos os cursos de graduação; no âmbito pedagógico, desenvolveu-se proposta de formação que privilegia a interdisciplinaridade e a construção do conhecimento a partir da problematização dos diversos temas de estudo. Por esse motivo, a grade curricular dos dez cursos da EACH contempla um ciclo básico constituído por disciplinas comuns a todos; nessas disciplinas, as turmas são mistas e os/as estudantes compartilham as aulas e discussões com colegas de outros cursos, o que possibilita desenvolver e ampliar as possibilidades de diálogos entre as diversas áreas de conhecimento. No ciclo básico são abordados temas interdisciplinares e são discutidas desde teorias sobre a origem da terra, as relações de poder que atravessam as diversas relações sociais, a relação meio ambiente e cultura, os métodos e técnicas utilizados para a construção do conhecimento cientifico, entre outros.

Além do ciclo básico, há no Curso de Obstetrícia divisão equitativa entre a carga horária das disciplinas teóricas das Ciências Humanas, Sociais e Biológicas, e carga horária maior dedicada às disciplinas teórico-práticas, que focalizam os fundamentos para a assistência integral em saúde, nas quais é possível problematizar e pensar as diversas ações implementadas nos cenários de prática, ou seja, nos campos de estágio supervisionado, que vão das unidades básicas aos hospitais que compõem a rede pública municipal e estadual de saúde da região metropolitana da Grande São Paulo, incluindo um Centro de Parto Normal Humanizado da cidade, infelizmente ainda não vinculado ao SUS.

Vale ressaltar que a estrutura curricular do Curso de Obstetrícia contempla a discussão das relações de gênero em disciplinas específicas e de modo transversal, o que possibilita desconstruir formulações reducionistas, que classificam e aprisionam as mulheres, tanto na sua condição biológica quanto nas construções culturais que buscam enquadrar socialmente as identidades e possibilidades de exercício de papéis sociais que estas poderão desempenhar.

As perspectivas adotadas durante a formação permitem também pensar ações de atenção à saúde da mulher que tenham como pressupostos o respeito aos direitos sexuais e reprodutivos, a autonomia, o direito de informação e escolha e a decisão da mulher sobre as questões que envolvem seu corpo, sua saúde e sua vida. Nesse contexto, vale ressaltar que os direitos sexuais e reprodutivos envolvem duas esferas de direitos diferentes, como bem explica Ávila (2003, p. 471):

> "Na perspectiva feminista aqui adotada, os direitos reprodutivos dizem respeito à igualdade e à liberdade na esfera da vida reprodutiva. Os direitos sexuais dizem respeito à igualdade e à liberdade no exercício da sexualidade. O que significa tratar sexualidade e reprodução como dimensões da cidadania e consequentemente da vida democrática. Tratá-los como dois campos separados é uma questão crucial no sentido de assegurar a autonomia dessas duas esferas da vida, o que permite relacioná-los entre si e com várias outras dimensões da vida social. É também um reconhecimento das razões históricas que levaram o feminismo a defender a liberdade sexual das mulheres como diretamente relacionada à sua autonomia de decisão na vida reprodutiva. A luta no campo ideológico para romper com a moral conservadora, que prescrevia para as mulheres a submissão da sexualidade à reprodução, teve um significado muito forte na história da prática política e do pensamento feminista. E continua tendo."

A leitura e o reconhecimento dessas duas esferas dos direitos humanos são fundamentais para que os profissionais de saúde possam desenvolver ações de cuidado não prescritivas, partindo do princípio de que as mulheres usuárias dos serviços são cidadãs, sujeitos de direitos, que têm diferentes capacidades reflexivas, cognitivas e políticas, bem como autonomia para fazer escolhas, desde que sejam informadas sobre todas as possibilidades, o contexto que envolve as práticas de saúde e os espaços para negociação, para o diálogo, para o compartilhamento das decisões a serem tomadas (CAMPOS, 2011).

Apesar da grade curricular do curso ainda seguir uma perspectiva tradicional de divisão disciplinar, há um esforço constante de diálogo entre todas as disciplinas que buscam discutir os conceitos de modo ampliado e também intentam relacioná-los com os possíveis desdobramentos e usos das perspectivas teóricas que as informam. Trata-se de reconhecer que há múltiplos saberes sobre o corpo humano, a saúde, a dor, a doença, e que, como ressalta Sarti (2003, p. 3), em se tratando de campos científicos distintos, esses saberes possuem "Referências epistemológicas próprias" para pensar e atuar sobre "objetos" que lhes são comuns — "o corpo, a dor, a saúde, a doença".

Apoiada nessa orientação, a perspectiva interdisciplinar que orienta o Projeto Político Pedagógico do Curso de Obstetrícia é fundamental por permitir que ao longo do processo formativo seja abordada a complexidade da atuação em saúde, utilizando-se para tanto conhecimentos produzidos em diferentes campos disciplinares. Pretende-se com isso que sejam formados profissionais capazes de fazerem uma leitura ampliada e crítica de questões relacionadas ao modelo tecnocientificista ou biomédico, hoje hegemônico, bem como a influência desse modelo no modo de pensar as relações que se estabelecem no contexto da atenção à saúde: a crença na formulação da divisão cartesiana do corpo e da mente como entidades separadas (LE BRETON, 2006; CAMARGO JÚNIOR, 2003).

São essas as bases teóricas que orientam a perspectiva integral de cuidado em saúde em Obstetrícia, presente e discutida em todas as atividades de ensino, pesquisa e extensão do processo de formação proposto pelo Curso de Obstetrícia.

O CUIDADO INTEGRAL À SAÚDE E A FORMAÇÃO

A caracterização da medicina como ciência que, por um lado, amplia o conhecimento médico durante os séculos XVIII e XIX, assumindo um lugar de poder-saber sobre os corpos (FOUCAULT, 2004) e, por outro, coloca o orgânico como prioridade, propondo que toda doença ou desordem física possa ser explicada por alterações no processo fisiológico resultante de lesões, desequilíbrios bioquímicos, infecções bacterianas ou virais e similares, é constante foco de reflexão e questionamento por parte de estudantes e docentes do Curso de Obstetrícia.

Nesse modelo ontológico de localização da doença (LAPLANTINE, 2001), o cuidado em saúde enfatiza a biotecnologia aplicada (LE BRETON, 2003), a indústria farmacêutica e os equipamentos médicos sofisticados, a cura e a medicalização do corpo separado da pessoa (LE BRETON, 2003; 2006), as intervenções no processo de parto e nascimento, isto é, as cesarianas desnecessárias e eletivas, o fórceps, a episiotomia rotineira, a tricotomia e os enemas, os berçários para recém-nascidos de baixo risco, entre outras. Dessa forma, muitas noções de saúde e de cuidado que circulam em nossa sociedade privilegiam uma relação profissional-usuário cujo cuidado está centrado na doença (LE BRETON, 2006; CAMARGO JÚNIOR, 2003-A) e ignora a história e a vivência do ser humano, as diferenças entre os contextos de vida das pessoas, as diferentes percepções do processo de saúde-doença (LAPLANTINE, 2001). Nesse modelo, a linguagem técnica e os aparatos tecnológicos são utilizados como instrumentos de poder (FOUCAULT, 2004), isola-se a doença do indivíduo, reforça-se o ideal neoliberal que propõe uma visão individualista e fragmentada dos fatos sociais, dentre os quais o processo saúde-doença.

Com base nesse cenário, faz-se necessário repensar as práticas em saúde e propor novos modos de atuar e organizar as ações em saúde que sigam a proposta de Campos (1999, p. 395):

> "Um novo arranjo que estimulasse, cotidianamente, a produção de novos padrões de inter-relação entre equipe e usuários, ampliasse o compromisso dos profissionais com a produção de saúde e quebrasse obstáculos organizacionais à comunicação."

Especificamente no campo da Obstetrícia, essas discussões têm sido marcadas pelo questionamento das práticas intervencionistas e pelos seus resultados, que evidenciam índices inaceitáveis de morbidade e mortalidade materna e perinatal, e pelas demandas de um modelo de cuidado integral à saúde das mulheres.

O Curso de Obstetrícia foi criado, assim, com o objetivo de atender a essas demandas e está em processo de construção permanente, que envolve reflexão e análise crítica de todos que nele se envolvem, sejam eles estudantes, docentes, funcionários da universidade ou, até mesmo, dos serviços de saúde em que ocorre o ensino profissional. Essa formação está pautada nos princípios das Diretrizes Curriculares Nacionais (DCN) para os cursos da saúde e assume o compromisso de possibilitar:

> "(...) o aprender a aprender, o que engloba aprender a ser, aprender a fazer, aprender a viver juntos e aprender a conhecer, garantindo a capacitação com autonomia e discernimento para assegurar a integralidade da atenção e a qualidade e humanização do atendimento prestado aos indivíduos, famílias e comunidades." (BRASIL, 2001)

Corroborando com a perspectiva da integralidade em saúde proposta pelo SUS, as DCN visam orientar a formação profissional pautada pelo sistema de saúde vigente no país, com vistas a atender às necessidades sociais da saúde da população. Nesse sentido, a criação e existência do Curso de Obstetrícia vêm ao encontro da proposição da integralidade em saúde como eixo norteador de um novo projeto educativo fundado em práticas pedagógicas que utilizam estratégias inovadoras para o processo ensino-aprendizagem (CECCIM, FEUERWERKER, 2004). Assim, nas reuniões, nas aulas, nos estágios profissionalizantes, nas atividades de pesquisa e de extensão, se busca sempre a problematização e a discussão do que se constitui a perspectiva integral de cuidado em saúde da mulher e da criança.

Os modelos de atenção à saúde são racionalidades que orientam as ações em saúde, ou seja, são modos de articular tecnologias e técnicas a fim de dar respostas às necessidades de saúde da população e de organizar os serviços de saúde (PAIM, 1999). Dessa maneira, na medida em que a sociedade se transforma, algumas racionalidades passam a não atender mais as demandas de saúde, tornando-se necessárias reformulações e a criação de novas práticas de cuidado.

Pensar a saúde a partir de uma perspectiva pautada pela integralidade implica reconhecer a centralidade da noção de que os seres humanos são seres complexos, heterogêneos, ativos (CAMPOS, 2011) e "inteiros", isto é, constituídos por várias dimensões que, de diferentes maneiras, se articulam e rearticulam ao longo do tempo, dando sentido à existência de cada um. Assim, a orientação das teorias e das práticas em saúde não se pautará em noções cartesianas que separam mente e corpo ou, mesmo, em subdivisões feitas no corpo.

Mattos (2001) afirma que a integralidade é um termo polissêmico que tem sido muito utilizado no Brasil. O autor aponta três sentidos para pensar o termo, *como característica das práticas de saúde; como modos de organização dos serviços e equipes; e como conceito fundamental para as políticas de saúde*. No contexto do curso de Obstetrícia busca-se articular os dois primeiros sentidos, assumindo-se a integralidade como princípio orientador das práticas de saúde e dos serviços.

Trata-se de formar profissionais que reconhecem, no sentido de a eles atribuírem real importância às múltiplas dimensões das pessoas, considerando que estas são capazes de desenvolver práticas refletidas e ampliadas de cuidado, que reconhecem os direitos e as escolhas dos usuários como legítimas. Essa postura implica em reorganização de serviços de saúde de forma a permitir o exercício dessas práticas e o respeito aos usuários em todo o processo assistencial.

No âmbito da formação, a organização dos serviços tem sido um dos principais desafios encontrados pelos docentes e alunos do Curso de Obstetrícia, isso porque se busca formar profissionais habilitados para atuar no SUS e as atividades teórico-práticas são desenvolvidas no contexto de instituições públicas, locais em que ocorrem dificuldades para o ensino devido às resistências para a implementação de práticas pautadas pela integralidade. Usualmente nesses locais as práticas baseiam-se na medicalização do cuidado, que desconsidera a complexidade dos determinantes do processo saúde-doença. Essa constatação reporta à reflexão sobre a necessidade de transformação do modelo de cuidado em saúde, que passa necessariamente pelas mudanças na organização dos serviços e na formação profissional, isto é, ambos deveriam ser pautados pelos pressupostos da integralidade (CAMARGO JÚNIOR, 2003).

As instituições, campos de prática do Curso de Obstetrícia, estão profundamente impregnadas de conceitos, perspectivas higienistas e práticas que buscam garantir o exercício do poder e da hegemonia dos profissionais de saúde e que, muitas vezes, são diametralmente opostos ao que é ensinado. Assim, professores e estudantes são confrontados com posturas rígidas das equipes profissionais que seguem regimentos institucionais dissonantes das políticas públicas vigentes no país. Exemplifica essa situação o uso indiscriminado e rotineiro da ocitocina como método de aceleração do trabalho de parto, a aplicação de pressão no fundo do útero ou a manobra de Kristeller no momento do parto, as condutas não recomendadas na recepção e cuidado dos bebês hígidos logo após o parto, o uso rotineiro de episiotomia, especialmente nas primigestas, entre outras práticas amplamente contestadas nas publicações científicas e que ainda fazem parte do cotidiano dos serviços. O modelo de cuidado, baseado em preconceitos, nas crenças individuais e na expressão do controle sobre o corpo da mulher, configura-se como tema permanente de estudos e reflexões para docentes e alunos que buscam implementar as práticas obstétricas baseadas nas evidências científicas e na "prudência reflexiva" que deve ser empreendida em cada caso (CAMPOS, 2011; COSTA, 1979).

Outro exemplo de como a organização dos serviços ainda está muito distante de uma perspectiva integral é a possibilidade da mulher exercer o direito à presença de um acompanhante durante todo o processo de parto. Ainda há muitas instituições nas quais não é permitida a entrada do acompanhante na unidade de internação e outras que o fazem somente no momento do parto, sendo que há sempre um intervalo de tempo em que a mulher fica absolutamente sozinha, seja durante o trabalho de parto ou no pós-parto imediato. Nesses dois períodos, a mulher é privada da escolha de ter com ela o apoio confortante e seguro de um acompanhante sendo, ao contrário, submetida a permanecer horas sobre macas estreitas, com seus bebês acomodados nos braços ou mesmo entre suas pernas, aguardando por uma vaga em enfermarias da maternidade. Muitas vezes, alunos e professores do Curso de Obstetrícia são criticados por criarem estratégias que permitam à mulher e sua família exercerem o direito legal ao acompanhante. Os argumentos institucionais variam desde a não existência de espaços apropriados para acomodá-lo até a justificativa de que essas pessoas atrapalham o trabalho da equipe de saúde por demandarem atenção, por se constituírem em fator de risco para infecções, entre outros.

Os desafios não se restringem aos cenários hospitalares do parto, mas estão presentes também nas ações desenvolvidas na atenção básica. Por exemplo, ao colocarem em prática consultas demoradas, que envolvem diálogo aberto sobre vários aspectos da vida da mulher gestante ou puérpera e de sua família, estudantes e docentes se veem criticados ou até incompreendidos ao praticarem o cuidado humanizado, centrado no indivíduo, baseado em evidências e no respeito aos direitos sexuais e reprodutivos.

Nos dois contextos, unidades básicas de saúde e maternidades, os diálogos entre docentes, estudantes e profissionais das instituições têm sido no sentido de demonstrar como as práticas pautadas pelo princípio da integralidade possibilitam as ampliações das fronteiras do cuidado e da promoção da saúde. Dessa forma, a integralidade da atenção amplia e desenvolve maneiras de cuidar que refletem a preocupação com os resultados das ações, ao mesmo tempo em que as fundamentam em princípios que vão além do âmbito clínico e epidemiológico tradicionais (CECCIM, FEUERWERKER, 2004).

Por outro lado, apesar de todas as dificuldades e entraves encontrados no dia a dia do ensino teórico-prático realizado nos campos de estágio, as vivências mostram a importância de reconhecer a diversidade de motivos pelos quais as pessoas buscam pela atenção em saúde, reforçando a noção de que o acolhimento por parte do profissional de saúde, que se dá pela escuta ativa dos sujeitos, seja um recurso para proposta de intervenções baseada em demandas identificadas na interação. No contexto em que se estabelece relação de escuta e de interesse recíproco, o profissional tem maior possibilidade de ouvir e de se fazer ouvir pelo outro e de realizar ações efetivas de cuidado (AYRES, 2004).

Considerações finais

Os esforços dos movimentos de saúde e de mulheres para transformar e melhorar as políticas e os programas de saúde dirigidos às mulheres, especificamente no que se refere à atenção obstétrica e neonatal, possibilitaram a emergência de políticas centradas no cuidado integral à saúde, cujas ações serão devidamente concretizadas na medida em que sejam formados profissionais sensíveis aos princípios que as orientam e dispostos a desenvolver atividades no contexto do SUS. Ao vivenciar os desafios da atenção obstétrica nos serviços públicos, os estudantes do Curso de Obstetrícia têm reconhecido a importância de transformar as relações, os cenários de atenção ao parto e nascimento, os modos de organização dos serviços e as práticas obstétricas.

A partir dessas experiências e do esforço prático reflexivo de estudantes e professores, pode-se afirmar que o Curso de Obstetrícia tem formado profissionais capazes de desenvolver ações de cuidado integral à saúde, o que implica em realizar leitura dos/as usuários/as como cidadãos/ãs de direitos iguais, o que torna iguais em direitos aqueles que cuidam e são cuidados; implica, também, em reconhecer a relação de troca que se estabelece entre profissional e usuário durante a relação de cuidado, na qual o primeiro sempre aprende, tendo não só a oferecer como a ganhar no contato com o outro.

Nesse contexto torna-se possível, e mesmo imprescindível, aprender a reconhecer os usuários como sujeitos de direitos, reflexivos, autônomos, portadores de saberes, capazes de codecidirem sobre as próprias vidas e saúde, ou seja, de compartilharem decisões a partir do encontro com equipes profissionais e, também, do empoderamento de informações que os previna de abusos de poder. Assim agindo, os profissionais estabelecem relações mais horizontais com os usuários no cotidiano dos serviços de saúde e desenvolvem ações de cuidado fundamentadas no diálogo e nas possibilidades de troca de saberes e experiências.

Por fim, destacam-se aqui alguns convites para reflexão. O primeiro é sobre a necessidade de expansão dos Cursos de Obstetrícia no país, haja vista que no momento o curso da USP é o único curso existente no Brasil. O segundo, é para pensar que a mudança nos modelos e processos de cuidado em relação à saúde da mulher estão imbricados no debate anteriormente desenhado e que, necessariamente, passam por políticas públicas e processos de formação profissional. O terceiro e último convite é para pensar que a formação profissional precisa caminhar nas trilhas das concepções de saúde que efetivamente considerem a dimensão da integralidade e que isto só será possível se forem reinventadas as relações entre saberes e poderes no âmbito da saúde.

Não por um acaso, busca-se estruturar um curso que dá ao eixo de ciências humanas e sociais um lugar horizontal na relação com os eixos de fundamentos biológicos e assistência. Nesse sentido, observa-se que, tradicionalmente, nos cursos de saúde as ciências sociais e humanas são consideradas relevantes por alguns, desnecessárias por muitos e se alocam nos currículos como apêndices, satélites daquilo que supostamente é mais relevante para a saúde como o conhecimento biomédico e as tecnologias duras (MERHY, 2000).

Conceber as ciências humanas e sociais como fio central engendrado na tessitura da formação e das práticas em saúde é mudar radicalmente o cenário da atenção às mulheres, buscando incluir a perspectiva, os saberes e os direitos das mulheres no cuidado que lhes é oferecido.

O percurso na consolidação do Curso de Obstetrícia enfrenta desafios — políticos, corporativos, institucionais, conceituais — e demanda constante de reflexão e aprimoramento. Avalia-se, entretanto, que em termos acadêmicos e políticos segue-se trajetória consistente na formação de profissionais e na direção da urdidura de caminhos transformadores para a saúde das mulheres.

Referências bibliográficas

AROUCA, S. Saúde e Democracia: reflexão acadêmica e ação política. In: BRASIL. Conselho Nacional de Secretários Municipais de Saúde Distrito Federal/Conselho Nacional de Secretários Municipais de Saúde. **Movimento sanitário brasileiro na década de 1970:** a participação das universidades e dos municípios — memórias. Brasília: Conasems, 2007.

ÁVILA, M. B. Direitos sexuais e reprodutivos: desafios para as políticas de saúde. **Cad. Saúde Pública**, v. 19, n. 2, p. 465-9, 2003.

AYRES, J. R. Norma e formação: horizontes filosóficos para as práticas de avaliação no contexto da promoção da saúde. **Ciênc. Saúde Coletiva**, v. 9, n. 3, p. 583-92, 2004.

BRASIL. Ministério da Educação. Secretaria de Educação Superior. Resolução CNE/CES nº 3, de 7 de novembro de 2001. **Diretrizes Curriculares Nacionais dos Cursos de Graduação da área de Saúde. Disponível em:** <http://portal.mec.gov.br/cne/arquivos/pdf/CES03.pdf>. Acesso em: 5 nov. 2014.

______. Ministério da Saúde. Centro de Documentação do Ministério da Saúde. **Assistência Integral à Saúde da Mulher:** bases de ação programática. Brasília: MS, 1984.

______. Ministério da Saúde. Secretaria de Atenção à Saúde. Departamento de Ações Programáticas Estratégicas. **Política nacional de atenção integral à saúde da mulher:** princípios e diretrizes. Brasília: MS, 2011.

______. Ministério da Saúde. Secretaria de Ciência, Tecnologia e Insumos Estratégicos. **PNDS 2006 — Pesquisa Nacional de Demografia e Saúde da Criança e da Mulher.** Brasília: MS, 2008.

CAMARGO JÚNIOR, R. M. K. R. **Biomedicina, saber & ciência:** uma abordagem clínica. São Paulo: Hucitec, 2003.

______. Um ensaio sobre a (in)definição de integralidade. In: PINHEIRO, R.; CAMARGO JÚNIOR, R. M. K. R. (org.). **Construção da integralidade:** cotidiano, saberes e práticas em saúde. Rio de Janeiro: UERJ-IMS-Abrasco, 2003.

CAMPOS, G. W. S. A mediação entre conhecimento e práticas sociais: a racionalidade da tecnologia leve, da práxis e da arte. **Ciênc. Saúde Coletiva**, v. 16, n. 7, p. 3033-40, 2011.

______. Equipes de referência e apoio especializado matricial: um ensaio sobre a reorganização do trabalho em saúde. **Ciênc. Saúde Coletiva**, v. 4, n. 2, p. 393-403, 1999.

CARNEIRO, R. G. Dilemas antropológicos de uma agenda de saúde pública: Programa Rede Cegonha, pessoalidade e pluralidade. **Interface — Comunic., Saúde, Educ**., v. 17, n. 44, p. 49-59, 2013.

CECCIM, R. B.; FEUERWERKER, L. C. M. Mudança na graduação das profissões de saúde sob o eixo da integralidade. **Cad. Saúde Pública**, v. 20, p. 5, p. 1400-10, 2004.

COSTA, J. F. **Ordem médica e norma familiar**. Rio de Janeiro: Graal, 1979.

FOUCAULT, M. **Microfísica do poder**. 20. ed. Rio de Janeiro: Paz e Terra, 2004.

FREIRE, M. M. de L. Ser mãe é uma ciência: mulheres, médicos e a construção da maternidade científica na década de 1920. **Hist. Cienc. Saúde — Manguinhos**, v. 15, p. 153-71, 2008.

LAPLANTINE, F. **Antropologia da doença**. São Paulo: Martins Fontes, 2001.

LE BRETON, D. **Adeus ao corpo**. Campinas: Papirus, 2003.

______. **Sociologia do corpo**. Petrópolis: Vozes, 2006.

MATTOS, R. A. Os sentidos da integralidade: algumas reflexões acerca dos valores que merecem ser defendidos. In: PINHEIRO, R.; MATTOS, R. A. (org.). **Os sentidos da integralidade**. Rio de Janeiro: UERJ-IMS-Abrasco, 2001.

MERHY, E. E. Um ensaio sobre o médico e suas valises tecnológicas-contribuições para compreender as reestruturações produtivas do setor saúde**. Interface — Comunic., Saúde, Educ.**, v. 4, n.6, p. 109-16, 2000.

NARCHI, N. Z.; CRUZ, E. F.; GONCALVES R. O papel das obstetrizes e enfermeiras obstetras na promoção da maternidade segura no Brasil. **Ciênc. Saúde Coletiva**, v. 18, n. 4, p. 1059-68, 2013.

NARCHI, N. Z.; SILVA, L. C. F.; GUALDA, D. M. R.; BASTOS, M. H. Reclaiming direct -entry midwifery training in Brazil: context, challenges and perspectives. **Midwifery,** v. 16, n. 4, p. 385-8, 2012.

NEGRÃO, T. **Rede feminista de saúde alerta**: a rede cegonha é retrocesso de 30 anos. Disponível em: <http://www.viomundo.com.br/entrevistas/rede-feminista-de-saude-rede-cegonha-e-um-retrocesso-de-30-anos-nas-politicas-de-genero-saude-da-mulher-direitos-reprodutivos-e-sexuais.html>. Acesso em: 10 jul. 2014.

OSIS, M. J. M. D. PAISM: um marco na abordagem da saúde reprodutiva no Brasil. **Cad. Saúde Pública**, v. 14, n. 1, p. 25-32, 1998.

PAIM, J. S. A. Reforma Sanitária e os modelos Assistenciais. In: ROUQUAYROL, M. Z.; ALMEIDA FILHO, N. **Epidemiologia & saúde**. 5. ed. Rio de Janeiro: Medsi, 1999.

SARTI, C. A. **O reconhecimento do outro**: uma busca de diálogo entre ciências humanas e ciências da saúde. Tese (Livre Docência em Ciências Humanas em Saúde) Departamento de Medicina Preventiva. São Paulo: Universidade Federal de São Paulo, 2003.

WORLD HEALTH ORGANIZATION (WHO). **Fulfilling the health agenda for women and children — The 2014 Report**. Geneva: UNICEF/WHO; 2014. Disponível em: <http://www.countdown2015mnch.org/documents/2014Report/Countdow_to_2015-Fulfilling%20the%20Health_Agenda_for_Women_and_Children-The_2014_Report-Conference_Draft.pdf>. Acesso em: 23 set. 2014.

Veja em nosso *site* outros títulos:
http://www.iconeeditora.com.br/

Ícone editora

Autores: Alan Dionizio Carneiro (org.), Gilvânia Smith da Nóbrega Morais/Marconi José Pimentel Pequeno/Solange Fátima Geraldo da Costa

ISBN: 978-85-274-1244-5

Número de páginas: 328

Autores: Mercedes Trentini/Ezia M. Corradi

ISBN: 978-85-274-0873-8

Número de páginas: 111

Autores: Ivan Paulino/
Lívia Perasol Bedin/Lívia Valle Paulino

ISBN: 978-85-274-1017-5

Número de páginas: 448

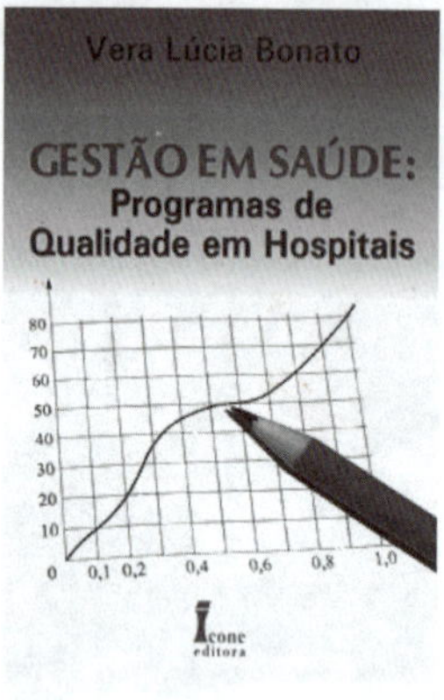

Autora: Vera Lúcia Bonato

ISBN: 978-85-274-0946-9

Número de páginas: 119

Autores: Tamara Iwanow Cianciarullo/Dulce Maria Rosa Gualda

ISBN: 978-85-274-1196-7

Número de páginas: 320

Autores: Tamara Iwanow Cianciarullo/Dulce Maria Rosa Gualda/Gilberto Tadeu Reis da Silva/ Isabel Cristina Kowal Olm Cunha

ISBN: 978-85-274-1120-2

Número de páginas: 320